拝み屋怪談　花嫁の家

郷内心瞳

角川ホラー文庫
23343

一万分の一、あるいは十万分の一

昔、ある人が私に、こんなことを言った。

――拝み屋なんてのは本来、地味な仕事なんだ。

今になると、私も言い得て妙だと思う。あの頃はまだ若くて駆けだしだったから、言葉の意味に実感が持てなかったのである。

拝み屋という仕事を始めて、今年で十二年目になる。十年以上営んできた結果、自分でも大層地味な仕事だと、今は身をもって実感することができる。

家内安全に交通安全。安産祈願に合格祈願。地鎮祭に屋敷祓《ばら》い。先祖供養に水子供養。平素、私が手がける仕事の大半は、概《おおむ》ねこのような具合だ。実務自体は山も谷もなく、依頼人から乞《こ》われるままにただひたすら、無心で拝むのが常である。

時には憑《つ》き物落としや魔祓いなどもおこなう。ただこれらも、映画や漫画のような劇的な見せ場などはない。その内実は一から十まで終始淡々としており、平板。

こうして赤裸々に実態を開示してみると、〝拝み屋〟という職業に対して世間が思い描くエキセントリックなイメージとは、およそかけ離れた実像が浮かびあがることと思う。

なぜ拝み屋は地味であるのか。その理由は大きくふたつあると、私は思う。

ひとつめに、相談客から持ちこまれる依頼そのものが、まずもって地味であるということ。

先にも述べたとおり、私の許《もと》へ日々持ちこまれる依頼の大半は加持祈禱《かじきとう》に関するものである。

相談客の要望にしたがい厳粛に拝めば、いずれも事足りる簡素な用件ばかりなのだ。

そこに派手な大立ち回りなど必要ないし、必要性が生じることもない。

ふたつめに、いわゆる〝怪異〟や〝超常現象〟に対する捉《とら》え方の問題である。

然様《さよう》な事象に対し、祟《たた》りや因縁、霊障といった解釈を拝み屋は軽はずみに用いない。

拝み屋とは、依頼主の抱える不安を煽《あお》ったり、脅すことに存在意義があるのではないからだ。むしろ「何も心配はいりません」と念を押したうえで状況を精査し、目的に合致した拝みを粛々とあげ、事態の収束に当たるのが本来の有り様である。

よしんばそれが依頼主の気の迷いであろうと、あるいは紛《まご》うことなき〝本物〟であろうと、対応自体に大した違いは生じない。何事も然《しか》るべき手段を用い、恐怖も不安も烏有《うゆう》に帰して、依頼主を元の日常へと帰すまでが、拝み屋として本来あるべき務めなのである。

信じられない話に聞こえるかもしれないが、それでおおよその案件は滞りなく解決を見る。ひと口に〝怪異〟といっても拝み屋に舞いこむそれは、やはり地味なものが多いからだ。

以上のような理由から現実における拝み屋という生業《なりわい》は、おどろおどろとした非日常性や、ドラマティックな活躍などとは縁遠い、それは大層地味なものなのである。

斯様《かよう》に地味で見栄えもしないこの生業を、私はこの十二年間、黙々と営んできた。その繰り返しと積み重ねは今後もおそらく変わることなく続くだろうし、また、変わってほしくないとも思う。拝み屋とは地味であるのが一番だからである。

ただ、やはりある人が昔、私にこんなことも言った。


一万分の一、あるいは十万分の一の確率で、我々は〝例外〟にぶち当たることがある。


本書は、私の前著『拝み屋郷内《ごうない》　怪談始末』の掉尾《ちょうび》を飾った「ある人形と、花嫁の話」の全容を初めて公に開示するものである。

これまでの間、語ろうとするたび、あるいは記録に書き残そうとするたび、様々な怪異や変事に見舞われ全容の開示をことごとく妨害され続けてきた、曰《いわ》くつきの怪異譚《たん》「花嫁の家、あるいは生き人形の家」。並びに私がこれまで手がけた仕事の中でも取り分け忌まわしく、そして忘れ難き記憶にもなってしまった「母様《かあさま》の家、あるいは罪作りの家」。

それらをひとつに収めたのが、本書『拝み屋郷内　花嫁の家』となる。

どちらも〝一万分の一、あるいは十万分の一〟の低確率で齎《もたら》された、拝み屋の領分として、本来有り得ざる〝例外〟である。

しかし、私はその例外を、この十二年間ですでに二度も経験する憂き目に遭っている。

一万分の一であろうと、十万分の一であろうと、仮にその確率が正確なものであるならば、およそ信じ難い確率。この上ない災難と言って差し支えのない確率だろう。

だからこそ私は頑《かたく》なに、かくあるべきだと繰り返して言いたいのである。

拝み屋とは本来、地味な仕事だと。

地味な仕事だからこそ、請け負う依頼も一様に地味であるべきなのだと。

己が身をもって、その〝例外〟の峻烈《しゅんれつ》さを体感し、からくも生還を果たした今、〝次〟は決して来ませんようにと、心から切望してやまないのである。

ただその一方で、満身創痍《まんしんそうい》となりながらもどうにか本書を書き終えた今、私は得も知れぬ不穏な予感に切々と苛《さいな》まれてもいる。

またいずれ〝それ〟はかならずやって来る――。

閉じられていたパンドラの箱を自ら再び開け直した、これは報いなのかもしれない。

甘んじて受けよう。などと言える勇気はとてもないが、それでもこれから本書を読まれるあなたにこの話を無事に届けられたことだけは、何よりの福音《ふくいん》とも感じる。

どうぞ最後まで、つつがなくお付き合いいただければ幸いである――。

新装版の前書きに代えて

本書の底本は、MF文庫ダ・ヴィンチから発売された『拝み屋郷内　花嫁の家』である。デビュー作に当たる『拝み屋郷内　怪談始末』に続く「拝み屋シリーズ」の二作目として世に出たのだが、様々な事情により、初版が市場から消えたのちは長らく絶版となっていた。「事情」の詳細については敢《あ》えて伏せる。

ただ、復刊へ向かう道筋は決して平坦なものではなかったとだけ、ここに書き留めておく。こうしてようやく新装版として同作が再び陽の目を見ることができて、欣幸《きんこう》の至りである。

またいずれ〝それ〟はかならずやって来る――。

旧版の前書きに記した予言めいた所感は、あれから八年間の歳月を経るうちに現実と化し、拝み屋という仕事に対する私のスタンスも当時からだいぶ変わってしまった。

思えばあの後に起きた惨禍の数々は、この本を世にだした時から始まったのかもしれない。今となっては漠然とながらも、そんなふうに勘ぐる節もある。

親愛なる読者諸氏には、本書を読まれることでなんらの災いも降りかかることがないよう、切に祈るばかりである。

❖もくじ❖

花嫁の家、あるいは生き人形の家

母様の家、あるいは罪作りの家

月に吠《ほ》える　【昭和五十五年秋】

わたしが立花昭代《たちばなあきよ》から櫟木昭代《くぬぎ》になったのは、昭和五十五年の九月。宮城の山々に生い茂る樹々が赤や黄色に色づき始めた、季秋のある晴れた日のことでした。わたしが契りを結んだのは櫟木家の家督息子で、名を武徳《たけのり》といいました。

当時、二十三歳だったわたしよりも三歳年下の二十歳。背が高く、体格も筋骨隆々として逞《たくま》しいのですが、面立ちにはまだ幾分、あどけなさの残る朴訥《ぼくとつ》とした印象の青年です。

武徳とわたしの出逢《であ》いは、同年の春先に設けられた見合いの席でのことでした。

三陸《さんりく》海岸の沖合いに浮かぶ小さな島に生まれ育ったわたしは、それまでなかなかよい縁に恵まれず、高校を卒業後も実家暮らしを続けながら、無為な日々を過ごしておりました。

寂れた孤島に暮らす身としては、出逢い自体がそもそも少ないものです。二十歳を迎えてまだ数年とはいえ、出逢いもなければ行き遅れてしまう。誰も口にこそだしませんでしたが、そんな危惧《きぐ》を両親ともども、この頃には薄ぼんやりと抱き始めておりました。

そこへ本土に暮らす母方の叔母《おば》が気を利かせ、知り合いのつてを頼って引き合わせたのが、櫟木家の武徳だったのです。

春先の見合いからおよそ半年間の交際期間を経て、わたしたちは一緒になりました。婚家である椚木家は、わたしの郷里からはるか離れた山間部の小さな田舎町にありました。椚木の家はそこからさらに人里離れた、高山の中腹に代々居を構える旧家です。大きな長屋門をくぐった先にある椚木の家は、広大な敷地の中に悠然と構える二階建ての、それは大層立派な造りの屋敷でした。

山中の構えですので、屋敷の周囲は丈高い樹々に鬱蒼《うっそう》と囲まれております。けれども土地面積が広いため、樹々のもたらす陰気が屋敷に降りかかることは一片もなく、家の中にはいつでも燦々《さんさん》とした陽気が射しこんでまいりました。

椚木の屋敷には、武徳の他に義母の百合子《ゆりこ》と、それぞれ十九歳と十六歳になる武徳の妹がふたりおりました。義父は武徳が幼い頃に重い病を患って他界したと聞いております。

わたしが嫁いだ当時、椚木家は近隣一帯の地主として財を成す傍ら、自家の敷地を使って養豚業も営んでおりました。

母家《おもや》の北側に建てられた二棟の豚舎には、常時数百頭の子豚が飼育されていたようです。こちらは武徳の祖父の代から始めた家業で、武徳の代で三代目になるとのことでした。

まだまだ年若く、右も左も分からないことだらけの武徳を支えるため、養豚業には義母と叔父《おじ》も携わっておりました。叔父は亡き義父の実弟に当たる人で、祖父の代の頃から家業に従事してきた、この道における大ベテランとのことです。

一方、わたし自身が家業に携わることは一切ありませんでした。

新婚当初、何度か「お手伝いしましょうか？」と武徳に尋ねたことはあります。けれども「人手は足りているから別に必要ない」と返され、あとはそれっきりでした。

お見合いの当初、椚木家の家業を聞かされた折、嫁げば自分も家業の働き手になるものと腹を括《くく》って構えていたのです。そんなわたしにとって、それは幾分拍子抜けのする出来事でありました。

椚木の家族は武徳も含め、わたしにとても温かく接してくれました。

義母の百合子はわたしが嫁いだ当時、ちょうど四十路《よそじ》を迎えたばかり。とはいえ見た目は驚くほどに若々しく、初対面の際には歳の離れた武徳の姉と勘違いしてしまったくらいです。

気風も物腰も柳のようにしなやかで、わたしの拙い家事や嫁としての在り方などに対して、決して口うるさく文句を言う人ではありませんでした。

ふたりの義妹たちも右に同じく、どちらかと言えば控えめで大人しい性格の娘たちでした。嫁いだばかりで何かと戸惑うことの多かったわたしを「お義姉《ねえ》さん、お義姉さん」と健気《けなげ》に慕ってくれて、家事やらお使いやら、気づいたことをよく手伝ってもくれました。

然様《さよう》に椚木の嫁となったわたしの暮らしは当初、それは穏やかで幸福なものだったのです。

ところがそうした平穏無事な新婚生活は、決して長くは続きませんでした。

嫁いでほどなくした頃のことです。

深夜二時近くでした。

床に入って寝ていたわたしの耳に突如、鼓膜を打ち震わすような大絶叫が届きました。

はっとなって布団から飛び起きると、寝室の外で獣たちの甲高い咆哮《ほうこう》が轟《とどろ》いておりました。

それはまるで谷底へ投げこまれる女の悲鳴のような、身の毛もよだつ恐ろしい声でした。

声の主は数頭などという生易しいものではなく、何十頭もいるように聞こえました。

初め、わたしはそれを野犬の遠吠《とおぼ》えだと思っていました。ですが震えながら声を聞くうち、しだいに自信がなくなってしまいます。

得体の知れない獣たちの咆哮は異様に長く、また、息継ぎさえもしていないようなのです。故郷の島でも犬の遠吠えは耳にしたことがあります。けれども戸外に鳴り響く甲高い叫びは、それとは全く異質なものでした。

声はどうやら、屋敷の周囲を遠巻きにぐるぐると周回するように移動しているようでした。窓外の左側から近づいてくると右側へ遠ざかり、それからまた左のほうから聞こえてきます。

慄《おのの》きに耐えかね、武徳に縋《すが》りつきたい気持ちになりましたが、この夜、武徳は産気づいた母豚の分娩《ぶんべん》のため、豚舎で夜明かしをしており、寝室にはおりませんでした。

独りで身を強張《こわば》らせながら布団の中でがたがたと震えるしかありません。それほどまでに戸外に猛《たけ》る声の響きは禍々《まがまが》しく、わたしの身を竦《すく》ませるものだったのです。

それから何十分が過ぎた頃でしょうか。初めのうちは怖《お》じ気《け》に身を震わせるばかりだったわたしも、しばらく声を聞き続けるにしたがい、少しずつ気持ちが落ち着いてきました。

一体、この声の主はなんなのだろう。

未《いま》だ高鳴る胸の鼓動に動揺しながらも、声の主を知りたいという衝動に駆られたのです。意を決すると固唾《かたず》を呑《の》みつつ布団を抜けだし、窓際のカーテンまで忍び足で歩み寄ります。分厚い布地の端に指を差しこみ、細く開いた隙間から戸外の闇を覗《のぞ》きこみました。

空には月がかかっているようで、窓の向こうに広々とした庭の様子が薄《う》っすらと見えます。声はちょうど母家の裏側を回り、寝室がある西側へと近づいてくるところでした。

ぶるぶると震える指に力をこめ、カーテンの端を押さえつつ戸外の闇に目を凝らします。それが目の前に現れたとたん、わたしの口から「きゃっ!」と短い悲鳴があがりました。

月明かりの下で蠢《うごめ》いていたのは、四本脚でのそのそと歩く、気味の悪い獣たちの姿でした。果たしてわたしが頭で思い描いていたとおり、数はざっと見積もっても三十頭から四十頭。それらがぞろぞろと長い行列を作って屋敷の庭内を悠然と闊歩《かっぽ》し、尖《とが》った鼻先を月に向けて夜空を仰ぎながら、身の毛もよだつ遠吠えをあちこちであげていたのです。

獣たちは身体の作りや大きさこそ犬に似ておりましたが、決して犬ではありませんでした。たとえば流星のようになだらかな軌跡を描き、凹凸のほとんど見受けられない細長い鼻面。同じく、胴の下から伸びる長くて太い四本の脚。そして、ふさりと毛の膨らんだ太い尻尾《しっぽ》。

黒々としたその輪郭は、わたしの目には犬というよりはむしろ、狼のように映りました。ただし、仔細《しさい》が分かるのはそこまでで、あとは杳《よう》として知れません。なぜなら獣の身体は、月の光にさらされてもなお、真っ黒なのです。その身の黒さはどこまでも深く、持ち主から分離した影のみが勝手に歩き回っているような印象を心に強く抱かせました。

一方、獣たちの眼は満月のように丸く、強い黄色みを帯びて煌々《こうこう》と輝いておりました。けれどもその眼は、月明かりに反射して輝いているのではありません。まるで頭の内側に発光源でもあるかのように、眼それ自体が強烈な閃光《せんこう》を放ち、燦然《さんぜん》と輝いているのです。然様に獣たちの姿と声音は、とてもこの世のものとは思えない異様なものでした。

幸いにも獣たちはわたしの視線に気づく気配すらなく、寝室の前を横切っていきました。すっかり肝を潰《つぶ》してしまったわたしは、戸外を覗いてしまったことを心底後悔しながら、力を失くした足をどうにか動かし、布団へ戻りました。

しかし、その後も声は一向にやむ気配がありませんでした。

わたしが布団に戻ってからも、獣たちはなおもけたたましい遠吠えを辺りに響かせながら、家の周囲をぐるぐると回り続けたのです。

もはや生きた心地もありませんでした。わたしは布団の中で縮まってがたがたと震え続け、そのうち意識を失ってしまいました。

翌朝、わたしは朝食の席で、家族にさっそくこの話を打ち明けました。

「昨夜はすごく恐かったです。あの声の主は一体、なんなのですか？」

青い顔をしながら昨夜の状況を事細やかに伝え、朝食に集まった皆からの返答を待ちます。

ところが家族一同から返ってきた言葉に、わたしは思わず耳を疑ってしまいました。

「そんな声は聞いていないし、今まで聞いたこともない」

武徳も義母も、ふたりの義妹も、口を揃えてこのように答えたのです。

嘘だと思いました。とても信じられない気持ちでした。

何しろ昨晩、庭一面に木霊《こだま》したあの声は、鼓膜を震わすほどの大絶叫なのです。

それに時間も短いものではありません。わたしが声に驚き、目を覚ましてから優に三十分。

布団に戻って意識を失うまでも、さらに三十分近くは吠《ほ》え続けていたと記憶しております。

あの声を家族の誰ひとりとして聞いていないなど、到底信じられないことでした。

「昭代さん、きっと悪い夢でも見たんでしょう」

けれども、わたしを慰める義母の微笑に、嘘やごまかしの色は見受けられません。

「お義姉さん、環境が変わって疲れが出たのよ、きっと」

ふたりの義妹もそう言って、わたしを優しく労《いた》わってくれました。

武徳からもらった言葉も、ほぼ異口同音のものでした。

別段、それで家族に対して不信感を覚えたとか、そういうことではありません。

ですが——それでもです。

あの声がわたし以外の誰の耳にも届かなかったなど、やはり信じ難いものがありました。ただ、内心そうは思えど、やみくもに片意地を張るのも見苦しいものです。家族の返答に渋々うなずき、わたしはこの話題を切りあげることにしたのです。

納得できる解釈ではなかったのですが、それでも時間が経つと徐々に怖さも薄まってゆき、日にちが経つと記憶もだんだんぼやけてまいりました。

やはり義母の言うとおり、悪い夢でも見たのだろう。

然様に割り切り、一時は忘れかけもしたのです。


ところがそれから二週間後の深夜、わたしは再びあの不気味な声に目を覚ましました。

鳴き声も、家の周囲をぐるぐると回るあの動き方も、前回と寸分違《たが》わず同じでした。

この時はあまりにも恐ろしく、再び戸外の様子を覗き見ることなどできませんでした。

忘れかけていた記憶を引きずりだされ、背筋にひんやりと冷たい汗が滲《にじ》みます。

この晩も武徳は、母豚の分娩でわたしの隣にはおりませんでした。

ですからわたしは、電気の消えた暗い寝室で、またも独りきりです。

為《な》す術《すべ》もないわたしは、再び慄きながら気を失うまで、布団の中で震え続けたのです。

翌朝も家族に話しましたが、答えは以前と全く同じものでした。

ただ、さすがに二度目ともなると、「夢を見た」では、もはや納得がいきません。家族に疑いの目を向けるのはよくないことと思いつつも、ひょっとしたらみんなで何か、わたしに話せない隠しごとでもしているのではないか。

そのような勘繰りも、思わず生じてしまうほどでした。

声はその後も不定期に轟いては、眠るわたしを揺さぶり起こし、そのたび戦慄《せんりつ》させました。地の底から鳴り響く魔性の猛りのような、奈落《ならく》の底へ突き落とされる女の悲鳴のような、ひたすら不吉で、禍々しい咆哮。

椚木の家に嫁いでわずか数ヶ月。こんなはずではなかったのです――。

夜な夜な耳元に届く得体の知れない不気味な咆哮。家族の誰とも共有できない不安と恐怖。胸に想い描いた幸福な新婚生活は、わずか数ヶ月のうちにもろもろと崩れ去り、代わりにあの獣たちと同じ、黒々とした情動がわたしの胸中にどろどろと渦を巻くようになりました。

本当に、こんなはずではなかったのです――。

高鳥千草　【平成十七年六月四日】

初夏だというのに異様に肌寒い、梅雨入り前の夜だった。

その日は早朝から天上が頻《しき》りにぐずつき、粘り気を帯びた冷たく細い雨がしょぼしょぼと一日じゅう、降ったりやんだりを繰り返していた。

とうに日付を跨《また》いだ、深夜二時過ぎのことである。私の仕事場にひとりの若い女が訪れた。名を高鳥千草《たかとりちぐさ》という。

年頃は二十代前半。服装は上下灰色のスウェット姿。栗色に染めた長い髪の毛はほつれてぼさぼさ。少々浮腫《むく》んで腫《は》れぼったくなった顔は、すっぴんのままである。

いかにも今しがた布団から飛び起きて、着の身着のままやってきたという風情だった。

平成十七年当時、私は二十六歳。拝み屋を始め、まだわずか三年目の駆けだしだった。

住まいは宮城の片田舎に居を構える実家。仕事場は実家の西側に位置する八畳一間の離れ。そこに祭壇一式を祀《まつ》り、相談客からの依頼を日々請け負っていた。

基本的に仕事は日中のみとしていた。けれども特異な仕事柄、時折このようにして深夜に緊急の相談が舞いこむこともあり、そんな時には例外的に門戸を開くようにもしていた。

「今さっき、あたしの家でとんでもないことが起きたんです！　あたし怖いんです！」

蒼《あお》ざめた顔をくしゃくしゃに歪《ゆが》ませ、千草は今にも泣きだしそうな声で訴えた。

三十分ほど前、千草から電話で対面相談の申し入れがあった。

電話口での第一声も、概《おおむ》ね似たような感じだったと記憶している。

素性を含め、現状の説明すらもほぼないまま、千草は神速の勢いで私の仕事場へと参じた。

仕事場の中央に設《しつら》えた座卓を挟んで、私と千草は対面している。外からはしょぼしょぼと頻降《しきふ》る小雨の鬱陶《うっとう》しい水音が、耳朶《じだ》にまとわりつくように届いてきた。

「一体、何があったんですか？」

「怖い」と叫ばれても、くわしい事情を聞かぬことには、なんらの対応もしようがない。

詳細な返答を待つべく、そのまま黙って千草の顔を覗《のぞ》きこむ。

「もしかして来るかも来るかも、とは思ってたんだけど、やっぱり来たんです。あいつ」

寝起きで萎《しお》れた目蓋《まぶた》をひくひくと引き攣《つ》らせながら、千草は震え声で語り始めた。


つい先刻の深夜一時頃。千草が床に就いてまもなくのことだったという。

千草は自宅の裏庭に面した寝室で幼い娘と眠っていた。うとうとと微睡《まどろ》み始めたところで、ふと自分の両脚に違和感を覚え、千草は目を開けた。

誰かが、自分の両脛《りょうずね》を握っている。そんな感触を覚えたのだという。

眠気で薄惚《うすぼ》けた頭は最初、それを娘の仕業と判じた。

だが、隣を見ると娘はすやすやと寝息を立てて眠っている。

どきりと胸が高鳴った瞬間、身体が布団の中へ向かってずるずると勝手にさがり始めた。

何かが自分の脚をつかんで、布団の中に引きずりこんでいる。

敷布の上を背中が滑る感覚に、否《いや》が応でもそう思わざるを得なかった。

一方、布団の中にいるであろう何かは、その間にも千草の両脚をなおも執拗《しつよう》に引き続ける。

恐怖と焦りにとうとう堪え切れなくなり、意を決してがばりと布団を捲《めく》りあげた。

露《あらわ》になった足元を見たとたん、千草の口からありったけの大絶叫が絞りだされる。

目の前では、春先に死んだはずの母親がにやにやと不気味な薄笑いを浮かべ、千草の脛に蒼ざめた両手を絡みつかせていた。

そのあとのことはあまりくわしく覚えていないという。

気がつくと千草は自宅を飛びだし、近所のコンビニの駐車場に車を滑りこませていた。

帰宅しようにも、まだ母親が家の中にいたらと思うと、とても帰る気になどなれない。

恐怖と不安に駆られながら薄暗い車内を当てもなく見回すさなか、助手席の足元に転がる携帯電話に目が留まった。家を飛びだす際、無意識のうちに引っ摑《つか》んできたらしい。

さっそく震える指で友人、知人の番号を手当たり次第にコールした。

言わずもがな、このような事態に対応できる人物を尋ねるためである。

八人目に掛けた友人が、たまさか私のことを知っていたのだという。名前を訊《き》いてみると、確かに以前、我が家へ相談に来たことがある若い女性客だった。

友人との通話を終えたあと、千草は即座に私の番号に発信した。

当人が語るところによれば、ここまでが現在に至るまでのおおよその流れである。


「こういう経験は初めてのことですか？」

尋ねた私に千草は「違います」と答えた。

「あたし、小《ち》っちゃい頃から〝視える〟体質なんです。今でもヘンなものを視ること自体は別に珍しくないのね。でも、今夜のは違う。あれは違うの。別格なんです」

がちがちと歯の根を震わせながら、千草が私の顔を縋《すが》りつくような目つきで覗きこむ。

「相手が、亡くなったお母さんだからですか？」

「お母さんじゃなくて、母親です」

とたんにむっとした顔になり、千草が私の言葉を訂正する。

「別格とは、どういう意味です？」

「だってあいつ、多分あたしを殺す気だもん」

がたつく声で言い終えると、千草はぶるりと首筋を震わせた。

話がまるで見えてこない。

千草が過剰に怯《おび》えているのは、一瞥《いちべつ》しただけで容易に察しがつく。問題は千草が亡き母を指してなぜ「別格」などと称し、ここまで怯えているのか、という点である。

厄介なことにいくら問いただしても、千草の返答はまるで要領を得ないものばかりだった。私が母親に関して何を尋ねても、千草は怯えながら「どうしよう、どうしよう……」などとしきりに頭を掻《か》きむしるばかりで、明確な回答は何ひとつとして得られない。

千草の様子を鑑《かんが》みるに、あまりせっかちに話を進めるのも忍びないものがあった。

当人がもう少し落ち着くまで時間を置こうと思い、目の前の座卓に視線を落とす。

卓上には千草の氏名や住所などを書き記した紙が、クリップボードに挟まれ置かれていた。相談開始時、ほとんど形式的に依頼主に書いてもらう問診表のようなものである。

クリップボードごと両手で持ちあげ、時間潰《つぶ》しに目をとおす。

千草は昭和五十七年生まれの二十三歳。住所は私の地元からほど近い、某市の郊外にある。紙には千草の名前の下に、もうひとつ名前が書かれていた。生年月日を見ると、まだ四歳。年齢から推し量って千草の幼い娘だと判じる。

「住所を見ると一戸建てみたいですが、実家住まいなんですか？」

「違います、持家。住み始めてもう四年ぐらいになるかな」

「そうですか。じゃあ今現在、ご家族は高鳥さんと娘さんだけ？」

「そう。去年旦那《だんな》と別れたから、今はあたしと美月《みづき》のふたりで暮らしてんの」

と、そこへ突然、何かとてつもない違和感を覚える自分がいた。

初め、違和感の正体がなんなのか分からなかった。が、千草が私の仕事場を訪れるまでの経緯をひとつずつ思いだしていくにしたがい、ようやくはっとなって蒼ざめる。

「娘さん、今誰に見てもらってるんですか？」

そこで千草も「あああっ！」と悲痛な叫びをあげることになった。


数十分後、私は千草の運転する車に先導され、彼女の自宅を訪ねる羽目になっていた。

当初、一刻も早く家に帰って娘の安否を確認するようにと勧めた。だが、千草は梃子《てこ》でもその場を動かず、決して首を縦に振ろうとはしなかった。

理由は言わずもがな、千草が心底怯える、件《くだん》の亡き母親の存在である。

「あいつがまだ家の中にいるかと思うと、とても独りでなんか帰れない……」

再び怯え始めた千草に哀願され、不本意ながらも同行することになったのである。

千草の自宅は、郊外の住宅地に立つ古びた二階建ての木造家屋だった。

布団から飛び起き、そのまま逃げだしてきたからだろう。家の明かりはひとつ残らず消え、外から見ると真っ暗である。

「どうぞ」と促されるままに玄関ドアをくぐる。

鍵《かぎ》すら掛けていなかったようで、ドアは千草の手で簡単に開かれた。

「美月！　ママ、帰ったよお、美月！」

寝室があるとおぼしき家の奥へと向かって千草が叫んだ。だが、娘からの応答はない。

「ごめん、先に行ってくれる？　あたし、先に行くの絶対ムリだ」

その場でひらりと身をひるがえすなり、千草が私の背後にぴたりと貼りついた。

「廊下をまっすぐ行って、突き当たりだから」

示されるまま、暗い廊下を渋々渡り始める。

空調でもついているのか、家のどこからか、ぶんぶんと乾いた音が断続的に聞こえてくる。それ以外は音ひとつなく、家の中は水を打ったようにしんと静まり返っていた。

廊下の突き当たりに達し、建てつけの悪いドアをぎぃと開ける。寝室には夏布団の乱れた寝床が一組あるだけで、千草の語る母親はおろか、娘の姿もない。

「いないみたいですよ。目が覚めてどこかに行ったんじゃないですか？」

心当たりはないかと尋ねると千草はさっと踵《きびす》を返し、再び娘の名前を叫びながら家の中を歩き始めた。私もあとを追いかけ、娘の名前を一緒に叫ぶ。

その間にもぶんぶんぶんぶんと、乾いた音が聞こえ続けていた。廊下の両側に面した扉を順に開け、中の様子をうかがう。トイレと風呂《ふろ》も覗《のぞ》いてみたが、娘の姿は見つからない。

玄関口に近い廊下の片側には、磨《す》りガラスの嵌《は》められた引き戸があった。家の間取りから考えて、どうやら中は台所であるらしい。

何気なく戸を開けたとたん、ぶんぶんというあの音が桁違《けたちが》いに大きくなった。

戸口に開いた隙間から中を覗きこむなり、ぎょっとなって声があがる。

暗闇に染まった台所の宙で、拳《こぶし》大の真っ白な球体が飛び回っていた。

球体は水平に円を描きつつ、ぶんぶんと大きな音を立てながら物凄《ものすご》い速さで回転している。

球体は蛍光灯のごとく輝いていたが、周囲に光は撒《ま》かれず、球のみが鮮烈に煌《きら》めいていた。

「美月！」

背後にいた千草が私を押しのけ、暗闇の中へ飛びこんでいく。

派手に回転する球体の真下を見やると、幼い女の子の姿があった。台所の床にへたりこみ、とろんとした目でこちらを見つめている。所在が不明だった千草の娘である。

娘の身体を下からさらうように抱えあげ、千草が蛍光灯の引き紐《ひも》を引いた。

とたんに静寂。

煌々《こうこう》と明かりのついた台所はしんと静まり返り、白い球体も消えてしまった。

「今の、なんなんですか……？」

声を発した自分の唇は、わなわなと震えていた。

「あれはとりあえず大丈夫。それより先生。どう？　家の中に何か感じる？」

娘を抱きかかえながら、千草が尋ねてきた。

感じるどころの騒ぎではない。正直なところこれ以上、関わり合いになりたくなかった。

あれはとりあえず大丈夫。

確かに千草はそう言った。

ならば彼女にも、あの気味の悪い人魂のような物が視えていたということになる。

何が「とりあえず」なのだと思う。

何が「大丈夫」なのだろうと思う。

自分の家の台所で得体の知れない球体が飛んでいたのだ。そんなものを目の当たりにして平然としていられる彼女の神経が、私には全くと言っていいほど理解できなかった。

加えて娘の件である。

いくら非常時とは言え、この女は夜中に自分の娘を放《ほ》っぽりだして家から飛びだしたのだ。たまたま大事に至らなかったとはいえ、非常識にも程がある。母親としての資質はもちろん、人としての有り様まで疑わざるを得なかった。

「あたしの母親、もういない？　ううん、違う。絶対にいる。仮に今はこの家にいなくても、あいつはまた絶対に来る。ねえ、どうしたらいい？　あたし、どうしたらいいかな……？」

じりじりとした眼差《まなざ》しで千草が私に質問を重ねる。

寝起きで浮腫《むく》みの残った顔は土気色に染まり、眼窩《がんか》の回りも鬱血《うっけつ》したように黒ずんでいた。ひくひくと震える瞳《ひとみ》に逼迫《ひっぱく》した色を滲《にじ》ませ、「どうしたらいい？」と尋ねるこの女のほうが、私にはむしろこの世ならざるものに見えた。

幽鬼のような面貌《めんぼう》も含め、奇矯な言動や娘に対する無責任な振る舞い。それらのいずれも私にはおよそ度し難いものばかりである。「どうしたらいい？」という簡素な質問でさえ、異界の生物と交信させられているような錯覚を覚えた。

一刻も早くこの場を立ち去りたい。私の心は、すでに大きく後退していた。

どうしたものかと戸惑うなか、持参した鞄《かばん》の中に御札が何枚か入っていたことを思いだす。なんとかこれで手を打ってもらおうと考える。

「差し当たって簡単なお祓《はら》いと、それから魔《ま》除《よ》けの御札を何枚か置いていきます」

あんなものが飛び回る家で、果たしてどれほどの効き目があるものなのか。自信も保証も実のところ全くない。だが、御札自体は紛《まが》い物《もの》ではなく、一応は正当な作法と手順に則って製作したものである。

娘の無事も確認されたし、千草が怯える亡き母親も姿が見えない。逆に私自身が驚愕《きょうがく》した白い人魂については、千草自身が「大丈夫」などと言っている。

ならばもう、私がこの家にいる理由はないはずである。

その後、居間を借りて死霊祓いの呪文をあげた。同じく、千草に使い方を説明したうえで自宅の壁に貼りつける魔除けの御札を数枚と、携帯用の御守りを母娘のふたり分手渡した。

これで私が拝み屋としてできうることは、全て果たしたものと了解する。

しかし私の意思とは裏腹に、千草のほうはそれでも私にまだまだ食い下がる気でいた。

「うん、使い方は分かった。けどさあ、もし万が一、あいつがまた化けて出てきちゃったら、どうしたらいいかな？　その時はまた、郷内先生にお願いしてもいい？」

受け取った御札を物珍しげに見つめながら、千草は今後の相談の継続を求めた。

「私にできることはこれで精一杯です。今後、もしまた何か不測の事態が発生したとしても、それは私の手には負えないということです。本当に申しわけないのですが」

自分にできないことはできないと明確に断るのが、私の信条である。

ただし、この場の異様な状況においては少々事情が異なった。そんな建前などよりむしろ、恥も外聞もかなぐり捨て、一刻も早く彼女から逃げ去りたいという気持ちのほうが強かった。

「そんなこと言わないで。あたし、こっち関係で知ってる人なんか、他に誰もいないんだよ。お願い。先生だけが頼りなの。また何かあったら救《たす》けに駆けつけてよ」

いつのまにかすっかりタメ口になっているのも気になったが、それ以上に厄介だったのが、私の理屈が千草にまったく通じていないということだった。

「お願いされても、これが私にできる限界ですよ。同業でしたら他にも有能な方がたくさんいらっしゃると思いますし、誰か他の方を探していただいたほうがよろしいと思います」

「そっかあ……。じゃあさ、郷内先生が知ってる拝み屋さんを紹介してよ。お師匠さんとか、そういう人はいないの？　そういう人なら郷内先生よりも力があるんでしょ？」

千草の不躾《ぶしつけ》な要求に一瞬、水谷源流《みずたにげんりゅう》の顔が脳裏をよぎった。

水谷さんとは明確な師弟関係にあるわけではないが、師匠筋と言えばそう言えなくもない間柄ではある。彼とは拝み屋を始めた当初から付き合いがあり、この稼業におけるイロハをあれやこれやと教示してもらってもいた。

いっそのこと、水谷さんの連絡先を教えて丸投げにしてしまおうかと考える。

だが、すんでのところで思いとどまった。

齢《よわい》六十を超える水谷さんは、こうした礼儀を知らない人物に対して大層厳しい御仁である。千草のような女が相談へ向かい、迂闊《うかつ》な態度をとったり軽口を叩《たた》いたりした日にはおそらく、というか絶対に烈火のごとく怒りだすはずである。

それに加えて、私が千草に水谷さんを紹介したことが発覚したあかつきには、私の頭にも雷が落ちることになるだろう。悲惨な結果は、どちらも容易に想像することができた。

「いや、残念ながら私は師匠を持っていませんし、他に同業で知っている人もいないんです。お役に立てず申しわけありません」

実は同業の知り合いは、他にもうひとりいた。だが、あちらはあちらで何かと面倒くさく、灰汁《あく》の強い人物だったので、やはり口を噤《つぐ》むことにした。

「ふうん、そうなんだ。じゃあ、やっぱり郷内先生に頼るしかないわけね？」

私の顔を一頻《ひとしき》りしげしげと眺め回したあと、千草は得心したかのように両手をぽんと叩き、「よろしくお願いします！」と頭をさげた。

ぼさぼさにほつれた千草の髪を見おろしながら、私は心底うんざりした気持ちになる。
この晩の異常な一幕が、私と高鳥千草の長いようで短い付き合いの始まりとなった。

人狼　【平成十七年六月十八日】

造園業を営む皆川《みなかわ》さんから、こんな相談をいただいた。

高校二年生になる娘の美緒《みお》さんが近頃、妙なものを目撃するようになったのだという。

「最初は夢かと思っていたんですけど、日に日に自信がなくなってしまって……。今はもう夢じゃないってはっきり断言できるんです。ただそうなると、じゃあ自分が見ているものは一体なんなのかって……すごく怖くなってしまうんです」

蒼《あお》ざめた顔色ですっかり憔悴《しょうすい》した様子の美緒さんは、ぽつりぽつりと現状を語り始めた。


始まりはおよそひと月半前。五月の連休が終わってまもなくの頃だったという。

深夜、二階の自室で眠っていると、突然、胸を押し潰《つぶ》されるような息苦しさで目が覚めた。枕元に置いた目覚まし時計の針を見やれば、時刻は午前三時過ぎ。窓の外ではさらさらと、小雨の降りしきる音が静かに木霊《こだま》していた。

額に指先を当てると、熱気を帯びた汗が玉のように噴き出ていた。呼吸もひどく息苦しい。悪い夢でも見たのかと思ったが、記憶になかった。

しばらく布団の上で深呼吸をしていると、しだいに気息が和らぎ、気分も落ち着いてきた。頃合いを見計らい、再び布団へ潜ろうとしたが、気づけば口の中がからからに乾いていた。仕方なく布団から起きあがり、階下へ水を飲みにおりようとする。

その時だった。

前庭に面した窓ガラスの向こうに、ふと何かの気配を感じたのだという。

「別に物音がしたとか、何かが動いているのが見えたとか、そういうことは一切ないんです。そもそも夜中ですから、窓にはカーテンを引いているし、外の景色なんか見えないんですね。でも絶対、外に何かいる。理屈とかじゃなく、そんな気がしてぞわぞわしてしまったんです。だから今思い返すと、あれは気配というより……」

厭《いや》な予感。あるいは胸騒ぎだったという。

薄いカーテンに閉ざされた窓の向こうの闇が、なぜだかとびきり不穏なものに感じられた。本当は見たくなどなかった。見たらきっと、何かよくないことが起きる。

そんな思いをまざまざと感じた。だが、このまま見ずにいることもできなかった。

窓の向こうに何がいるのか。確認しないと怖くて寝られそうになかったのである。

乾いた口中に唾液《だえき》を湧かせ、喉《のど》の奥へ押しこむと、静かな足取りで窓際まで近づいていく。

カーテンの端を細く捲《めく》りあげ、美緒さんは眼下に広がる前庭を恐る恐る覗《のぞ》きこんだ。

月明かりに薄く照らされ、墨絵のように茫漠《ぼうばく》とした前庭の向こうに、それはいた。

家の門口に、黒い人影が立っていた。

背恰好《せかっこう》から察すると、どうやらそれは男のようだった。体格は小柄でほっそりしているが、骨格はがっしりとしており、一目するなり男だと分かった。

皆川さんの自宅は田園地帯の只中《ただなか》にある。自宅の前は道幅の狭い一本道のまっすぐな農道。夜間は車通りが極端に少なく、両隣に位置する隣家もそれぞれ数十メートルほど離れている。夜中に人が歩くような道ではなかった。

男はどうやら、美緒さんの部屋の窓を無言でじっと見あげているようだった。

身体はぴくりとも動かず、暗闇に捺《お》された判のごとく固まっている。

そのまま数分ほど黙って様子を見つめ続けたのだが、やはり微動だにすることもなかった。

しだいに張り詰めていた緊張も、ガスが抜けるように萎《しぼ》み始める。

「人の形を模した立て看板とか、マネキンとか、そういうものかなって思ったんですよね。だって少しも動かないし。もしかしたら誰かがイタズラで置いたんじゃないかなって——。とにかく生きている人じゃないって割り切ると、なんだか急に拍子抜けしちゃって」

ためしに窓を開けて手を振ってみたのだという。

だが、それでも男の身体はぴくりともしなかった。

美緒さんはそのまま階下へおりて水を飲むと、布団に戻って眠りに就いた。

ところが翌朝、目覚めて二階の窓から門口を見ると、そんな人形などどこにもなかった。

家族にそれとなく尋ねてもみたが、誰もそんなものなど知らないという。

なんだか昨夜の不穏な感覚を思いだし、再び少し厭な気分になる。

しかし、朝食を食べ終え自転車で登校する頃には、すっかり忘れてしまったのだという。


それから二週間ほどが過ぎた、五月下旬の夜だった。

深夜三時過ぎ、再び美緒さんは胸を押し潰されるような感覚を覚えて目を覚ました。

額には玉のような汗が浮き、吐く息もぜえぜえと荒く、息苦しい。

おまけに窓へと視線を向ければ、とたんに強烈な不安を感じる。

もはや完全に忘却していた、それは二週間前の焼き直しだった。

理由も分からないというのに鼓動は急速に跳ねあがり、背筋からは冷たい汗が噴きだして、身体はすっかり怯《おび》えきっている。

にもかかわらず、カーテンを捲って外の様子を覗きたいという衝動にも駆られた。

すうすうと鼻で荒い息を整えながら、震える指でカーテンの裾《すそ》をそっと捲りあげる。

細く開いたカーテンの隙間に顔を近づけるなり、短い悲鳴があがった。

前回と同じく、月明かりに照らされた戸外に男がぬっと立ち尽くしていた。

しかし場所は違っていた。今度は門口ではなく前庭に植えられた黒松の前に男はいる。

窓からの距離は六メートルほど。今度は男の輪郭もはっきりと見えた。

男の頭部は、けだもののそれだった。

頭の上にいきり立つ、ふたつの大きな耳。月明かりに反射して爛々《らんらん》と輝く、大きく丸い瞳《ひとみ》。顔面の下半分から突きだした長い口吻《こうふん》。その先についた逆三角形の黒い鼻。口は耳元辺りまで裂け、剝《む》きだしになった唇の間からは、鋭い歯が並んでいるのが見える。

狼だ。

男の顔を見た瞬間、美緒さんは直感でそう思った。

人の身体に狼の頭を持つその異形《いぎよう》は、前回と同じく美緒さんの自室を見あげて立っていた。相変わらずその場を動く気配こそなかったが、今度は人形などではないと、すぐに分かった。捲れあがった唇がわなわなと震えているのが、はっきりと見えたからである。

狼らしき怪物と目が合ってまもなく、美緒さんはふつりと意識を失ってしまった。


翌朝、目覚めると美緒さんは、窓際の畳の上に倒れこんでいた。

昨夜のことは全て夢だと、慄《おのの》く心を強引にねじ伏せようと試みる。けれども無駄だった。昨夜見た光景はあまりにも生々しく、記憶に深々と刻みこまれていた。

その夜から、自室で眠ることが堪《たま》らなく恐ろしいものになった。

両親に相談し、散々からかわれながらも、寝起きを共にする生活がしばらく続いた。

それほどまでに二階の窓から垣間《かいま》見た狼の姿は、ただならぬ恐ろしさがあったのだという。

結局、美緒さんはひと月ほど、両親の寝室で布団を並べて眠った。

幸い、夜中に目覚めることはこの間、一度もなかったという。

不安が消えたわけではなかったが、そのうちこのままではいけないと思うようにもなった。

時期を慎重に見計らい、美緒さんは意を決して再び自室で眠ることにした。

「それが間違いでした。あいつ、わたしの知らない間にもっと近づいてきていたんです」

自室へ戻ったその晩、美緒さんはさっそく件《くだん》の息苦しさを覚えて目覚めることになった。

もはや庭の様子など見たくもないのだが、見なければ見ないで、それもまた恐ろしかった。

頭の中では不穏なイメージばかりが増幅され、居ても立ってもいられない。

ほとんど泣き顔になりながら、恐る恐るカーテンの裾を捲りあげた。

いた。それも今度は、玄関の前にいた。

狼は玄関扉の前に直立し、無言で美緒さんを見あげ、口から鋭い牙《きば》を剝いていた。


「今度は家の中に入ってくる。娘はすっかり怯えきっています。救《たす》けていただけませんか」

「もうどうしたらいいのか分かんないです！　お願いします、救けてください！」

皆川親子は口を揃えて私に訴えた。

不穏な予感を感じつつも、私は怯える父娘に安全祈願と魔祓《まばら》いの拝みをあげた。

魔声　【平成十七年六月二十日】

「もお、ほんっとにほんとに大変だったんですよぉ？　どうか真也《しんや》くんが大人しくなるよう、しっかりお祈りしてあげてくださいねっ！」

雨あがりの空にうっすらと夕陽が射しこみ始めた、その日の午後遅く。

私の仕事場を訪れた四十代前半の母親は、年頃に不相応な甘ったるい声を囀《さえず》らせた。

芹沢千恵子《せりさわちえこ》というこの女は、声ばかりでなく、その装いも年代に不相応なものだった。

栗茶色に染めた髪の毛を肩口で丸くカールさせ、目にはマスカラ、頰には薄桃色のチーク。

ぽってりとした唇は、剝かれた甘海老《あまえび》のようにぷりぷりと濡《ぬ》れ光っている。

服装は純白のブラウスに、膝上《ひざうえ》二十センチはあろうかと思うほどのマイクロミニスカート。

多分に扇情的な装いではあったが、四十を過ぎた女のする恰好ではないと思った。

服装もさることながら、本人の口から飛びだした依頼内容もまた、奇抜なものだった。

なんでも、今年二十一歳になる息子が、親戚《しんせき》の人間の鼓膜を突き破ったのだという。

依頼内容は言うまでもなく、この息子の素行をどうにかしてほしいというものである。

あまりにも突拍子もない相談だったので、一から順にくわしい経緯を尋ねてみた。

千恵子の一人息子・芹沢真也は、地元の高校を卒業後、定職にもつかず現在無職。父親は真也が幼い頃に他界しているため、現在は千恵子とふたりで暮らしているのだという。

先週の土曜日。この真也が、千恵子の祖父の三男坊が興した分家へ泊まりに出掛けた。続柄を考えるに、遠縁といえば遠縁の間柄である。しかし、この分家の俊樹《としき》なる孫息子が高校時代、たまさか真也と同じクラスの生徒だった。以来、高校卒業後も細々《ほそぼそ》と交流が続き、真也は俊樹の家へたびたび出入りするようになっていた。

事件が起きたのは、深夜一時過ぎのことだった。

夜の静寂を突如として引き裂く凄《すさ》まじい大絶叫と、窓ガラスが割れる音。

続いて、庭先にずん！　と響いた鈍い音の三連奏で、分家の家族が一斉に目を覚ました。

慌てて庭先へ飛びだすと、ガラスの破片まみれになって横たわる、俊樹の無惨な姿があった。

俊樹の部屋は玄関側に面した二階の一室にある。家族が見あげると窓ガラスが粉々に割れ、中から真也が笑みを浮かべて、地面に落ちた俊樹の姿を見おろしていたのだという。

「すぐに分家から電話があって、急いで病院に行ったんですぅ。幸い、二階から落ちたのに俊くんの身体は軽い打ち身だけの軽傷でした。でも、問題は鼓膜のほうだったんですぅ」

精密検査の結果、俊樹の右耳の鼓膜が破れていることが発覚する。どう考えても落下時の衝撃で負った傷ではなかった。

前述のとおり、真也の仕業によるものである。千恵子はその場で分家の両親に土下座をし、今後一切、真也を家に出入りさせないという条件つきでどうにか示談にこぎつけた。

「どうしてそんなことになったのです？」という問いに、千恵子はこんな答えを返してきた。

「真也くんはぁ、俊くんの霊感というかぁ、資質のようなものをためしたんですぅ」

一瞬、異国の言葉を聞かされたようで、頭の動きが少し止まった。

「それと再従兄弟《はとこ》の鼓膜を突き破るのが、どう繫《つな》がるんです？」

「……波動をこめた声を頭に吹きこんでぇ、霊力を見極めるんだそうですぅ」

どことなく誇らしげな調子で語った千恵子の説明を要約すると、こうである。

真也は生まれながらに強い霊力を持つ子供だった。常人には感知できない浮遊霊や地縛霊、守護霊などがはっきりと視え、時には神仏の姿まで垣間見ることさえある。

また、虫の知らせや地震の予知などもたびたび的中させ、他にも占いや加持祈禱《かじきとう》の技術も日夜研鑽《けんさん》している。将来は霊能者として世の悪を是正するのが目標なのだという。

ただし、ひとりでそれを遂行するには、何かと前に立ち塞《ふさ》がる障害も多い。そこで真也は、自身の霊力と波長の合う同志、ないしは配下になる者を求め始めた。

他人が持つ霊力の素地を見極めるのは、簡単なテストをおこなうだけでよいのだそうだ。

真也が身の内に秘める潤沢な霊力を肺の中に充塡《じゅうてん》し、絶叫に乗せて対象者の耳に吹きこむ。テストに合格した者は、真也の目を通して全身から黄金色のオーラが噴きだして見える。

一方、不合格だった者は例外なく鼓膜が破れ、精神と肉体に多大な損傷を負うのだという。今までテストに合格した者は、ほとんどいないとのことだった。

聞いていて、ほとほと呆《あき》れる話である。他にはなんの感想も浮かばない。

「真也くんとしてはぁ、とにかく少しでも早く、霊能者として活躍したいらしいんですねぇ。でもそれを実現するためにはぁ、優秀なお仲間とか、真也くんの仕事をサポートしてくれるお弟子さんもたくさん必要らしいんですぅ。だから真也くん、多分ちょっと焦っちゃってぇ、俊くんにテストをしたんじゃないかと思うんですよぉ」

話の論点が壊滅的にずれてきている。

確か、この母親はこうした息子の愚行をやめさせるべく、訪ねてきたのではなかったのか。それに千恵子の話を聞いていて、さらに気になる点がもうひとつ表出した。

「テストしてるっておっしゃいましたけど、もしかして今回が初めてじゃないんですか？」

「はい、そうなんですぅ。できればやめてほしいんですけど、もう全然聞いてくれなくって、ほんっと困ってるんですぅ。それで何か別の方法はないかとお伺いしたくってぇ」

能天気な千恵子の回答に、私は軽い眩暈《めまい》を覚える。

千恵子の弁によれば、今回の再従兄弟の件ですでに四度目なのだという。

対象は学生時代の級友から近所の同年代、あるいはネットを介して知り合った心霊好きの同輩まで、いずれも経歴はばらばら。

ただし、身内を対象に〝テスト〟をおこなったのは今回が初めてだと、千恵子は答えた。

「よく刑事告発されないものですね」

再び率直な疑問をぶつけてみると、千恵子は露骨に胸を張るような仕草で「なんとか全部、示談にしていただきましたぁ！」と答えた。

「本気で息子さんの将来を思ぅのでしたら、むしろきちんと罪に問われるべきだと思います。大変申しあげにくいのですが、息子さんがしていることは滅茶苦茶《めちゃくちゃ》ですし、犯罪です」

なるべく不快感を顔に出さぬよぅ提言するが、千恵子の回答は私の予想の斜め上をいった。

「でもねぇ、真也くんは本当にすごい能力者なんですよぉ？　わたしも身体が疲れた時とか、具合が悪い時にぃ、真也くんのオーラで癒してもらってるんですぅ。本当にすうっと身体が楽になってすごいんですよぉ？」

熟れ過ぎて腐った林檎《りんご》のような目をきらきらと輝かせ、千恵子は息子の愚行を賛美した。

「だからわたしもぉ、母として協力してあげられることはなんでもしてあげたいんですよぉ。真也くんは、母ひとり子ひとりで育ってきたから、寂しがり屋さんなところもあるんですぅ。わたしが日頃、真也くんに癒されてるみたいに、わたしもあの子を全力で癒してあげたい。守ってあげたいなあって、思うんですぅ」

わずかに目を潤ませ、熱っぽい視線で千恵子がわたしに熱弁を振るぅ。

だがその一方、わたしのほうはもうすでに今件に対する興味も意欲も完全に失っていた。

「そうですか。それは大いに結構なことだと思います。でも事情はどうあれ、差し当たって人様の鼓膜を破るような行為はどうかと思います。そのように思っていらっしゃるからこそ、お母さんも私のところへお越しになられたのではないですか？」

——まずは息子さんとこの件に関して、じっくりと話し合ってはいかがでしょう？

提言すると、千恵子は顎《あご》の下に人差し指を押し当て、つかのま悩ましげな顔をした。

「あのう？　もしよろしかったらあ、真也くんを呼んできてもいいですかぁ？」

思わず「は？」と素《す》っ頓狂《とんきょう》な声が漏れる。

「実は真也くんね、プロの先生のお仕事に前からすっごく興味があってぇ、じゃじゃ～ん！なんと今日は一緒に来ているんで～す！　せっかくなので俊くんの鼓膜の件も含めましてぇ、先生のお口から真也くんに、いろいろアドバイスをしていただけませんかぁ？」

胸元で両手をぱんと叩《たた》くなり、千恵子はこちらの返答も待たず、仕事場を出ていった。

私としてはもはや、息子と面会するどころか、母親にもお帰り願いたいと思っていたので、大層ぐったりさせられる流れとなった。

大体、怪しげな「霊力を吹きこむ」などと称して他人様の鼓膜を躊躇《ちゅうちょ》なく破る人間などに、会いたいなどと思う馬鹿はそうそういないだろう。

そもそも、拝み屋を目指しているのかスピリチュアル・カウンセラーを目指しているのか知らないが、いずれにせよこうした仕事を根本から勘違いしていると思った。

黄金色のオーラだの、波動だのという単語の羅列にも心底うんざりだったし、私の口からアドバイスできることと言ったら「まじめにまっとうな仕事を探せ」くらいのものである。

だが千恵子の話を聞く限り、そんなアドバイスに耳を傾けるような人物とも思えなかった。

さてどうしたものやらと、俄《にわ》かに煩悶《はんもん》させられることになる。

やがて二分も経たないうちに千恵子が息子を引き連れ、仕事場に戻ってきた。

「どうもっす。芹沢真也です」

座卓の対面に千恵子と並んで座った真也は、見た目だけは普通の若者といった印象だった。

小柄な体型に色の白い、比較的端整な顔立ち。前髪を少し長めに伸ばした頭髪に耳ピアス。服装は胸元をはだけた黒いシャツに黒のタンクトップ。腰から下も黒色のジーンズに靴下と、頭のてっぺんからつま先まで全身黒ずくめのいでたちである。

「母親からいろいろ聞かされたと思うんですけど、俺個人としては別に悪いことをしている意識はないんすよ。心霊とか興味あるくせに、テストに合格しない半端な奴らが悪いんで」

千恵子を〝母親〟と称しながら、いかにも馴《な》れ馴れしい口ぶりで真也が語り始めた。

「そもそも志願してきたのはあいつらで、俺は力を覚醒《かくせい》させようとしただけっす。テストに合格するだけの資質がなかったあいつらが悪いんであって、俺が悪いわけじゃないです」

予想していたとおり、当人の口からも支離滅裂な言葉しか出てこない。打つ手もないため、差し当たっては肯定も否定もせず、ただ「うんうん」と調子を合わせ、語るがままに任せた。

「でも、この間の俊くんは違うのよねぇ？　真也くん、ちゃんと説明しなきゃダメじゃない。先生に誤解されちゃうんじゃないかしらぁ？」

そこへ千恵子がやんわりと口を挟んだ。

「っせえよ、お前。今俺が説明してんだから、ちょっと黙っとけ」

にやけ面が引っくり返ったように険しくなり、真也は千恵子の目をきっと睨《にら》みつけた。

「あ、ごめんね真也くん。うん分かった。ママ黙って、真也くんの話を聞くぅ」

甘ったるい声音で千恵子は真也に謝ると、座卓の下で真也の手をそっと握った。

「再従兄弟の子は、任意じゃなくて君が独断でやったってことかな？」

さっさとお帰り願いたかったので、話を先へ進めることにする。

「まあ、俊樹はいつものテストとは事情がちょっと別だったんす。あいつもテストといえばテストなんですけど、なんていうのかなあ……まあ、保険ですよ保険」

したり顔で真也が答えたが、相変わらず私の頭には何もかもがちんぷんかんぷんである。

「保険……。保険っていうのはどういう意味なの？」

「うーん。これ、あんまり人に言ったらまずいんですけどねえ。どうしてもってんならまあ、触りだけでも話してやるか。……知りたいっすか？」

別に知りたくなどないのだが、知りたいと答えないと話が進まないような流れだった。

「ぜひ知りたいね。保険ってのはなんなの？」

「実はこれから身内の間で、いろいろとゴタゴタが起きると思うんすよ。それも俺と同年代、若い世代の間で。悪い芽だったら早めに摘んでおこうっていう予防策がまずひとつ目っすね。それから波動流しはテストも兼ねてるんで、もしもテストに受かって使えそうな奴だったらこっち側に引きこんでおこうかなって。まあ、そういう巧妙な二重策ですよ」

結果、ますます話が見えなくなった。そろそろ話に付き合うことさえ馬鹿らしいとも思う。この辺で頃合いかと判じ、一気にまとめにかかることにした。

「まあ、でもさ。事情がどうであれ、人様の鼓膜を破るっていうのはいけないことだよね？　たまたま今までの暴行騒ぎは事件にならなくて幸運だったと思う。悪いことは言わないから、そういうことはもうやめたほうがいいんじゃないかな？」

千恵子に頼まれたまま忠実に、なおかつ努めて平板な調子で忠告する。

「あっそ。要するに俺の話を理解できないってことっすね。なんか笑える。人から金取って、これくらいの実力なんすね？」

真也は一瞬凍りついたあと、今度は冷ややかな笑みを浮かべ、露骨に私をこきおろした。

「まあね。私には君が語るみたいな高度な話は残念ながら理解できない。申しわけないね」

あくまで柳に風といった体を装い、真也の挑発をかわす。

「なんすかそれ？　自分がプロだと思ってバカにしてんすか？」

「いや別に。そういうふうに受け取られてしまったんなら謝るよ」

「なんかむかつくな、あんた。……うん、むかつくわ」

真也の瞳《ひとみ》にぼんやりと、憎悪の炎が灯《とも》るのを見る。これ以上、関わりたくなどなかったが、当の真也は引く気配などないようだった。

「テスト、なんならあんたにもしてやりましょうか？　本物かどうか見極めてやりますよ」

鼻先でくすりと小さく笑いながら、真也が私に向かってゆっくりと身を乗りだした。

「ダメよぉ、真也く〜ん。先生に失礼でしょぉ？」

座卓の下で握った真也の手をさらにぎゅっと握りしめつつ、千恵子が優しく真也を制する。しかし、真也は千恵子の言葉をまったく聞き入れようとしなかった。

「つかうるせぇって、お前。いいから黙っとけ！」

「おい、お前こそあんまり甘くみるなよ。ここで猿声おっ立てやがったら、すぐさま警察に通報してやるからな。分かったら大人しく座ってろ、クソガキが」

あくまで冷静にいこうと思っていたのだが、ここらが私の限界だった。

「あ、ビビッてんすか？　大丈夫っすよ、郷内先生が〝本物〟だったら別に痛くもかゆくもないっすから。それともあれっすか？　自分がインチキだってバレるのが怖いんだ？」

得意げな顔でせせら笑う真也の姿に、虫唾《むしず》が走る。

「芹沢さん。申しあげにくいのですが、不調法もいいところです。ご相談の件もそうですが、息子さんの人格も含め、とても私の手には負えません。どうぞお引き取りください」

「あーあー、都合が悪くなったんで今度は帰れコールですか。ガキと一緒っすね、超ダセえ。これじゃあ、わざわざテストするまでもないなあ。よかったっすね、鼓膜破かれなくて」

侮蔑《ぶべつ》の籠《こも》った眼差《まなざ》しで露骨に私を嘲《あざけ》りながら、真也が滔々《とうとう》と宣《のたま》った。

「そんな、そんなぁ。先生、ちょっと待ってくださいよぉ。確かに今の真也くんの態度はぁ、ちょっとよくなかったかもです。でも、そういうご対応はあんまりなんじゃないですかぁ？ わたしたち、今日はお客さんとしてお邪魔してるんですよぉ？ お金だって払うんですから、きちんと最後までお話を聞いてくださ〜い」

座卓の下で相変わらず真也の手を握りながら、千恵子が口を尖《とが》らせ反論する。

「お金はいりません。何も拝んでいないんですから。さあどうぞ、お引き取りください」

構わずその場から立ちあがると、私は出入口の引き戸を開け放ち、退室を促した。

「まあいいじゃん。先生もボロが出ちゃって居心地悪《わり》ぃんだよ。時間の無駄だから帰るぞ」

へらへらしながら腰をあげ、真也が千恵子の手を引いて立ちあがらせる。

「こんなんが地元で商売してるようじゃ、やっぱダメだな。早く俺が立ちあがんねえと」

「いいからさっさと失《う》せろ」

「あ、そうだ！ ひとつだけ訊《き》くの忘れてましたよ。あんた、インチキだから分かんないと思うけど、知識ぐらいはありそうなんで一応訊いときますよ」

「聞こえなかったか？ 話は終わりだ。四の五の言ってないで回れ右して帰れ」

「まあまあ、そう言わずに。これだけ訊いたらすぐに帰りますから。お願いしますよ」

「なんなんだ。答えてやるから早く訊け」

「失せ物探しっていうんすか？　ほら、ババアの霊能者とかがたまにテレビでやるっしょ？　失くした指輪とかを霊能力で探し当てるやつ。あれ、どうやってやるんすかね？」

「ご大層な力を持ってるんだろ？　それくらいできなくてどうすんだ」

散々罵《ば》倒《とう》された仕返しに、私も皮肉をこめて言い返してやる。

「だから素人だっつってんだよ。俺のモードは攻撃系と癒し系なの。失せ物を探すみたいなちまちました能力じゃないんだっての」

不快を露《あらわ》にしながら真也が答えた。まるで少年漫画のような世界観にうんざりする。

「そんなちまちました能力なんぞお前に必要ないだろ？　みなぎるパワーをフル装塡《そうてん》させて、元気に猿声おっ立てていりゃあいいじゃないか」

「うっせえんだよ、ポンコツ三流風情が。まったくもって使えねえ。あんた小物っぽいから、そういうのに特化してんのかと思ったんだけど、そっち系もダメかよ。ほんとにやめたら？　向いてないよ、この仕事」

「訊かれたことには答えてやった。もうたくさんだ。とっとと消え失せろ」

「口の汚ねえ拝み屋。こんなとこにわざわざ出向いたのが間違いだったよ」

戸口に向かって歩きだしながら、真也が苦々しい顔で毒づいた。

「探してるものがあるんすよ。だから失せ物を探せる力が必要だったんだ。あんたが本物で、態度も立派だったら頼もうと思ってたんだけど、もういいよ」

「何を探してんだ？　礼儀作法とか、目上の人間に対する口の利き方とかか？」

訊くつもりもなく、ほとんど皮肉で投げ返した言葉が、不可抗力で質問になってしまった。

「至純《しじゅん》の光。元の在《あ》り処《か》は分かってて、ずっと狙っていたのに、行方不明になってしまった。あれさえ手に入れば、俺はすぐにでもこの国でいちばんの霊能者になれるのに」

結果的にまたぞろ聞きたくもない戯言《たわごと》を聞く羽目になってしまい、心底厭《いや》な気分になる。

「至純の光って知ってる？　あんたなんか、ひと目見ただけで頭がやられてしまうと思うよ。あれと出逢《であ》った瞬間から俺の人生は始まったんだ。だから、どうしてもあれが欲しいんだよ。もしかしたら探り当てられるかもしれないって思って来たんだけど畜生。当てが外れたわ」

じゃあね、インチキさん。

捨て台詞《ぜりふ》をひと言吐くなり、真也は庭先に停められていた車へ悠然と戻っていった。

「あの……真也くん、今日はなんだかちょっと神経昂《たかぶ》ってるみたい。でもほんとはとってもいい子なんですよぉ？　よかったらまたお話、聞いてあげてくださいねぇ？」

おろおろしながら、千恵子が私に頭をさげる。が、私の答えはもう決まっていた。

「もう二度と来ていただかなくて結構です。どうぞお引き取りください」

千恵子の反応を待たず、ぴしゃりと引き戸を閉める。

座卓の定位置に座り直してまもなく、庭先から車の発進するエンジン音が聞こえてきた。

それを受けて、ようやく深々とため息を漏らす。

我ながら、大層大人気《おとなげ》ないことをしでかしたと思いはしたが、結果は変わらないのだから
どうということもない。あんな母子とこれ以上縁が深まるのは願い下げだった。

相談開始時、千恵子に差しだした湯呑《ゆの》み茶碗《ぢゃわん》を片づけるべく、手を伸ばす。

茶碗の底を見たとたん、思わずぎょっとなって口から勝手に悲鳴があがった。

茶碗の底が切りとられたように丸く消え失せ、下に敷いた茶托《ちゃたく》が顔を覗《のぞ》かせていた。

茶托ごと手に取って検《あらた》めてみると、消え失せた茶碗の底は、茶托の真下から見つかった。

円形に切り抜かれたその断面はとても滑らかで、小さなひび割れひとつできていない。

一体、何をどうすればこのような芸当ができるのか、皆目見当がつかなかった。

──でもねぇ、真也くんは本当にすごい能力者なんですよぉ？

先刻、千恵子が息子を指して繰り言のように吐いた賞賛が、じわりと現実味を帯び始める。

認めたくなどないのに、目の前に開かれた現実が否応《いやおう》なしに私に同意を突きつけた。

違うと思いながらも茶碗を片づける私の手は、かたかたと震えが走って止まらなかった。

華原雪路　【平成十七年六月二十一日】

「そいつはとんだ災難だったなあ！　いや、ごくろうさん！」

芹沢真也に関する私の愚痴を一頻《ひとしき》り聞いたのち、華原さんは顎《あご》を引きつつ豪快に笑った。

湿気混じりの空気に蒸し蒸しとした不快な熱気の籠る、肌身に心地の悪い夕暮れ時だった。

午後の仕事を終えて時間が空いた私は、同業の先達である華原雪路《かはらゆきじ》の自宅を訪ねていた。

華原さんは、当時の私よりひと回り年上の三十代前半。二年ほど前に内縁の妻を引き連れ、中越《ちゅうえつ》地方の某県から私の地元へ引越してきた。

一読すると女性のように思える名前なのだが、華原さんは女性ではないし、本名でもない。これはその昔、拝み屋を始める際にいい加減な師匠から授かった名前なのだそうである。

知り合った当初、ちょっと面白かったので「女みたいな名前ですね」と突っこんだところ、「お前だってオカマみたいな名前じゃねえか」とやり返されたことがある。

言われてみれば、確かに「心瞳《しんどう》」という拝み名も、女性的な響きと言えば言えなくもない。

ちなみにこの名も拝み屋を始める際、一応の師匠筋に当たる水谷源流から賜ったものである。字面と響きはそれなりに気に入っていたが、由来についてはよく知らない。

「そんなに笑わなくたっていいでしょう。本当に修羅場だったんですから」

「そいつはすまねえ。けどまあ、お前はほんとに客運が悪いわなあ」

にやけ面で華原さんがコップに酒を注いでいるところへ、恋《れん》さんが酒の肴《さかな》を運んできた。

恋という風変わりな名を持つこの内縁の妻も、実は本名ではない。華原さんの弁によれば、以前に彼女がスナックで働いていた頃の源氏名であるらしい。

ふたりのなりそめについて、くわしく尋ねたことはない。ただ、華原さん個人に関しては二年前、地元の客に嫌気が差して宮城に逃げてきたということだけは聞かされていた。

「客のガキに舐《な》められるわ、金もふんだくれないわじゃ、泣きっ面に蜂だなあ、おい」

内縁の妻に供された貧相な肴をつまみながら、やれやれと華原さんが頭《かぶり》を振る。

「ふんだくるなんて、人聞きの悪いことを言わないでくださいよ。別にいりません。下手に受け取ってあとからゴタゴタするのも嫌ですし、早々と縁を切っておきたかったんです」

「商売下手だね。おまけに客あしらいも下手だわな」

「仕方がないでしょう。あなたみたいな『大ベテラン』とは違って、俺はこの仕事を始めてまだ三年目です。未《いま》だに駆けだしなんですよ。至らぬ点も多々あります」

「バカ野郎。金取って商売してんだぜ。客にとっちゃ、駆けだしだろうが十年選手だろうが、そんなものは関係ねえんだよ。つまんねえ言い訳をしてんじゃねえ」

まさに言うとおりだったので、返す言葉がなかった。

「けどまあ、今回の件はしょうがねえな。頭のイカれたガキなんか相手にすることはねえよ。俺らが手掛けるようなシロモンじゃねえわ」

別段、私と華原さんは師弟関係というわけではない。

ただ、向こうのほうが年上だという点に加え、彼のほうがすでに十年以上も拝み屋として先輩だったため、何かが起きるとこうして愚痴などをこぼしに来てしまうのである。

華原さんとの出会いは当時から遡《さかのぼ》ること、さらに一年半前。地元の古本屋で仕事の資料に使う宗教書を物色していたところ、偶然声をかけられたのがきっかけだった。

「若いのにンなもんに興味持ってると、俺みたいになっちまうぞ」というのが、華原さんの第一声だった。それ以来、なんとなくウマが合ってしまい、こうしてたまに顔を合わせては、取り留めのないやりとりを繰り返している。

「ただのイカれたガキならいいんですよ。でも聞いていませんでしたか？　湯呑み茶碗の件。気味が悪くてしょうがないです。あんなこと、仕掛けもなしにできるもんですかね？」

「仕掛けがあろうがなかろうが、そんなもんは関係ねえよ。仮にそいつがほざく霊能力だか神通力だかで茶碗の底に穴が開いたとする。で、だからなんだ？　それがなんの役に立つ？　要はスプーン曲げなんかのたぐいとおんなじだ。実用性のねえ、単なるパフォーマンスだよ。ほんとにすげえ能力だってんなら、お前の心臓でも止めてみろってのよな？」

捲《ま》くし立てるように言い切ると、華原さんはコップの酒を大きく呷《あお》ってにやりと笑った。

「なんてことを言うんですか。縁起でもない。真面目に話を聞いてくださいよ」

酒には滅法強い男だったが、たまに酔ってもいないのに、こうして悪酔いしたふりをして話をはぐらかす。これ以上掻《か》き回される前にさっさと訊《き》くべきことを聞いておきたかった。

「はっきり言って俺は、霊力だとかオーラだとか、そういうものはあんまり信じていません。ただ、この仕事をしていると時々分からなくなることがあるんです。神通力とか超能力とか、そういう不思議な力というのは、この世に本当にあるものなんでしょうか？」

「お前、幽霊が視えるじゃねえか。それは不思議な力じゃねえのか？」

私の言わんとしていることはすでに分かっているくせに、こうして話の腰を折るのである。

「露骨に公言したことはありませんし、それを売りに仕事もしていません。なぜかというとそれは非常に主観的なものだし、客観性を伴わないものだからです。他人に見えないものが〝視える〟というのは、要するに個人体験です。裏を返せばそれは、幻覚とも思いこみとも片づけられる、まったく信憑性《しんぴょうせい》に乏しいものです。だから俺自身は〝視える〟ということを〝能力〟だとは思っていませんし、頼りにもしていません。売りにするつもりもありません。俺が言っているのはそういうんじゃなくて、要するに昨日の湯呑み茶碗みたいに誰の目にも客観的に現象を提示することができるような能力が、果たしてこの世にあるのかないのか？つまりはそういうことなんですよ」

途中で余計な茶々が入らないよう、すらすらとひと思いに言ってやった。

「はいはい。青臭いご高説とご質問をどうもありがとうございます。いいか、心瞳。聞けよ。俺もこの間、仕事をしていてこんなことがあった」

先の萎《しな》びた煙草に火をつけながら、華原さんが突としてこんな話を切りだした。


一週間ほど前だそうである。華原さんの家にひとりの相談客が来訪した。

二十代半ばの若い女だったが、化粧気はまるでなく、血色を失った肌質は乾いてばさばさ。加えて服装も無頓着《むとんちゃく》で、皺《しわ》だらけの黒いブラウスに下はジャージというういでたちだった。なんだか生きることをすっかり放棄してしまったかのような風体だったという。

女は名を早紀江《さきえ》といった。彼女が持ちこんだ依頼は、極めて簡潔かつ直球的なものだった。

――長年、霊能者を生業《なりわい》として世間の人を騙《だま》し続けている父親を呪い殺して欲しい。

早紀江の父親は、早紀江が物心ついた頃からすでに霊能者だった。

自宅の庭に社殿ともお堂ともつかぬ奇妙な造りの道場を構え、口から出まかせを語っては、訪れた相談客から法外な祈禱《きとう》料を巻きあげ、生計を立てていた。

早紀江が父親の生業を〝出まかせ〟と判ずるには理由があった。

ひとつには、相談客から浴びせられる怒声が絶えなかったこと。初めのうちは「先生」と慕って通い詰めていた相談客の猫撫《ねこな》で声は、月日を重ねていくと決まって「貴様！」という怒声に切り替わる。こんなやりとりを小さな頃から早紀江は何度も聞かされていた。

ふたつには、相談客から持ちこまれる相談事の大半がいつまで経っても解決を見ないこと。早紀江の父親は、客を値踏みしていい鴨だと踏むや、あの手この手を使って放さなかった。当初の相談内容など適当にはぐらかしては、家に悪霊が棲《す》みついている、先祖が祟《たた》っている、水子が障っているなどと脅し、客が自分の許《もと》へ通う口実を次々とでっちあげる。

一度など、相談客の年若い娘に悪霊がとり憑《つ》いたなどと嘘八百を並べ立て、彼女を自殺に追いこんだことまであるのだという。

事の大小にかかわらず、そんな彼の所業を知って心を打ちのめされるたび、台所で夕飯を作りながらすすり泣く母の姿が堪《たま》らなく可哀そうだったと、早紀江は語る。

また、そうした妄言虚言の類は客だけでなく、母親と早紀江にも向けられた。自身に関する不都合な事実を歪曲《わいきょく》するため、父親はしばしば「神のご託宣」を宣《のたま》った。たとえば、母が父親の意に染まない服を着ているのを見れば、「神がそんな服を着るなとおっしゃっている！　着替えてこい！」などと居丈高な態度で恫喝《どうかつ》する。

早紀江が一緒に遊ぶ友人のことが気に食わなければ、「あんな不信心な者と遊んでいると、そのうち大きな事故に遭うであろう！」などとうそぶいてみせる。

万事においてこうだった。細かいことを挙げ連ねればきりがないほど、父親が宣う戯言《たわごと》は、早紀江の人生の中で繰り返し執拗《しつよう》に、まさに自分を縛りつける呪詛《じゅそ》のように続けられた。

結果、思春期を迎える頃には彼を殺してしまいたいと思うほど、憎むようになったという。

だがその一方で、そうした繰り言に身も心も疲れ果て、抵抗すらままならない自分もいた。父親を殺したいと思いつつ、早紀江の心は人として自由に羽ばたける年齢を迎える頃には、もうすでに壊れきってしまっていたのだという。

できれば母と一緒に逃げだしたいという思いもあった。だが、早紀江の心が壊れるよりもずっと前に母の心は壊れていた。母にも父親から逃げる気力は残っていなかった。

ひとりの人として自由に生きることも叶《かな》わず、大事な母を守ることもできず、何もかもをかなぐり捨てて逃げだすことさえもできず。早紀江は結局、今現在も父親が支配する実家に身を置き、壊れた母と肩を寄せ合い、半死人のような暮らしを続けているのだという。

それでも最後の気力を振り絞ってきたのだと、早紀江は華原さんに凄然《せいぜん》と迫った。

——お願いします。父を呪い殺してください。

血色の悪いがりがりに痩《や》せこけた面相に、しかし目だけはけだもののような迫力を籠《こ》めて、早紀江は懇願したのだという。

「それで、呪い殺したんですか？　その父親を」

「やるわけねえだろ。呪いなんて外道は、俺の専門外だ。できませんやって言って断ったよ。代わりに何か困ったことがあったらいつでも遊びに来なってことにして、この前は終わった。ま、遊びに来いって言った手前、当面は慈善事業だわな」

どちらが商売下手で客あしらいが下手なのか、よく分からなくなる。

しばしばこのような対応をして、華原さんは相談客の依頼を放棄する。その後に続くのは仕事を抜きにした人対人の単なる交流である。だからこの人は貧乏なのだと、私は思う。

「まあ、外野が軽はずみにどうのこうのと口を挟むべきではない、デリケートな案件ですね。でも、その話と俺の質問がどう繋《つな》がるんです？」

「まあ、最後まで聞けや。オチをまだ話してねえ」

華原さんがぐいっと酒を一気に飲み干すと、隣に座る恋さんがすぐにおかわりを注いだ。

ふと気がつけば、すっかり話に聞き入っていた。いつのまにか、笑みを浮かべた恋さんが同じテーブルを囲んで座っていたことにも気づかずにいた。


早紀江が父親の生業を〝出まかせ〟と判ずる三つめの理由。

「あの人、わたしが視えているものが何ひとつ、全然視えていないんです」

早紀江も私と同じく、物心のついた頃から人ならざるものが視える体質だったのだという。

早紀江曰《いわ》く、父親が君臨する奇妙な造りの道場を含め、自宅のありとあらゆるところには様々な異形たちがどろどろと数をなして渦巻いていた。

周囲の異変に少しも気づく気配すらなく、神だの仏だのと宣う父親の姿は甚だ滑稽《こっけい》であり、偽物と判じざるを得ない。然様《さよう》に早紀江は語ったという。

「そういった論調だったら、俺の〝視える〟という個性も、その霊能者の〝視える〟という欺瞞《ぎまん》も、早紀江さんの〝視える〟という告白も全部同じじゃないですか。いずれも客観的な証明が何ひとつできません。不毛な主張ですよ。まったく意味がありません」

「それに関しちゃ、俺も大体同意だわな。でもな、その早紀江ってお姉ちゃん、そのあとにすげえことをしてみせたんだぜ？」

三つめの理由を告白した直後、早紀江は卓上に置かれた湯呑《ゆの》み茶碗《ちゃわん》に視線を落とした。

「……それにこういうの、あの人はできないんですよ」

ぽつりとつぶやくなり、早紀江は湯呑み茶碗を包みこむように、そっと両手を添えた。

やおら茶碗の中から、ぽこりぽこりとお茶の弾《はじ》ける音が聞こえ始める。

茶碗の中を覗《のぞ》きこんでみると、注がれたお茶が大きな泡を立てながら踊っていた。

泡はぽこぽこと軽やかな水音を響かせ、早紀江の手の中で二分ほど弾けていたという。

「そんな力があるのかねえのかと訊《き》かれたら、まあ、あるのかもしれねえとだけ答えておく。何か仕掛けがあったのかもしれねえし、そんなもの何もなくて、ただありのままに起こった現象を俺は目の当たりにしたのかもしれねえ。けどここで話が戻る。で、だからなんだ？」

コップの底に残っていた酒を飲み干したあと、華原さんがじっと私の目を見つめた。

「あの娘が湯呑みに入った茶をぼこぼこさせられたからって、なんの足しにもなりはしねえ。だからわざわざ『親父を呪い殺してくれ』なんて物騒なことを、俺に頼みに来たんだろう？今回の相談事で肝心なのはそっちのほうだ。果たして、あの娘の力が本物だったかどうか？そんなことは問題じゃねえ。相談の本筋と関係ねえんなら、別にうっちゃっといて構わない。拝み屋ってのはそんなもんの真贋《しんがん》を見極める仕事じゃねえんだ。客から持ちこまれた相談をどうやって解決していくか。そっちのほうこそが俺らの肝だ」

質問への回答を装い、華原さんから忠告を受けていることにようやく私は気づく。

「言っとくが、俺は別に人の目に視えねえもんや客観的に証明しようのねえものを全面的に否定してるわけじゃねえ。時に呪いやら祟りやらまでとり扱うのが、拝み屋の仕事だからな。〝あるんだ〟と感じた時には素直にあると認めてる。そのうえでそれ相応の対応を図ってる。けど〝ある〟ありきでのめりこむのもまた、まずいもんだぜ？　肝心なのはそっちじゃねえ。客が抱えこんでる悩みそのものよ」

──本筋を忘れると、見るべきものがおろそかになる。

私の顔を指さし、華原さんが言った。

「なるほど。俺が浅はかでした。ありがとうございます」

素直に礼を述べると、「いやにかわいいじゃねえか」と華原さんは笑った。

しばらくふたりで談笑しているところへ、庭先から甲高い獣の声が響く。

「あ、宇治衛門《うじえもん》が来たみたい」

恋さんが腰をあげ、前庭に面した居間の掃き出し窓を覗き見た。

宇治衛門というのは、華原家の庭に時折やってくる野生の狸である。華原家は山の裾野《すその》に面しており、家の裏手には広大な雑木林が広がっている。宇治衛門はどうやらその雑木林の中からやってくるようだった。

「またおこぼれか。今日は大したもんはねえぞ」

笑みを浮かべて立ちあがると、華原さんは掃き出し窓を開け、酒の肴《さかな》を庭先に放り投げた。

狸は土の上に落ちた肴におずおずと近づくと、ぱくりと咥《くわ》えて林のほうへ踵《きびす》を返していった。

「狸ってのは警戒心が強い。けど妙なところで肝が据わってやがんのか、根が間抜けなのか、たまにこうやって大胆にリスクを冒すわけだ」

図太く餌をねだりにくるくせに、その実、決して懐こうとはしねえ。

前庭を足早に立ち去る狸の後ろ姿を呆《あき》れ顔で眺めながら、華原さんは言った。

「好奇心は大事なもんだが、警戒心も大事なもんだぜ？　余計な話に深入りだけはするなよ。拝み屋は決して万能じゃねえ。俺らが扱えるのは、人の理に収まるものだけだ」

華原さんの言葉に私はうなずき、去りゆく狸の尻《しり》を目で追った。

月に見《まみ》える【昭和五十六年四月某日】

わたしが椚木の家に嫁いでから、半年余りが経ちました。

時折、深夜に轟《とどろ》くあの獣たちの恐ろしい咆哮《ほうこう》は、未《いま》だなお健在です。

家族の返答にも、変わりはありませんでした。皆一様にわたしの勘違い、幻聴などと判じ、それ以上の答えは何ひとつとして返ってこないのです。

この頃にはあまりしつこく訴え続けると、あけすけに怪訝《けげん》な顔もされました。のみならず、時には憐憫《れんびん》をこめた眼差《まなざ》しで、ひどく心配されることさえありました。

どうやら家族は、わたしの神経が病んでいるのだと思っているようです。

心外でしたけれど、無理からぬ話とも思いました。家族の誰にも聞こえるはずのない声が、わたしの耳にだけ聞こえてくるのです。そんなことが正常であるはずもありません。

そのうち、わたし自身も少しずつ、自分の正気を疑い始めるようになっていきました。

本当にわたしは、おかしくなってしまったのかもしれない――。

昼日中《ひるひなか》はそんなことを思いながらずっしりと項垂《うなだ》れ、真夜中に獣たちの咆哮で目覚めれば、その声の恐ろしさに身を縮こまらせて震え続ける。

そんな不毛で殺伐とした煩悶《はんもん》が、いつのまにかわたしの常態にすり替わってしまった頃。春先の肌寒い、ある深夜のことでした。

その夜もわたしは、獣たちの放つ凄《すさ》まじい大絶叫で目を覚ましました。声を聞くなり、たちまち全身が棒のように竦《すく》みあがり、がたがたと震えが生じます。偏頭痛が治まるのをじっと耐えるように、わたしは布団の中で両耳を塞《ふさ》ぎ、獣たちの声が収まるのを身を強張《こわば》らせて待ちました。

それからどれほど耐え忍んだ頃でしょうか。つと塞いだ耳の外側に、獣たちの声とは違う、異質な音が混じり始めたのに気がつきました。恐る恐る耳から手を離して音の気配を探ると、それは居間の電話がけたたましく鳴る音でした。

時計を見れば、深夜の二時をわずかに回る頃です。こんな時間に聞こえてくる電話の音は、すでにそれだけで不穏な予感を切々と孕《はら》むものでした。

獣たちの声に怖《お》じ気《け》を感じながらも駆け足で茶の間へ向かい、受話器を取ります。果たしてわたしの予感どおりでした。電話は、わたしの実家の母からでした。

つい先ほど、就寝していた父が布団の中でのた打つように苦しみ始め、本土の総合病院へ緊急搬送されたというのです。

父はすでに意識を失っており、容態は極めて危険。最悪の事態も考えなければならないと母から聞かされ、すぐに病院へ来てほしいと嘆願されました。

乞《こ》われるまでもなく、わたしもそのつもりでした。「すぐに行くから！」と答えて電話を切るなり、武徳に車をだしてもらおうと考えました。

そこではっと気がつき、みるみる全身から血の気が引いていったのです。

この夜も武徳は母豚の分娩《ぶんべん》のため、豚舎に詰めておりました。彼に事情を伝えるためには、裏庭を突っきって豚舎へ行かなければなりません。

たちまち足が竦み、両膝《りょうひざ》が壊れたように笑いだします。

わたしが思い惑うさなかにも、戸外からは獣たちの甲高い猛《たけ》りが耳に届いてきました。

一瞬、義母と義妹たちを起こそうかと考えました。ですが今夜は分娩の日。義母も武徳と一緒に豚舎に詰めているのです。加えて義妹たちも、明日《あした》はそれぞれ仕事と学校があります。いくら家族とはいえ、こんな夜中に声をかけるのは大いに躊躇《ためら》われることでした。

進退窮まったわたしは意を決し、懐中電灯を携えると勝手口から裏庭へ出ました。

狼の遠吠《とおぼ》えを思わせるあの恐ろしい咆哮は、戸外へ躍り出ると一際大きく鼓膜を突き刺し、わたしの怖じ気を弥《いや》が上にも増幅させました。

ですが幸いにも声は今、屋敷の前庭辺りを行進しているようでした。

裏庭に面した勝手口から豚舎までの距離は、およそ五十メートル。

脇目も振らず、全速力で一直線に駆け抜けていけば、なんとか獣たちに出くわすことなく、武徳の許《もと》へたどり着くことができそうでした。

息を整え、声の様子を見計らうなり、豚舎を目指して走りだします。

この夜も空には月がかかっていました。青白い月光に晒《さら》された屋敷の裏庭は仄《ほの》かに明るく、懐中電灯を翳《かざ》さずとも駆けることは容易でした。

背後で激しく轟く遠吠えを背に、生きた心地もしないまま無我夢中で駆け続けます。

戸外で獣たちの声を聞くのは、この時が初めてのことでした。

こうしてじかに耳にすると、やはり声はわたしの勘違いや幻聴などではないと、まざまざ実感させられるだけの圧倒的な生々しさがありました。

どうして家族のみんなに、この声が聞こえないのか。

どうしてわたしは、独りでこんなに苦しまなければいけないのか。

父の安否を案じる気持ちの昂《たかぶ》りも重なり、いつしかわたしは涙を流しておりました。

せめて武徳だけでも分かってくれればいいのに。

庭では未だ獣たちの咆哮が、渦を巻くように猛っております。

もうすぐ豚舎へたどり着けば、そしてこの声がわたしの幻聴でないのだとすれば。

きっと武徳もこの声を聞くことになるはず。

仄かな希望を胸に抱き、目前に迫りつつある豚舎へ走っていた時です。

そこでようやくわたしは、気がついたのです。

声が背後からだけでなく、前方の豚舎からも聞こえてくるということに。

背後の声に比べるとそれは幾分小さく、また数も少なく感じられました。だから間近に接近するまで、わたしは気づかずにいたのでしょう。けれども豚舎まで残り十メートルほどまで迫った今、それはわたしの耳にはっきりと聞こえてきます。さらにはこの段に至って、思わずはっとなることが突として脳裏をよぎりました。どうして今まで気づかずにいたのでしょう。

獣たちが吠え荒《すさ》ぶのは、決まって武徳が家を空ける晩のことでした。とたんに得体の知れない不安が、胸の内からじんわりと染みだしてきました。心臓が早鐘を打ち始めたかと思うと、矢庭に胸が苦しくなり始めます。一方、豚舎からはもはや空耳では済ませられないほど、獣たちの猛る声が盛大に鳴り響いてきました。いいえ、厳密には豚舎の中からではありません。豚舎の脇には小さな木小屋が立っています。分娩の夜などに休息をとるために使われている簡素な造りの建物です。

声はその中から、はっきりと聞こえてきておりました。

その場に茫然と立ち尽くし、わたしが慄《おのの》くさなか、はたと気づけば背後で遠く轟いていた獣たちの声が、徐々に大きくなって近づいてきておりました。

けれども声は前方の木小屋からも、がなりたてるように鳴り響いてきます。どうすることもできず、ここでとうとう堪《たま》らなくなってしまったわたしは、大きな悲鳴をひと声張りあげるなり、その場にどっと倒れこんでしまいました。

冷たい土の感触を背に感じながら震えていた私の顔に、すっと光が重なります。

木小屋の扉が開いたのです。

ですが、救《たす》けを求めて顔をあげるなり、わたしは再び悲鳴を張りあげました。

狼の頭をした男女がふたり、木小屋の中からのそりと出てきたのです。

昨年、寝室の窓から目撃したあの獣たちと、その顔は何もかもが同じでした。

漆黒の闇を吸いこんだように真っ黒な毛並みに、明々と燃え盛るふたつの大きく黄色い眼。

けれども身体は人間のそれでした。衣服をきちんと召した、ただの人のそれなのです。

衣服に目が留まり、それらが誰であるのか分かったとたん、わたしは意識を失いました。

二匹の狼が着ていた衣服は、武徳と義母のものだったのです。

再び気がつくと、わたしは武徳に上体を抱え起こされ、ぺちぺちと頰を叩《たた》かれていました。

武徳の傍らには、渋い面差しでわたしの顔を覗《のぞ》きこむ義母の姿もありました。

先ほど味わった凄まじい恐怖に再びパニックを起こしそうになりましたが、武徳と義母の顔はもうすでに狼のそれではなくなっていました。

また、先刻まで背後で猛《たけ》っていた獣たちの声も、いつのまにか聞こえなくなっていました。

こみあがる恐怖が胸の内で沈下していくと、今度は父の容態を思いだしてはっとなります。

取り急ぎふたりに事情を伝えると、すぐさま武徳が車をだしてくれました。

検査の結果、父は軽い脳梗塞《のうこうそく》を起こしたことが判明しました。

不幸中の幸いにも、わたしたちが病院へ到着する頃には容態もだいぶ安定してきたらしく、どうにか峠を越えられそうだと母から聞かされ、安堵《あんど》します。

その日は母とふたりで父に付き添い、病室で夜を明かすことになりました。

得体の知れない獣たちの声や存在について、実家の家族に語ったことは一度もありません。余計な心配をさせたくないという気持ちも多分にあったからですが、別の理由もありました。

椚木の家族たちと同じく、実の両親にまで神経を病んでいると疑われるのが怖かったのです。

病室の床に敷いた簡易式の布団に包《くる》まって目蓋《まぶた》を閉じると、先ほど豚舎の中から出てきた、狼の顔をした武徳と義母の姿が、脳裏にありありと浮かびあがってきました。

とうとう、あんなものまで見えるようになってしまったのか――。

「あなたは病気なんかじゃない」

事情を母に伝え、本当は慰めてもらいたいという気持ちもありました。けれどもです。たとえそんな言葉をかけてもらったところで、果たして今のわたし自身が納得できるかどうか。自信は一筋も湧かず、逆に不安ばかりが募ってしまったのです。

隣で寝息を立てる母の姿を見ているうちに、救いを求める思いは徐々に萎《しぼ》んでいきました。結局わたしは口を噤《つぐ》み、その後は独りさめざめと泣きながら、深い眠りに落ちたのです。

怪談　【平成十七年六月二十七日】

鈍色《にびいろ》の曇天から白糸のような雨が絶え間なく降りしきる、なんとも陰鬱《いんうつ》な午後だった。

先日の深夜、ひと悶着《もんちゃく》あった千草の自宅を、私は再び訪ねる羽目になっていた。

前日の夜に千草から電話が入ったのである。

とりあえず前回の件は一段落した。そこでまた改めて、別の相談を頼みたいのだという。

正直なところ、全く気乗りのしない話だった。電話口で千草の声を聞いた瞬間、あの晩の異様な一部始終が脳裏に蘇《よみがえ》った。それだけで私の胃の腑《ふ》は鉛のように重たくなったのである。


「来てくれてよかった！　あたしね、先生のこと信じてたんだよ」

玄関口で出迎えるなり、千草は上機嫌な笑顔で私の顔をほくほくと見あげた。

「先生はよしてください。そんなご大層なもんじゃありません」

相槌《あいづち》とも軽口とも皮肉とも受け取れるような返事をしながら、家の中へとあがりこむ。

一瞬、家を間違えたのではないかと思い、内心ひやりとさせられた。千草の容姿が先日の深夜とは打って変わって、まるで別人のようだったからである。

ぼさぼさだった茶髪は綺麗《きれい》に梳《す》かれ、艶《つや》やかな光沢を帯びてまっすぐに整えられていた。顔には薄くファンデーションが塗られ、ピンク色のアイシャドーが目元の輪郭を鮮やかに浮き立たせている。化粧のせいもあるのだろうが、血色自体も先日より良さそうに見えた。服装も灰色のスウェット姿から、今日は小綺麗なTシャツとジーンズ姿だった。

きちんと化粧を施した普段着姿の千草は、どこにでもいる二十代の平凡な女性に見えた。

さっそく居間に通されると、テーブルの端に美月の姿があった。目の前に落書き帳を広げ、クレヨンを使って何やら夢中でお絵描きをしている。

座りながら「何描いてるの？」と尋ねると、美月は「ひみつ」と答えてはにかんだ。

「この間は夜中なのにありがとう。おかげで母親のほうはギリギリなんとかなってます」

マグカップに注いだコーヒーを差しだしながら、千草が砕けた調子で礼を述べた。

「ぎりぎり、ですか？　ということはまだ出るんですか？」

「残念ながら、まあね。でも家の中には入ってこなくなった。それだけでもとりあえずＯＫ。もらった御守りも身につけて離さないようにしてるから、外に出ても近寄ってこれないし」

「御守りってほんとに効くんだねえ」と言ってから、千草はすぐにしまったという顔をして「あ、ごめん」と謝った。

「いえ、別にいいですよ。やみくもに盲信されるよりはマシですから」

「でもさ、死んだ人間って時間持て余してるからかな？　すっごくしつこいもんよね」

千草の証言によれば、こうである。

私から譲り受けた御札を家中に貼って以降、件《くだん》の母親は家の中には入ってこれなくなった。ただ、その代わりに今度は、家の窓外に立つようになったのだという。

「夜中、うなされて目を覚ましたりすると、大体窓の外にいんのよ。物凄《ものすご》い形相であたしをきっと睨《にら》んでんの。最初はうわっ！　って思って、また郷内さんに連絡しようと思ったのね。でもいろいろ実験してみた結果、家の中には入ってこられないのが分かった。外に出てもさ、電信柱の陰とかに突っ立ってるんだけど、御守りの力だね。近寄ってこれないの、あいつ」

いかにも「してやったり」といった顔つきで千草は言った。

亡き母に毎晩、窓から睨まれる娘。普通に考えれば、それは非常に異様な状況である。

非日常的な出来事を、まるで世間話のような感覚で平然と語る千草の様子を目の前にして、私はわずかに慄《おのの》いた。先日の夜更け過ぎ、彼女に対して思い抱いた摑《つか》みどころのない印象が、胸の内に蘇ったからである。

どれほど装いを改めても、やはり彼女は普通ではない。理屈よりも、直感でそう思った。

「ねえ、あいつ本当にどうしたら消えてくれるのかな？」

困り顔で質問を投げかけられるも、なんとも返答のしようがなかった。

「それにはまず、あなたとお母さんの間に何があったのか、お話を聞かせていただかないと。今のところ情報が断片的過ぎて、私もどう対応していいのか分かりません」

「お母さんじゃなくて、母親ね」

母親を「お母さん」と称されるのがよほど嫌らしく、千草は先日と同じ訂正を入れた。

「ねえ。その前にちょっと、あたしの話を聞いてもらってもいい？」

一拍置いたのち、千草が思わせぶりな色を滲《にじ》ませ、上目遣いで私の顔を覗きこむ。

「はあ……なんのお話でしょう？」

「怪談話」

「怪談、ですか？」

窓の外には相変わらず、白糸のような雨がさらさらと静かな音を立てて降りしきっている。いかにもお誂《あつら》え向きな風情だったが、私は別に千草と雑談をしに来たわけではない。

「相談の本質に関わることでしょうか？　でしたらお伺いいたしますが……」

「そんな感じかな。遠回しになるかもだけど、割と大事な話。だからちゃんと聞いて」

語調は飄々《ひょうひょう》としていたが、千草の目は真剣だった。

「要するにね、あたしの履歴書みたいな話よ。郷内さんも〝視える〟人なら共感してくれる部分もあると思うの。本題はそのあとでさせてもらうから、とりあえず話を聞いて」

会話の流れから鑑《かんが》みて、断るのも難しそうな雰囲気だった。素直に承諾することにする。

千草は居住まいを正すと、やがてぽつぽつと言葉を選ぶように語り始めた。

以下は高鳥千草がこの日の午後に語った怪談話を、一部抜粋して採録したものである。

#1　返して

千草が記憶する限り、生まれて初めて異様な体験をしたのは、幼稚園の頃だったという。

季節は覚えていない。だが、夜中の遅い時間だったことは覚えていると千草は語る。

ある深夜のこと。夢の中で誰かに呼ばれているような気がして、千草は目を覚ました。

寝《ね》ぼけた頭で布団から起きあがると、声は夢の中ではなく、窓の外から聞こえてくる。

小さな子供の声だった。声はひとりでなく大勢。それも何十人もいるようだった。

声は黄色く弾んだ明るい声で、しきりに「返してー、返してー」と繰り返している。

不思議に思い、布団から抜けだそうとした時、隣で寝ていたお母さんの様子に気がついた。

お母さんも布団から上体を起こし、窓の向こうを見ながらがたがたと震えていた。

「どうしたの？」と尋ねると、お母さんはびくりとなって振り向き、「寝なさい」と答えた。

時々、お母さんは夜中に目を覚まし、布団の中で苦しそうに身を縮めることがあった。

今夜もそれかと思った千草は「具合悪いの？　だいじょうぶ？」と尋ねる。

お母さんは額に玉のような汗を浮かべながらも「平気だから、もう寝なさい」と答えた。

「返してー」「返して」「返して」ー「返してー」

そこへ再び、窓の向こうから子供たちの声が聞こえ始めた。

立ちあがって窓辺へ近づこうとしたとたん、うしろからお母さんにぎゅっと腕を回された。

「ダメ！　絶対ダメ！」

驚いて振り返ると、凄《すさ》まじい形相を浮かべたお母さんが千草の身体を押さえつけていた。

大声をあげるお母さんの顔が怖くて千草は泣きそうになったが、それでも子供たちの声は、庭のほうから大合唱のように聞こえてくる。

「だって、おともだちかもしれないよ？　返して返してって、困ってるみたいなんだもん」

半分べそをかきながら千草が訴えると、お母さんはふうっと大きく息を吐き、

「じゃあ見てみなさい」とカーテンを少しだけ、細く捲《めく》ってくれた。

窓辺にそっと顔を近づけ、外の暗がりに向かって視線を凝らす。すると窓から少し離れた植木の樹下に、小さな子供がたくさん並んでいるのが見えた。

歳は千草と同じくらい。どの子も素っ裸で、千草の顔を見つめてにこにこと笑っていた。

「ほら、やっぱりおともだち。はだかだから、みんなお洋服を探しているのかなあ？」

無邪気な声でお母さんに語りかけると、お母さんは悲しそうな顔をして目を伏せた。

「……そうなんだ」

小さくぽつりとつぶやくと、お母さんはカーテンを閉めて布団に戻っていってしまった。

声はその後も深夜になると、時々千草の耳に聞こえてきたが、お母さんは二度と窓の外を見せてはくれなかったという。

＃2　ピンクの脚

千草が小学一年生の時だった。

当時、千草が暮らしていた実家には、玄関を開けて真正面に二階へあがる階段があった。玄関の右側には茶の間があり、晩ご飯は一家揃ってこの茶の間で食べるのが習慣だった。

ある夜のことだった。

いつもどおり、家族で食事をしていると、視界の端をさっと横切っていくものがあった。反射的に顔を向けた先は、玄関口から二階へ伸びる例の階段である。茶の間と階段の間はガラス障子で仕切られており、階段の下側がガラス越しに少しだけ覗《のぞ》いて見える。

不審に思ってそのまま目を凝らしていると、再び何かが目の前をさっと横切っていった。

脚だった。

薄闇の中に裸の脚が二本、玄関から廊下を突っ切り、音も立てずに階段を上っていくのが、一瞬だけれどはっきりと見えた。脚は蛍光色のような、鮮やかなピンク色をしていた。

奇妙な光景だったが、不思議と怖くはなかった。なんとなく物珍しくも感じられたので、そのまま黙ってガラス越しに階段のほうを見つめ続けた。

するとまた、玄関のほうから脚が現れた。色や肉づきから察して、どうやら先ほどの脚と同じもののようだった。ほっそりとした脚線から、女の脚だと思う。

脚はやはり少しの音を立てることもなく、ガラス障子の前を横切り、階段を上っていった。

なんとも不思議な光景だったので、千草は興奮しながら家族に脚のことを伝えた。

ところが家族は「バカなことを言うな」と呆《あき》れて、まともに取り合ってくれない。

そこへ再び、玄関口からピンクの脚が現れるのが目に入る。

すかさず「ほらあれ！」と叫んで、ガラス障子の向こうを指さした。

それでも家族は「そんなものは見えない」と、一様に眉《まゆ》をひそめるばかりである。

納得がいかない千草は、急いで席から立ちあがるとガラス障子の前へ駆け寄り、力任せに戸を開け放った。

その瞬間、廊下を歩いていたはずの脚は、掻《か》き消すように見えなくなってしまったという。

その後も、折に触れては脚を目にした。

見かけるたびにタイミングを見計らって戸も開けた。

しかしどれほど試しても千草が戸を開けると、脚は跡形もなく消え失《う》せてしまった。

だから結局、脚から上の姿は一度も見たことがない。

奇妙な脚の出現は、千草が小学三年生にあがる頃まで不定期に続いたという。

＃3　溶ける男

小学二年生の夏休み。千草はふたつ年下の弟を連れて、近所の駄菓子屋へ出掛けた。

帰り道、弟の手を引き路地を歩いていると、道の向こうに男が立っているのが目に入った。

真夏だというのに紺色のスーツを着こんだ、禿《は》げ頭の中年男である。

外はかんかん照りの炎天下。それなのに男は微動だにもせず、無言で路上に佇《たたず》んでいる。

男は千草の顔を茫漠《ぼうばく》とした目で見つめていた。しかし千草の知る男ではない。

自宅は男の佇む向こう側にあった。訝《いぶか》しみながらも慎重な足取りで男のほうへ歩いていく。

男まであと五メートルほどまで接近した頃だった。

ふいに「どろり」と滑った音が聞こえてきたかと思うと、男の頭がぐにゃりと形を失った。

ちょうど、ソフトクリームが溶けるような感じだった。

そのまま顔が崩れ、肩が崩れ、腹が崩れ、やがて男の身体が全て崩れた。

あとに残ったのは、路上に広がる大きな水溜《みずた》まりがひとつ。

しばしその場で啞然《あぜん》としながらも、千草は恐る恐る水溜まりを跨《また》いで家路を急いだ。

ちなみに弟は、男の姿を見ていない。

しかし、路上に突然できた水溜まりにはひどく驚いていたという。

＃4　鬼ごっこ

同じく小学二年生の秋だった。

放課後、千草は同級生らに誘われ、学校の近くにある神社で鬼ごっこをすることになった。じゃんけんで鬼が決まると、他の子たちは広い境内の方々へ四散しながら駆けだしていく。

一方、千草はそれを横目にしつつ、ひとりで社殿の周りをぐるぐると走り始めた。

無闇にあちこち逃げ回るよりも決まったコースを走り続けていたほうが、いざという時に柔軟な対応ができると踏んでの作戦だった。

ぐるぐる、ぐるぐる、ぐるぐると。社殿の外壁に沿って一心不乱に走り続けるそのさなか、ふいに周囲の景色ががらりと変わった。

異変に気づいて立ち止まるや、思わず「えっ！」と声をあげて驚いてしまう。

千草はいつのまにか、町外れにある寺の墓地の中にいた。

それも無縁仏となった無数の墓石が、大人の背丈ほどの高さに積み重なった傍らにである。その周りを千草はぐるぐると駆け回っていたのだった。

神社と寺との距離は、五キロ以上も離れている。狐に摘《つ》まれたような心地で再び神社へ戻っていくと、みんなから怪訝《けげん》な顔で「千草ちゃん、さっき消えたよね？」と尋ねられた。

#5　島の幽霊

小学四年生の夏休み。千草はお母さんの実家にひとりで泊まりに出かけた。

お母さんの実家は、三陸海岸の沖合いに浮かぶ小さな島にあった。

生まれて初めて見る海にすっかり興奮した千草は、毎日夢中になって海遊びに興じた。

実家には同い年の従姉妹《いとこ》がいた。活発だった千草に比べ、おしとやかで控えめな従姉妹は、色白で目の大きな、とても可愛らしい女の子だった。

従姉妹は家の中で本を読んだり、お人形さん遊びをしたりするのが好きな娘だった。

自分とはまるで対照的な従姉妹の性格に、千草は初め、少し距離を置いていたのだけれど、そこは子供同士のこと。いくらのまも置かず、ふたりは仲よく打ち解けた。

昼間は千草が海に行こうと従姉妹を誘い、夜は従姉妹が人形遊びをしようと千草を誘った。

ふたりはまるで姉妹のように、めくるめく夏の日々を謳歌《おうか》した。

ある日、海で遊び疲れた千草と従姉妹は、家の中で仲よく本を読んで過ごすことになった。

従姉妹の部屋の本棚から面白そうな本を物色していると、お化けや妖怪《ようかい》のことが書いてある怖い本を見つけた。

「こういうの好きなの？」と千草が尋ねると、従姉妹は「うん、少し」とうなずいた。

その夜からは従姉妹にせがまれ、寝物語を語って聞かせるのが千草の日課になった。千草がこれまで視てきたお化けや不思議な体験をした話を、従姉妹は時に耳を塞《ふさ》ぎながら、また時には千草にぎゅっと身を寄せながら、夢中になって聞き入った。

家族や身の回りの誰に話しても「嘘つき」とか「そんな事を話すのはやめろ」と言われてばかりだった千草にとって、従姉妹の反応はとても嬉《うれ》しいものだった。

毎日怖い話をしていると、そのうち従姉妹も「お化けを見たい」と言いだすようになった。

「怖くないの？」と尋ねると、従姉妹は「ちーちゃんと一緒なら大丈夫」と微笑んだ。

聞けば家の近くの岬の下に、昔からお化けが出ると噂をされている洞窟《どうくつ》があるのだという。ひとりでは怖いけれど、ふたりでならそこに行ってみたいと従姉妹は言った。

さすがに夜は怖過ぎるので、お昼ご飯を食べ終えた午後の早くにふたりで洞窟へ向かった。

ごつごつした岩肌の下り坂をてくてく歩いていくと、やがて目の前に海が開けた。

従姉妹に案内されながら、波飛沫《なみしぶき》が吹きつける岩場を飛び越え、さらに先へと進んでいく。ほどなくして岬の真下の岩壁に、ぽっかりと黒い穴を広げる不気味な洞窟にたどり着いた。

「この中にね、女のお化けが出るんだって」

朗らかな笑顔を少しだけきゅっとしかめながら、従姉妹が言った。

手には家から持ちだしたインスタントカメラが握られている。お化けが出たら撮るのだと、従姉妹がはしゃいで持参してきたものだった。

怖がる従姉妹に促され、洞窟は千草が先に進むことになった。

怖々身体をぐぐらせてみると、洞窟の内部は思ったよりも狭くて奥ゆきのないものだった。懐中電灯の明かりを向けると、どん詰まりの岩壁に光が当たって円い輪を浮かべた。

そのままゆっくりと歩を進め、上へ下へと光を翳《かざ》していくと、やがてどん詰まりになった岩壁の足元に何かが像を結んで見えた。

それは石で造られた小さなお宮だった。

家の庭によくある、お稲荷《いなり》さんを祀《まつ》ったお宮にそれは造りが似ていた。けれども石の色や質感などを見ると、とても古そうなお宮だった。

お宮の周りにはお幣束や小さな風車がいくつも立てられていたが、いずれも古びて色褪《いろあ》せ、ぼろぼろになっている。

「怖い?」と千草が尋ねると、従姉妹は「怖いけど、ちーちゃんがいるから平気」と答えた。

「ね、写真撮ってみようよ」

千草の提案に従姉妹は「うん!」と顔を輝かせ、お宮に向かってシャッターを切った。

その瞬間。

真っ暗闇のお宮の上に女の姿がぼっと浮かんだ。

フラッシュが消え、再び洞窟の中にどす暗い暗黒が戻る。

すかさず懐中電灯を翳してみたが、女の姿はもうどこにもなかった。

けれども一瞬だったが、千草の目にははっきりと視えた。

白無垢《しろむく》を着た、花嫁だった。

頭には純白の綿帽子。白粉《おしろい》を塗りたくった薄白い細面。真っ赤な口紅。手に握られた末広。

それはテレビや写真などで千草がよく知る、お嫁さんの姿そのものだった。

花嫁の顔を頭の中に思いだしたとたん、千草の首筋がぶるりと震えた。

顔の肉が張り裂けるのではないかと思うほど、花嫁の顔には凄《すさ》まじい笑みが浮かんでいた。

それは千草が今まで見てきたお化けたちとはまるで違う、とてつもなく恐ろしい形相だった。

よくないものだと思い、千草は従姉妹に「帰ろうよ」と促した。従姉妹も「うん」と応《こた》え、ふたりでぱたぱたと洞窟の入口まで駆け戻る。

「ちーちゃん、中にお化けいた？　わたし写真撮ったけど、何か写ってるかなあ？」

手にしたインスタントカメラをいじくりながら、従姉妹が顔をくしゃくしゃにして笑う。

その様子を見て、従姉妹には何も見えなかったのだろうと千草は察した。

「どうかな。写ってるといいね」

笑みを返し、従姉妹に優しい言葉をかけつつも「本当に写っていたらどうしよう……」と、内心気が気でなかった。

「わたしね、もしもお化けが写ってたらぁぅあ」

笑顔で千草に語りかけていた従姉妹の言葉が突然、妙な抑揚を残して止まった。

「どうしたの？」と尋ねると、従姉妹は兎のように身を丸くして岩の上へと蹲《うずくま》った。

千草もすかさずしゃがみこんで「大丈夫？」と尋ねる。従姉妹は丸めた身体をかたかたと小刻みに震わせ、奇妙な唸《うな》り声をあげていた。

「あうあうあうあうあうあぁ。あうあうあうあうあうあぁ。あうあうあうあうあうあぁ」

従姉妹は、いやいやをするように頭を左右に振りながら、言葉にならない声をあげ続ける。

千草が真っ青になりながら、小さな肩を懸命に揺すって名前を叫び続けていると、足元にじわりと変な温《ぬく》もりを感じた。視線を落とすと、従姉妹が漏らしたおしっこが岩場の地面にだくだくと滴り、黄色い水溜まりとなって千草のサンダルを濡《ぬ》らしていた。

その後、従姉妹は十分近くも岩場に蹲り続けたのち、ようやくのそりと立ちあがった。

千草が「大丈夫？」と声をかけると、従姉妹はぼーっとした顔つきで「何が？」と応えた。まるで寝起きのような表情だった。

従姉妹は自分がおしっこを漏らしたことに気づく気配もなく、千草の目の前をふらふらと進んで岩場を引き返し始めた。

不幸中の幸いにも、帰宅する途中で従姉妹の様子は元に戻った。自分が漏らしたことにもようやく気がつき、びしょ濡れになったスカートを見ながらわんわんと泣きだした。

なんだかその姿がとてもかわいそうに思えて堪《たま》らなく、千草は先ほど従姉妹の身に起きた異変は全て黙っておくことにしたのだという。


その晩遅く、寝苦しさに目を覚ますと、暗闇に染まった窓の向こうに人影があった。

寝ぼけ眼《まなこ》を擦《こす》りつつ、カーテンが薄く開いた窓に向かって目を凝らす。

とたんに「ひっ！」と鋭い悲鳴があがった。

昼間、洞窟で見たあの花嫁が、窓に両手をへばりつかせ、こちらをじっと見おろしていた。顔にはやはり、顔の肉が張り裂けそうなほどの凄まじい笑みが浮かんでいる。

あたしを迎えにきたんだ……！　と思い、千草はたちまち総毛立って身を強張《こわば》らせた。

タオルケットを頭の先までぺろんと被《かぶ》り、その夜はがたがた震えながら夜を明かした。

翌朝、目覚めると従姉妹《いとこ》が「また洞窟に行きたい！」とせがんだ。とんでもないことだと思ったので、千草は従姉妹の願いを断った。

その晩も夜中に異様な気配を感じてカーテンを細く捲《めく》ると、窓の向こうに花嫁がいた。

その翌晩も花嫁は、千草と従姉妹が眠る部屋の窓辺に立った。

すっかり怖くなった千草は実家に電話をいれ、「早く迎えに来てほしい！」と頼んだ。

帰りの船上、海の向こうに見える岬の洞窟に目をやると、岩間にぽっかりと開いた入口が、まるで血に染まったかのように赤々と光り輝いていたという。

#6　パンドラの箱

同じ年の冬休み、千草の母親が入院した。

母親が家を空けている間、悪戯心《いたずらごころ》を起こした千草は、自宅の二階にある天井裏を物色した。

天井裏は物置になっており、平素は母親が鍵《かぎ》を保管して厳重に管理している場所だった。

しかし日頃、母親の私室に出入りをしていた千草は、鍵の在《あ》り処《か》を知っていたのである。

手早く鍵をくすねると、千草の弟、それからたまさか家に遊びに来ていた従弟《いとこ》の男の子を引き連れ、喜び勇んで天井裏への扉を開いた。

仄暗《ほのぐら》く、黴《かび》と埃《ほこり》の臭いが漂う天井裏には、古びた家財道具や骨董品《こっとうひん》、年代物の木箱などが至るところにひしめき合って並んでいた。

幼い千草たちの目にその光景は、まるで宝物庫のように映った。

古びた甲冑《かっちゅう》や刀剣の発見に興奮したり、箪笥《たんす》の引き出しから出てきた巻物を広げてみたり、綺麗《きれい》な櫛《くし》やかんざしを見つけて微笑んだり、しばらく三人で思いつくままに物色した。

そのうち、観音開きの大きな衣装箪笥の中に、千草は奇妙なものを見つけた。

子供の腕でひと抱えほどある、漆塗りの黒い箱だった。箱の形は立方形。上蓋《うわぶた》には大きな御札が貼られていたが、書かれてあるのは難しい漢字だったので読めなかった。

さっそく弟と従弟を呼び寄せ、衣装箪笥から取りだした箱を床の上に置く。

わくわくしながら箱を開けた瞬間、三人の口から「あっ」と声があがった。

箱の中には綺麗な女の人の顔が、ゆったりと仰向《あおむ》けになって横たわっていた。

艶《つや》やかでまっすぐな黒髪をおかっぱ頭に切り揃えたその女の人は、抜けるような白い肌と翠玉《すいぎょく》のように鮮やかな緑色の瞳《ひとみ》を持っていた。

桃色に染まった唇をうっすらと広げ、女の人は千草たちに涼やかな笑みを浮かべてみせた。

「なたうていすた。きらえいする。ほのあのきすたえらされふ」

ころころと鈴を転がすような声が、千草の耳朶《じだ》を優しくくすぐった。

女の人が、千草の目を見て喋《しゃべ》ったのだ。

何を言ったのかは分からなかったのだけれど、女の人の笑顔も声もすごく素敵だったので、千草は何か素晴らしいことを言われたのだと思った。

「すげえ……すげえよ、これすっげえ……」

隣に座っていた従弟が、なぜだかすごく眩《まぶ》しそうに目を細め、感嘆の声を漏らした。

「ぼく、なんか変な気持ち。変な気持ちになってくる……」

一方、弟は泣きそうな顔をしながら、両手でぎゅっと自分のおちんちんを押さえ始めた。

「お姉さんは、どうしてここにいるの？」

「たないれいふる。そちそえまそ」

千草の質問に再び女の顔が声を発したが、やはり何を言っているのかは分からない。

でもそんなことは、大して気になる問題ではなかった。

もっとこの人を見つめていたい。ずっとこの人のそばにいたい。

そんな気持ちのほうがはるかに強かった。

千草たちは陶然とした心地でその後、何時間も飽きることなく女の顔を眺め続けた。

それからは家人の目を盗みつつ、来る日も来る日も天井裏へ入り浸るようになった。

従弟もまるで熱に浮かされたかのように、千草の家を連日訪ねてくるようになった。

弟も毎日荒い息を弾ませ、千草が天井裏への扉を開くのを待ち侘《わ》びるようになった。

家内に人気《ひとけ》がないのを見計らい、天井裏に上って箱の蓋を開ける。

開けると、あの綺麗な女の人の顔が、涼やかな笑みを浮かべて千草たちを迎えてくれた。

千草は毎回おしゃべりを楽しみ、従弟は「うん、うん」と難しそうな顔で頻《しき》りにうなずき、
弟はいつも泣きそうな顔で「はあはあ」と熱い息を吐きながら、自分のおちんちんを触った。

「たにゃんたら、きしゃんされふ」

「とわろひえすた！　みとかれいふ！」

女の発する言葉を真似て返事をするのが、千草は好きだった。

翠玉のような瞳をきらきらと輝かせ、女の顔はいつでも千草に優しく微笑みかけてくれた。


天井裏に通い始めてひと月余りが過ぎた頃、退院した母親が家に帰ってきた。

当然、天井裏は再び母親の管理下に置かれ、侵入は格段に難しいものになってしまった。

しかし、千草たちはそれでも我慢することができず、その後も天井裏への侵入を試みた。

だが、数度目の侵入であえなく母親にばれてしまった。

仕置きは千草たちが想像していたものをはるかに超える凄惨《せいさん》さだった。

全員、歯が折れ、全身に青痣《あおあざ》ができるほど、太い棒きれでめったに打ち据えられた。

この時の母親は母親と思えぬほど、凄《すさ》まじい殺気に満ちた恐ろしい形相をしていた。

その後、従弟は家に出入り禁止となり、千草と弟も天井裏はおろか、二階へ行くことすら禁じられるようになってしまう。

烈火のごとき母親の怒りはまもなく収まりを見せたが、その後も千草と弟に向ける視線は氷のように鋭く、常に監視を受けているような心地にさせられた。

天井裏に隠されていた、あの綺麗な女の顔はなんなのか。

知りたい気持ちもあったのだけれど、とてもそんなことを尋ねられる雰囲気でもなかった。

だから千草は屋根裏に居る彼女の正体について、未《いま》だに何も分からないままなのだという。

#7　問いかけ

こちらは小学六年生の時にあった話だという。

夏休みに子供会の行事で肝試しをおこなうことになった。

場所は地元の寺にある墓地。千草は上級生ということもあり、脅かし役を担当した。

暗闇に染まった墓石の裏側に隠れ、肝試しを始めた子たちが通りかかるのを待っていると、背後からふいに声をかけられた。

「ねえ僕、死んだのかな？」

振り返った先には、白い経帷子《きょうかたびら》に身を包んだ小さな男の子が立っていた。

年は五、六歳くらい。顔色は凍えたように蒼《あお》ざめ、目には大粒の涙が浮かんでいる。

「……分かんない」

千草が答えると、男の子は「そっか……」とつぶやき、ゆっくりとした動きで踵《きびす》を返すと、身体を左右にふらつかせながら墓地の奥へと向かってとぼとぼと歩きだした。

闇の中を進んでいく小さな背中は、しだいに透けてまもなくすっかり見えなくなった。

のちになって知ったのだけれど、肝試しの日から十日ほど前、地元の幼稚園に通っていた男の子が長患いの末に亡くなっていたそうである。

#8　他校の異形

千草が中学二年生の時のことである。

地区総体でおこなわれるバレーボールの試合を応援するため、隣町にある中学校へ行った。観戦中に尿意を催してきた千草は会場を抜けだし、体育館の片隅にあるトイレに向かった。だが、中では不良とおぼしき女子生徒たちがたむろしていて、用を足すことができなかった。

仕方なく校舎のトイレに向かって廊下を歩き始めると、引き戸が半分開いた教室の中から「くぁっくぁっくぁっ」と妙な声が聞こえてくることに気がついた。

何気なく覗《のぞ》いてみたら、教室のまんなか辺りの宙に灰色の衣装を纏《まと》った女が浮かんでいた。長い黒髪をぼさぼさに振り乱した、どことなく鼠を思わせる鼻面の長い女である。

服の作りは着物に似ていたが、よく見ると新聞紙でできていた。蟻のように小さな文字と雑多な見出しが服の表にびっしりと鏤《ちりば》められている。

蒼くなってやり過ごそうとしていたところへ、女が「くぁっくぁっ」と鳴きながらこちらに顔を向けてしまう。急いで廊下を歩きだしたのだけれど、声は少し離れた背後から「くぁっくぁっくぁっ」とついてきた。

仕方なくトイレは諦《あきら》め、校舎の中を大きく迂回《うかい》しながら体育館まで戻ったのだという。

#9　能面お化け

中学三年生の一学期、千草は修学旅行で京都へ出掛けた。

宿泊先は市内の一角に構える、二階建ての古寂《ふるさ》びた旅館。部屋は二階に位置する大部屋で、それぞれ八人程度の生徒が同じ部屋に寝泊まりした。

二日目の晩、同室の女子たちがふとした弾みから怖い話をすることになった。

千草も誘われたのだけれど、下手なことを話して嘘つき呼ばわりされるのも嫌だったので、「眠い」と言って断った。

他の女子たちはずらりと敷かれた布団の上で車座になり、部屋の電気を消して話を始めた。彼女たちが語る怖い話を布団に包《くる》まりながら聞くともなく聞き、見るともなしに見ていると、そのうち部屋の隅に余計な人影がひとつ増えていることに気がついた。

ちらりと視線を向けた部屋の隅には、茶色い面を被《かぶ》った人物が正座をして座っていた。

身には暗く沈んだ紫色の着物を纏《まと》っている。小柄な背恰好《せかっこう》や、頭のうしろで丸く結わえた灰色の髪などから見て、老婆のようだと思ったが確証はなかった。

顔に掛けられた面はぎょろりと開いた双眸《そうぼう》に、黄色い歯を剝《む》き出しにした恐ろしい形相で、作りを見ると能面の一種のように感じられた。

老婆は車座になって盛りあがる女子たちの様子を微動だにせず、ただじっと見つめている。怖い話に呼び寄せられて来たのかな、と千草は考える。

早くやめればいいのに……と思いながら女子たちの様子をうかがっていると、車座を囲む女子のひとりも、いつのまにか茶色い面を被っていた。

紫色の着物を纏った人物からちょうどまっすぐ前方の位置に座る女の子で、仮面の造りは背後に座る人物のそれと同じものだった。本人は元より、他の女子たちも彼女の顔が仮面に覆われていることに気づいていないようである。

怖い話は一時間半ほどで終わった。話が終わる頃には紫色の着物を纏った人物も姿を消し、女子の顔を覆っていた面もいつのまにか消えていた。

みんな、何事もなかったかのように「怖かったねえ！」などとはしゃいだ声をだしながら布団に入った。部屋の中が静まり始める頃、千草も深い眠りに落ちていった。

翌朝起きると、仮面に顔を覆われていた女子がひどい高熱をだしてうめいていた。頻りにうわ言のようなことも口走るので、市内の病院に救急搬送されることになる。

その後、彼女は二週間近くも京都の総合病院に入院したのち、ようやく地元に帰ってきた。発熱の原因は不明だったが、熱をだして臥《ふ》せっている間の記憶はほとんどないという。

あとで千草が調べたところ、件《くだん》の仮面は「怨霊《おんりょう》の面」と呼ばれるものだったそうである。

#10　神殺し

千草が高校二年生の夏休み。ある晩、同年代の男女五名で、心霊スポットとして知られる山中の廃ホテルへ肝試しに出かけた。

深夜一時過ぎ、先輩の男子が運転する車で現地に着いた一同は、持参した懐中電灯を携え、眼前に聳《そび》える荒れ果てたホテルの中へさっそく足を踏み入れた。

真っ暗闇に染まったフロントを通り抜け、食堂や事務室、客室などを順番に探索していく。

そのさなか、千草は周囲のそこかしこに白い人影がちらつくのを目にし続けていた。

ああ、やっぱりこういうところにはいるんだなあ……。

そんな感想を心の中で漏らしながら、ホテルの中を一頻《ひとしき》り巡り歩いた。やはり白い人影はあちこちで目にしたが、見えるばかりで特にそれ以上、怪しいことが起こることはなかった。

ところが探索を終えた帰りの車内で、異変が起きた。

後部座席で千草の隣に座っていた女の子が突然、けだものじみた奇声をあげて暴れ始めた。女の子は背中を弓なりに仰《の》け反らせ、白目を剝《む》いて叫び続ける。

千草を始め、他のメンバーがどれだけ声をかけようと、正気を取り戻す気配はなかった。

彼女の豹変《ひょうへん》に肝を潰《つぶ》した先輩はそのまま急遽《きゅうきょ》、地元の有名な霊能者宅へハンドルを向けた。

夜もだいぶ遅い時間だというのに、事情を説明すると霊能者はすぐに門戸を開いてくれた。

正気を失った女の子を先輩ともうひとりの男の子が担ぎあげ、おおわらわで車から降りる。

みんなで家の中へ足を踏み入れようとした時だった。

「待て。あんたは駄目だ」

玄関口に突っ立つ白髪頭の年老いた霊能者の男性が、厳《いか》めしい声でつぶやいた。

一同、誰のことかと顔を見合わせ、霊能者が向ける視線の先を確かめる。

鋭い目つきで彼が見据えていたのは、千草の顔だった。

「神殺しを中に入れるわけにはいかん」

満面に険しい形相を拵《こしら》え、霊能者の老人はドスの利いた低い声で言葉を続けた。

千草は「分かりました」と応《こた》え、車の中で待つことにする。

老人は相変わらず奇声をあげて騒ぎ続ける女の子を中に入れるよう、男の子たちに促すと、そのまま踵を返して家の中へと消えていった。

家内に担ぎこまれた女の子は、わずか数分ほどで容態が回復した。

心底ほっとした面持ちで次々と車へ戻ってくる仲間たちを眺める傍ら、ふと視線を感じて顔を向けてみると、老人が再び玄関口に立って千草の顔を睨《にら》み据えていた。

老人は車が門口を抜けだし、千草の姿が完全に見えなくなるまでの間、射貫くような鋭い視線で睨み続けていたという。

千草が全てを語り終えた頃、戸外はすでに薄暗くなり始めていた。

天から滴る雨は豪雨となって爆雷のような音を響かせ、絶えることなく降り荒《すさ》んでいる。

千草は他にも、中学時代に放課後の教室で老婆の生首を目撃した話。高校時代、友人宅の居間にあった日本人形に話しかけられた体験など、全部でおそらく三十話近く語ったと思う。

ただ、それらの話のひとつひとつに明確な関連性は見いだせなかった。

話の間に「こんな体験をしたんだけれど、どうすればいい？」などという質問も一切ない。

だから、千草がこんな余興を始めた意図がなんなのか、皆目見当がつかなかった。

「それで、感想はどう？」

すっかり冷めきったコーヒーをごくりとひと口飲みながら、千草が私に問うた。

「ずいぶんと不思議な体験をされていることは分かりました。で、これまでのお話が今回のご相談とどう繋《つな》がるんです？　そろそろはっきりとしたご説明をお伺いしたいのですが」

「いやいや、そうじゃなくて。どうだったの？　何か今回の件と絡めて感じ入るところとか、引っかかるところはなかったのかって、訊《き》いてんの」

私の反応に呆《あき》れたような、当惑したような色を浮かべながら、千草が再度問いかける。

「『いやいや』はこっちのほうです。謎々遊びじゃないんですよ。何をどうしてほしいのかはっきりおっしゃっていただかないと、私はなんの対応のしようもありません」

「そうそれ！　謎々よ！　あたしが今まで話したことに物凄《ものすご》く大事なヒントが隠されてると思って！　それを分かってくれたらあたし、なんでもきちんと説明するから」

私が何気なく口走った「謎々」という言葉に飛びつき、千草が興奮気味に捲《ま》くし立てる。

一方、私のほうは先日の芹沢真也との一件を思いだし、頭がむかむかし始めていた。

「それは要するに、私を試すということですか？　そういう話でしたらあいにくなんですが、付き合いきれません。謎々を解くのが拝み屋の仕事ではありませんから」

こちらの力量を悪戯《いたずら》に測られているような気がして、大層気分が悪かった。

「拝み屋としての私の素養に疑いを持たれるのでしたら、どうぞ他の御方をお探しください。幸いにも東北は拝み屋関係の本場ですからね。地元に同業者はごまんといるはずです」

「あ、ごめん。そういう意味じゃないの。別に郷内さんのことを疑ってるわけじゃないよ？そうじゃなくって、あたしは郷内さんのことを心配して、こういう流れにしているの」

思わず「はあ？」と声をあげ、床から尻《しり》が持ちあがる。

もはや限界だった。縁の浅い相談客から無闇に心配される筋合いなどない。

「申しわけありませんけど、これで失礼させていただきます」

持参した鞄《かばん》を乱暴に引っ摑《つか》むと私は居間を出て、玄関口へ向かってずかずかと歩きだした。

「母様《かあさま》よ」

私の背中に向かってひと言、千草が凜《りん》と透きとおった声を発した。

「なんですって？」

その声の響きがあまりにも鮮烈だったので、ほとんど反射的に振り返ってしまう。

「あたし、この家に隠してるものがある。母親はそれを狙ってここに来るんだと思う」

「だから、話が見えません。どういうことなんです？」

「もしも郷内さんがきちんと理解してくれるなら、処分をお願いしたいの。自分でやれば？って思われるかもだけど、あたしにそんな力なんかない。それにね、あれを処分することができたら、あたしのお母さんもきっと楽になれると思うんだ」

思わず振り向いてしまったことに心底げんなりさせられた。やはり意味が分からない。

ぶっきらぼうに「失礼します」と頭をさげ、玄関ドアを力任せに開け放つ。

「これもヒントだからね！　気を悪くするの、分かってて言った！　お願い、気づいて！うちに帰ったらもう一回、じっくりあたしの話、思いだしてみて！」

信じてるから！

千草の叫びに返事すらせず、土砂降りの戸外へ飛びだす。門口に停めた車に乗りこむなり、あとは脇目も振らず千草の家をあとにした。

もう二度と来るものかと、心に固く誓いながら。

月に歌う　【昭和六十年九月某日】

椚木の家に嫁いでから三年目の昭和五十七年に、わたしは長女を授かりました。同じく、その二年後には待望の長男が生まれております。

一方、わたしが長女を授かる前年の昭和五十六年夏。上の義妹が家を出ていきました。くわしいいきさつは分かりませんが、絶縁という形だったそうです。事実、この年を境に上の義妹が椚木の家に戻ってくることは、二度とありませんでした。

また下の義妹も、上の義妹が家を出た翌々年の昭和五十八年暮れに独立。その後の数年は実家に全く帰ってこない状態が続きました。

こうしてふたりの義妹が家を去り、ふたりの子供が生まれたことで、椚木家は過不足なく、また元の数の五人家族に落ち着いていたのです。

長女が三歳になった年、昭和六十年の九月頃だったと思います。

その夜もわたしは、あの黒い獣たちの咆哮《ほうこう》に目を覚まし、布団の中で震えておりました。

ですがこの夜は折悪しく、わたしは時間が経つうちに尿意を催してきてしまったのです。

例によって武徳の姿は寝室にありませんでした。傍らにはふたりの子供たちがすやすやと静かな寝息を立てて眠るばかりです。

余談となりますが、出生以来どちらの子供も、この真夜中に猛《たけ》り狂う咆哮に怖がることは、ただの一度もありませんでした。幼子ですから、深夜にむずかって目覚めることはあります。けれどもそんな時に、たとえ戸外からどれほど凄《すさ》まじい絶叫が届いてこようと、子供たちは戸外に耳を澄ますでも怯《おび》えるでもなく、まるで無関心なようなのです。

どうやら武徳や他の家族たちと同じく、ふたりの子供たちもまた、この底知れぬ人絶叫が聞こえていないようなのでした。やはりわたしだけがおかしいのだという、新しい証《あかし》です。

下腹部にじわじわと刺しこむ鋭い痛みを懸命に堪《こら》えながら、その後もしばらく、わたしは布団の中でじっと我慢をしておりました。

ですがとうとう、我慢の限界を迎えてしまいます。

飛びだすように寝室を抜けだすと暗い廊下を駆け足で渡り、トイレの中へ駆けこみました。静まり返った深夜の廊下やトイレには、寝室よりもはるかに大きく、獣たちの不穏な叫びが木霊《こだま》してきます。わたしはがくがくと膝《ひざ》を笑わせ、耳を塞《ふさ》ぎながら用を足しました。

おおわらわで用を足し終え、再び駆け足で寝室まで戻ろうとした時です。

獣たちの咆哮に紛れ、ふいに私の耳へ綺麗《きれい》な女性の歌声が小さく届いてきました。

それはわたしが生まれてこのかた、一度も聴いたことのない世にも美しい歌声でした。

まるでソプラノ歌手のような音域の高く、一点の淀《よど》みすら感じさせない底抜けに澄んだ声。曲調は漠然とオペラのアリア、特に『蝶々《ちょうちょう》夫人』の第二幕で歌われる『ある晴れた日に』を彷彿《ほうふつ》させる叙情的で、胸の奥底が揺さぶられる調べです。

ただし、歌声に乗せて紡ぎだされる言葉は、わたしがまるで聞いたことのない言語でした。判別できる言葉がひとつもないので、異国の言葉というのはおそらく間違いないと思います。でもそれがどこの国の言葉であるのかは、まるで見当がつきませんでした。

獣たちの叫びからつかのま神経を遠ざけ、歌声に集中して耳を澄ましてみます。

すると、歌声は戸外ではなく、どうやら家の中のどこからか聴こえてくるようなのでした。寝室へ向かってゆっくりと廊下を戻りながら、歌声の所在をさらにくわしく探ります。澄みきった歌声が大きくなるほう、大きくなるほうへ進んでいきますと、ようやく歌声の出どころが分かりました。

屋敷の二階。それも二階の天井裏でした。玄関口の正面に伸びる、二階へ続く古びた階段。歌声を追って階段の前に立つと、歌声はわたしのはるか頭上から聴こえてきたのです。

わたし自身は入ったことがないのですが、天井裏は古びた家財の物置として使われており、常は義母の百合子が鍵《かぎ》をかけて管理をしておりました。

天井裏は施錠されているはずですから、中に誰かがいるとしたら、それは鍵を持っている百合子ということになります。しかし、声は百合子のものではありません。

そもそもこの晩、百合子は武徳と一緒に豚舎で母豚の分娩《ぶんべん》に立ち会っているはずでした。こんな夜中に母家《おもや》へ戻り、天井裏で歌を唄うことなどあるはずがないのです。ただそうは言っても、この素晴らしく美しい歌声は、間違いなく天井裏から届いてきます。不思議と怖いと思う気持ちはまったくありませんでした。

それればかりかわたしは、いつのまにか戸外で高く吠《ほ》え荒《すさ》ぶ獣たちの声すらもすっかり忘れ、しばらく陶然とした心地で、この不思議な歌声に夢中で聴き入ってしまったのです。

翌朝、朝食の席でわたしは、武徳と百合子にこの歌声の件を語りました。

不気味な獣たちの声については、やはり何度話しても無下にあしらわれておしまいでした。ですからこの頃は、いちいち口にだすことさえなくなっておりました。

ですが、あの綺麗な歌声については話が別だったのです。あの得も知れない、無心で耳を傾けていると、胸の内に大輪の花が次々と開くような感覚。こんな素晴らしい体験、誰かに話さずにはいられない。そう思えてわたしは仕方がありませんでした。

とは言え、どうせまともに取り合ってなどくれないだろう。

内心、覚悟はしていたのですが、それでもわたしはできうる限り事細やかに、昨夜自分が体験した一部始終をふたりに語り聞かせたのです。

ところが、夢物語のようなわたしの話を聞いた百合子の反応は、ひどく意外なものでした。

わたしが話を終えた、まさにその瞬間です。

百合子は食卓から無言ですっくと立ちあがるなり、わたしの頬を思いっきり張りました。

「家の中をこそこそ嗅《か》ぎ回るんじゃない。この雌豚」

能面のような面差しでひと言吐き捨てるなり、百合子はそのまま自室へ戻っていきました。

突然の驚きと恐怖に、わたしは堪《たま》らずその場に「わっ！」と泣き崩れてしまいました。

一方、食卓に残された武徳はそんなわたしの姿を見ようが、慰めるでも心配するでもなく、ただ黙々と朝食を搔《か》きこむだけでした。


思えばわたしに対する百合子の態度が一変したのは、この日を境にしてのことでした。

それまでの柔らかな物腰と口調が露骨に刺々《とげとげ》しいものとなり、些細《ささい》なことで詰《なじ》られたり、怒鳴られたりすることが頻発するようになりました。

また、日頃の暮らしにおけるわたしの動向を監視するような素振りさえもしばしば見られ、わたしはなんとも居心地の悪い、針の筵《むしろ》のような生活を余儀なくされてしまったのです。

件《くだん》の歌声に関してはその後、急速に興味を失いました。

あれはきっと百合子のものなんだ。

そんなふうに思い做《な》すと、もう二度とあんな歌声になど関わりたくなくなったのです。

冤罪《えんざい》【平成十七年七月二日】

湿気混じりの熱気が肌にじわじわと蝕《むしば》むように染みこむ、大層不快な昼下がりだった。

園子《そのこ》さんという独り暮らしの若い女性から、こんな相談を持ちかけられた。

「一体何が起きているのか、わたし自身にもさっぱり分からないんです……」


昨年の冬、園子さんの母親が大病を患った末に亡くなった。

名を紀子《のりこ》さんという。まだ四十をわずかに過ぎたばかりの、あまりにも早い旅立ちだった。

頑是《がんぜ》ない頃から母ひとり、娘ひとりで育てられてきた園子さんにとって、紀子さんの死は今後の人生をがらりと一変させる転機となった。

紀子さんの死後、真っ先に問題となったのは、今後の生活だったという。

紀子さんが亡くなるまで、園子さんは市街のマンションに母娘ふたりで暮らし続けてきた。

高校を卒業後、園子さんはなかなか希望する職に就くことができず、アルバイトの収入で家計を助けてきた。だがその収入は、ごくごく微々たるものだった。当然ながら紀子さんの亡きあと、園子さんひとりの収入で生活を維持することは困難だった。

加えて園子さんには、身寄りとなる親戚《しんせき》が誰ひとりとしていなかった。亡くなった紀子さんの意向により、父親の所在はおろか、名前すらも知らされずに育ち、母方の親類とも全く付き合いがなかったのだという。

紀子さんの百箇日をつつがなく済ませたのを契機に、園子さんは住み慣れたマンションを引き払い、市街から遠く離れた田舎町に新しい住まいと勤め先を見つけた。

入居したのは、長屋形式の古びた平屋建てのアパート。

1Kの手狭な間取りだったが、独り住まいには十分な広さだった。また、南向きの窓から射しこむ光がとても心地よく、何より家賃が格安だったのがありがたかった。

引越してからすぐ、部屋の片隅に置いた洋服ダンスの上に紀子さんの位牌《いはい》と写真を供えた。寂しい時には手を合わせながら、声をだして語りかけた。

長屋暮らしが始まってひと月ほどが過ぎた、今年の五月半ばのことだった。

仕事の帰り道、園子さんは商店街の花屋の軒先に並んだ色とりどりの花々に目を奪われる。晩春の健《すこ》やかな日差しを浴びて力強く育つ花々は、園子さんの胸を締めつけるほどに美しく、凛々《りり》しく映って堪《たま》らなかった。

加えて花を目にして心が揺さぶられるなど、園子さんの中には久しくなかった感情だった。ようやく母の死から立ち直り、新しい生活にも慣れてきたのだという実感も湧いた。

もっと身近にずっと、花の生命を感じていたい。陰っていた心は、さらに光を取り戻す。陽当たりのよい自室の窓の外には、ちょうど猫の額ほどの広さの庭があった。

思い立つと居ても立ってもいられず、その場で思いつくままに好みの花を買い求めた。庭には花壇がなかったので、プランターも一緒に購入した。木樽《きだる》を半分に割って横向きに寝かせたデザインのものが可愛らしかったので、プランターはそれにした。

帰宅後、窓のすぐ外にプランターを置いて、寄せ植えを作った。極彩色の花弁を開かせた花たちを窓辺から眺めていると、それだけで気分が華やいだ。


それから数日後のことだった。

仕事を終えて園子さんがアパートへ帰宅すると、長屋の玄関前に見知らぬ中年女性が四人、自分の帰りを待ち構えるようにたむろしていた。

園子さんが近づいても女たちが動く気配はない。声をかけるとリーダー格とおぼしき女が、険しい顔で突然こんなことを切りだした。

「あんた、図々《ずうずう》しいにもほどがあるよ。こんなことして、人として恥ずかしくないの？」

女たちは、地元の自治会で結成された園芸クラブのメンバーだと名乗った。当惑しながら話を聞いていると、鋭い口調で「プランターを返せ」と迫られた。

数日前、園芸クラブが管理をしているプランターがひとつ、なくなったのだという。

彼女たちが語るプランターというのは、園子さんにも覚えがあった。近所の交差点付近の歩道沿いにずらりと並べられたプランターのことだろうと察する。

女たちは、そのなくなったプランターを盗んだのが園子さんだと言って譲らなかった。彼女たちが管理をしていたプランターは、半分に割った木樽の底に足をつけたものだった。園子さんの買い求めたそれと同じ規格の物ではある。

しかし、とんだ濡《ぬ》れ衣《ぎぬ》だった。刺々しい目つきで自分を睨《にら》みつけてくる女たちに向かって、園子さんはプランターを買った店や日にちなどを細かく説明し、ただちに身の潔白を訴える。

それでも女たちが片意地を張り続けるため、わざわざ部屋に戻ってプランターを購入したレシートまで提示してみせた。

この段に至ってようやく、女たちの顔にバツの悪さのような色が表れ始める。

だが、それでも女たちはなおも園子さんを口汚く罵《ののし》った。

「そんなものを見せられたって、プランターがなくなったのは間違いない」

「うちの地元は昔からみんな仲がいい。今まで泥棒騒ぎなんか一度も起きたことがない」

「どんなに誤魔化しても、犯人はあんたみたいなよそ者に決まっている」

ほとんど負け惜しみのような言いがかりを口々に並べ立てたあと、

「そんなに欲しいならあんなプランター、くれてやる」

心ない捨て台詞《ぜりふ》を最後に、女たちは玄関前からいそいそと踵《きびす》を返していった。

その晩、園子さんは紀子さんの位牌を前に、声をあげて目を泣き腫《は》らした。

せっかく自分ひとりの力でがんばり始めたところなのに。自信がついてきたところなのに。母の死からようやく立ち直り、新しい人生を生きていこうと決心した矢先のことである。

悔しくて悲しくて、どれほど泣いても涙が止まることはなかった。

「わたし、花が綺麗《きれい》でかわいかったから、自分のお金で買っただけなんだよ？　お母さんも花が大好きだったから、庭に飾れば喜ぶと思って買っただけなんだよ？　なのになんなのよ、わたしが何をしたっていうのよッ！」

どれほど声を張りあげ泣き続けても、気分は少しも晴れなかった。

母を失い、天涯孤独の身となり、縋《すが》りつける者は誰ひとりなく、たった独りで生きる道を探してがんばって、ようやく「大丈夫」と思えるようになってきたところだったのに。

今まで必死に抑えこんでいた感情が、一気に壊れたような感覚だった。

「あんな奴ら、みんな死んでしまえばいい。みんな死んでしまえばいいのよ……」

両手を位牌に向かって、すっと拝み合わせる。

「みんな、罰が当たって死ねばいい。そう思うでしょう？　救《たす》けてよ、お母さん……」

気がつくと母の位牌を前に、いつしか暗い祈りを捧《ささ》げる自分がいた。

その二日後だった。

仕事帰り、いつもの通勤路を歩いていると、前方の路上にパトカーと救急車が見えてきた。路肩には鼻先のひしゃげた軽自動車も斜めに停まり、周囲には黒山の人だかりができている。一見して交通事故だと分かった。

見るとはなしにその喧騒《けんそう》を横目に、自宅へ向かって歩き続ける。

現場の前を通り抜ける刹那《せつな》、視界の端に飛びこんできた顔に園子さんは思わず「あっ」と小さく声を漏らした。

救急隊員の手で担架の上に乗せられていたのは先日、プランターの件で因縁をつけてきた、あの園芸クラブのリーダー格だった。

女の顔面は、左半分の肉が鬼おろしで磨《す》りおろされたかのようにぐしゃぐしゃに掻《か》き乱れ、毛羽立った肉の間から真っ赤な鮮血がどくどくと噴きだしていた。

わたしがあんなことを頼んだから……。

二日前、母に向かって捧《ささ》げたあのどす黒い祈りが、脳裏にまざまざと蘇《よみがえ》った。

翌日、事故のあった現場には献花が供えられていたという。

「異変が起きたのがこの件だけなら、悪い偶然が起きたんだと割り切ることもできたんです。でもこれは偶然じゃなかったし、終わりじゃなくて始まりでもあったんです」

それからさらにひと月後の昼、今度は勤め先の近所の民家で火事があった。

なんとも言えぬ胸騒ぎを覚え、野次馬根性で見に行った同僚に尋ねてみると、焼け跡から女性の遺体が搬送されていたという。亡くなったのはその家の嫁らしいと聞かされた。

「ちょうどその頃、同じ長屋に独り暮らしをしているお婆ちゃんと親しくなったんですよね。昔から地元にいらっしゃる方なので、それとなく訊《き》いてみたんです」

やはり火事で焼死したのは、園芸クラブのメンバーだったという。

一度ならず二度目ともなれば、さすがに偶然とは思えなくなった。

とんでもない祈願をしたと後悔し、たちまち顔が蒼《あお》ざめる。血相を変えたまま帰宅すると、園子さんは紀子さんの位牌《いはい》に向かって瞑目《めいもく》し、再び一心不乱に手を合わせた。

「ごめんなさい、お母さん。わたしが弱かったね。バカだったね。あんなことをお願いして、お母さんを苦しめることになってしまったね。もう大丈夫だから、向こうで楽しくしていて。笑顔でわたしを見ていてね。わたしがお母さんにお願いするのはそれだけだから……」

懸命に言葉をかけていると、前方からふいにぽん、と両肩に手がのる感触があった。

「お母さん！」

はっとなって声をあげる。

目蓋《まぶた》を開いた眼前には、白髪頭を生え散らかした、見たこともない老人の顔があった。

悲鳴をあげて身を引こうとしたが、両肩をがっしりと摑《つか》まれ、身体が動かなかった。

浅黒い肌をした、四角く骨ばった顔の老人だった。

目はどんよりと薄曇り、園子さんの目を一点に見据えている。口元には引き攣《つ》ったような笑みが浮かんでいたが、目元は笑っていなかった。

しわだらけの顔に浮かぶおぞましい形相に慄《おのの》き、園子さんはそのまま意識を失ってしまう。

再び気がつくと、すでに老人の姿はどこにもなかった。だが、警戒しながら周囲に視線を泳がせ始めてまもなく、再び口から悲鳴があがる。

写真立てに収まる紀子さんの遺影が細かく無数に引きちぎれ、ガラスの中で見るも悲惨なモザイク模様を作っていた。


「それからまた二週間ぐらい経って、今度は近所の神社の境内で首吊《くびつ》り自殺があったんです。長屋のお婆ちゃんに訊いたら、やっぱり園芸クラブの人だったって……」

プランターの件で言いがかりをつけてきた園芸クラブのメンバーは、残りひとり。

目から大粒の涙をこぼしながら、園子さんは「なんとか止めてください」と懇願した。

件《くだん》の老人はその後、園子さんの前に再び姿を現すことはない。

ただ、未《いま》だに老人が何者であるかは、まるで心当たりがないのだという。

守護霊　【平成十七年七月二十四日、二十九日】

甚だ不謹慎ながら、大木のような女だと思った。

仕事場の中央に置かれた座卓。私の対面に座っているのは、目測で身長一八〇センチほど。体重は優に百キロ以上はありそうな、寸胴体型のそれは太くて大きな女だった。

彼女の名は、黒岩朋子《くろいわともこ》。四十代前半で離婚歴あり。現在無職の身である。

朋子は三年前の夏頃から小学校低学年になる娘の春奈《はるな》と一緒に、元は母親の麻子《あさこ》が独りで暮らしていた実家の世話になっている。

加えてふた月ほど前からは、家の二階に宛《あて》がわれた自室に引き籠《こも》っているのだという。

この日は朋子の他にも、麻子と春奈も同席していた。今現在に至る朋子のくわしい経緯は、自身の弁によるものではなく、麻子の説明によるものである。

朋子の着ている白いTシャツは、食べこぼしとおぼしき赤や茶色の大きな染みが散らばり、奇妙な斑状《はんじょう》を描きだしていた。皮脂でどろどろに光る長い毛髪には、パルメザンチーズでもふりかけたかのような大量のフケが、万遍なく噴きだしている。

引き籠りと言われれば、確かに納得のできる風采《ふうさい》である。

「Oさんがわたしに『救《たす》けてほしい、救けてほしい』と何度も頼むんです」

挨拶《あいさつ》もそこそこに朋子は勃然《ぼつぜん》と口を開き、こんなことを口走った。

いろいろと弊害がありそうなので名は伏せるが、Oというのはその昔、非業の死を遂げた某有名ミュージシャンの名前である。

朋子自身が語るには、ふた月ほど前からそのOが朋子の守護霊になったのだという。

Oは当初、様々な助言を朋子に授けた。仕事に関する進退、娘の教育方針、親との接し方。言われるがままに朋子はその都度助言に従い、道が拓《ひら》けてきたのだと語る。

「それが二週間ぐらい前から、Oさんの様子が変になってしまったんです。なんだかとても悲しそうな顔をしてわたしをじっと見つめるんです。『どうしたんですか?』って訊いても、最初は何も答えてくれなくて……。わたしもずっと心配していたんですけど、先週になって突然、わたしにこんなことをお願いしてきたんです」

自分自身の死にまつわる、公に報道されなかった真実を朋子に公表してもらいたい。

朋子曰《いわ》く、それがOのお願いだった。

「Oさんはご自分が亡くなるまでに至る経緯を、毎日細かくわたしに教えてくれるんですよ。わたしも一生懸命書き起こしているんですが、完成した手記をどこに持っていったらいいか分からなくて、今ちょっと困っているんです。どうすればいいのでしょうか?」

いかにも物憂げそうな色を目の奥に浮かべ、朋子が私へ質問を投げかける。

けれども私のほうは、返答に窮してしまう。

二の句が継げず口ごもっていると、朋子が勝手に話を進めた。

「それに正直なところ、迷ってもいるんですよ。Ｏさんは自身の死にまつわる真相を世間に公表したいと切望しているんですが、他の方々はそれをあまり良く思っていないみたいで」

〝他の方々〟と言うので、初めは家族が反対しているのだと解釈したのだが、違った。

「たとえばＭさんは、『あなたの身に降りかかる危険が大きいからやめたほうがいいわ』と心配されていますし、Ｉさんも『駄目だッ！　駄目だッ！』と渋い顔をして反対するんです。わたし、もう本当にどうしたらいいのか分からなくって……」

朋子が心持ち、自慢げに名をちらつかせたＭというのは、昭和を代表する某人気演歌歌手。Ｉのほうはその昔、国民的人気を誇った某大物コメディアンの名前である。

「そんなのは問題じゃないでしょう。本当に何言ってんのよあんた。しっかりしなさい」

気恥ずかしさと苦々しさが綯《な》い交《ま》ぜになったような表情を浮かべ、麻子が口を挟んだ。

「この人、もうずっとこんな調子なんです。Ｏさんに言われたからって仕事も辞めちゃって、育児も家事も全部丸投げです。ただの言い訳なんですよ。自分が怠けたい口実なんです」

まるで密告するかのような口ぶりで麻子は語るが、私の答えは違った。

荒唐無稽《こうとうむけい》な言動や荒《すさ》んだ風貌《ふうぼう》から推し量って、彼女はおそらく心の病を患っているのだ。私の立ち入る領域ではない。専門医による診察と治療が必要な、極めて繊細な案件である。

　おそらく当人が〝守護霊〟などという言葉を使うから、麻子が無理に引き連れてきたのだ。麻子自身も「拝み屋に見せればなんとかなるかも」という望みがあったのかもしれない。ただ、人間ひとりの将来と健康に関わる大事な問題で、嘘をつくわけにはいかなかった。

「大変申しあげにくいことなのですが……娘さんは然《しか》るべき機関にお診せするのが最良だと、私は思います。きっとよくなるはずですから、そちらを強くお勧めします」

　なるべく当人たちを傷つけないよう、オブラートに包んで提言する。

　麻子は一瞬固まったのち、「やっぱりそうですよね……」と、力なく同意した。

「でもわたしはね、やっぱりOさんの本を出版したいと思うんですよねっ！」

　一方、朋子のほうは母親の心境などお構いなしに、再び口を開いて憤る。

「あんたはもういいから、大人しくしていなさい。明日《あした》、母さんと一緒に病院に行こう」

　そっと説き伏せるように麻子が朋子に提案する。だが、朋子は全く聞き入れない。

「何言ってんの、病院なんて行かないわよ！　わたしのどこが悪いっていうの！」

「あんたのそういう気持ちの浮き沈みの激しさとか、素行に言動。何もかも全部じゃないの。前はそんなじゃなかったでしょう？　とにかく明日は一緒に病院に行こう」

　宥《なだ》めるように麻子が朋子に訴えるも、逆効果だった。

　朋子の心はますます乱れて猛《たけ》ってしまい、「自分には神から与えられた特別な力がある」「わたしは選ばれた人間なのだ」などと大きな声で喚《わめ》き始めた。

「お母さん、違うでしょ！　お母さん、違うでしょぉ！」

我を失くしてがなり散らす朋子の腕に幼い春奈がしがみつき、一生懸命制し始める。

「わたしが言ってることは本当なんだから！　本当にいるの！　OさんもMさんもIさんもみんなみーんな、わたしを心配して見守ってくれてるのよ！」

「お母さん、違うよぉ！　お母さん違うぅ！」

激昂《げっこう》する母親に必死になって縋《すが》りつく春奈の姿が、不憫《ふびん》に見えてならなかった。

その後、数分間にわたって猛ったあと、朋子は麻子に半ば羽交い絞めにされるようにして仕事場を退室していった。あとにひとり取り残された私は、庭先から出る車のエンジン音を悄然《しょうぜん》としながら聞くしかできなかった。


それから五日後の午前中、私は黒岩家を訪問する運びとなった。

前日に麻子から電話をもらい、一度自宅をくわしく見てもらったうえで、先祖供養をしてほしいと頼まれたのである。

私は電話口で、自宅の鑑定も先祖供養も、朋子自身の問題とは直接関係ないと答えた。

しかし麻子は麻子で、朋子の問題とは関係なく、自宅にいてなんとも薄気味の悪い気配を感じることが最近多いのだという。「娘の相談とはあくまでも別件扱い」という条件つきで、私は渋々ながら母親の依頼を引き受ける次第となった。

黒岩家は市街の住宅地に立つ、ごくありふれた構えの一軒家だった。

玄関口のチャイムを鳴らすと、麻子と春奈が迎えてくれた。折よくこの日、朋子のほうは〝守護霊〟たちに「散歩に出よう」と誘われたらしく、朝から不在なのだという。

「あのあと、やっぱり病院は嫌だと言い張って、ずっと機嫌が悪いままなんです」

皺《しわ》だらけの顔に憔悴《しょうすい》の色を深々と滲《にじ》ませ、ため息混じりに麻子がこぼした。

「それで本人もなんとなく、バツが悪くなっているんでしょうね。ここ二、三日は家の中と外を出たり入ったりして、まるで落ち着きがないんです」

「デリケートな問題ですから、じっくり取り組んでいくしかないでしょうね」

およそなんの救いにもならない助言を短く伝えたあと、私は麻子と春奈に先導されながら、家内を一通り回って歩くことになった。

「とにかく、どことということなく家の中が薄気味悪いの。なんだか気も滅入《めい》ってきますし」

いかにも暗い面持ちで麻子はそんなことを言ったが、おそらく逆だろうと思った。

家の中の雰囲気が薄気味悪いから気が滅入るのではない。娘に関する問題で毎日頭を抱え、気が滅入っているからこそ、家内の雰囲気まで重々しく、薄気味悪く感じられるのだ。

実際、家の中をじかに歩き回っても、母親が訴えるような気味の悪さは感じられなかった。いたずらに同調してもなんの解決にもならないため、ひとしきり回り終えたら依頼どおりに先祖供養をさせてもらい、早々にお暇《いとま》しようと考えていた。

「ねえ、こっち。こっちだよ」

二階へ続く階段を上がったところで、春奈が私の手を引いた。誘われるまま歩いていくと、廊下の突き当たりにある閉ざされたドアの前にたどり着いた。

「ここが娘の部屋なんです。わたしの家ですから別に構いません。見ていただけますか?」

私の背後から麻子が言う。それを受け、春奈がおもむろにノブを握って回した。

ドアが開け放たれた瞬間、汗の饐《す》えたような臭いと果物が腐ったような甘ったるい臭いが、鼻《び》腔《こう》をつんと突き刺した。むっとなって顔をしかめつつ、部屋の中を見回す。

八帖《じょう》ほどの洋室には、薄茶色に変色した万年床を中心にして、脱ぎ散らかした衣類の山やスナック菓子の空き袋、半分飲みかけたペットボトルなどが部屋一面に散乱していた。

戸口から顔を突っこんで部屋の中を見るさなか、ふいにぎょっとなって仰《の》け反《ぞ》ってしまう。

部屋の隅の開いたクローゼットの中から、白い着物姿の女がこちらをじっと見つめていた。

女は吊《つ》りさげられた衣類の隙間に直立し、にやにやと厭《いや》らしい薄笑いを浮かべている。

女は頭のうしろに長い黒髪を乱雑にまとめ、顔色は寒々しいまでに蒼白《そうはく》に染まっていた。

蒼《あお》ざめた肌の上には細長いひびがびっしりと刻まれ、顔全体に薄笑いの波を描いている。

白い着物は胸元がだらしなく崩れ、青白く光る首筋から鎖骨の辺りまでが露《あらわ》になっていた。

よく見ると、女の顔は高鳥千草のそれだった。

どうしてこんなところに千草がいるのだろうかと思う。

「お母さん見てるの、あれ」

傍らに佇《たたず》んでいた春奈が、クローゼットの中を指さしながらぽつりとつぶやいた。

「何やってんだよおおおおおおおおおおおおおおおおおおお！」

そこへ突然、どたどたと階段を駆けあがってくる足音とともに、背後から凄《すさ》まじい怒声が炸裂《さくれつ》した。はっとなった次の瞬間、襟首をぐっと摑《つか》まれ、うしろに大きく引っ張られる。

振り返ると鬼のような形相をした朋子が、私の襟首を摑んで仁王立ちになっていた。

「さあぁぁっさと出えぇてけえええええええええええええええ！」

獣じみた叫び声を放つや、朋子はほとんど突き飛ばすような勢いで私の背中を押した。

為《な》す術《すべ》もないまま、おおわらわで階段を駆けおり、玄関口まで一気に戻る。

同時に、二階でばん！　と力任せにドアが閉められる音が聞こえた。

続いて麻子と春奈がぱたぱたと急ぎ足で階段をおりてくる。

「あの、すみませんでした。こんなに早く帰ってくると思わなかったもので……」

今にも泣きだしそうな顔で、麻子がぺこぺこと頭をさげる。

手早くお詫《わ》びが済むと、麻子と春奈は矢のような勢いで再び二階へ駆け戻っていった。

いくらのまも置かず、二階の奥からまたぞろ朋子の激しい怒声が響き始める。

所在を失ってしまった私はどうすることもできず、半ば放心しながら逃げるような勢いで黒岩家をあとにした。

帰りの車中、先ほど垣間《かいま》見た光景を頭の中に復元する。

時間にすればおよそ数秒。ほんの一瞬の間の出来事である。

だがその一瞬のうちに私の目は、眼前に映った光景を脳へとしっかり焼きつけていた。

間違いなく、あれは千草だった。

和装姿のうえ、頭髪も茶髪にあらず、真っ黒ではあった。

顔色も蒼ざめ、皺だらけになった面差しは、当人よりも幾分萎《しお》れた印象を抱かせた。

けれどもそれらの骨子となる顔の作りそのものは、紛れもなく高鳥千草のそれだった。

あまりに唐突な状況での邂逅《かいこう》で、事態の把握はおろか、気持ちの整理すら満足につかない。

頭が混乱してくる。何が起きたのかさっぱり理解ができなかった。

その後も自宅に向けて車を走らせながら、何度も女の顔を思い返しては悩み悶《もだ》えた。

けれども結局帰宅するまで、私の中に答えらしい答えが出てくることはなかった。

月に滅する　【平成四年八月十六日】

長女が十歳になった年のことです。ちょうどお盆の入りの日のことでした。

夕方、門口で迎え火を焚《た》いているさなか、傍らにいた娘がふと、こんなことを言いました。

「お父さん、もうすぐいなくなってしまうんだね……」

明々と燃える迎え火の焔《ほのお》をひどく寂しそうな目で見つめながら、娘はわたしに小さな声でそんなことを言うのです。

「バカなことを言わないで」と、わたしはすぐさま娘をたしなめます。

ただその半面、娘の発した唐突なひと言に小さな動揺を覚える自分もおりました。

娘は物心ついた頃から、しばしば妙なことをしたり、口走ったりする子供でした。

たとえば外出の際、誰もいないはずの道端や家々の軒先などに向かって、頻《しき》りに手を振る。時には「こんにちは」「うん、そうだよ！」などと、奇妙な独白を発することもありました。

こんなことが日常生活の端々に散見される、それは変わった娘だったのです。

小学校に入学してからは、そうした傾向がますます顕著なものになってゆきました。

通学の行き帰りに「お化けを見た」などと言いだすのは、もう日常茶飯事。

ひどい時などは夜の遅い時間になっても家に帰らず、家族と身内で手分けして町じゅうを散々捜し回った末、地元のお寺の墓場の中で発見されたこともあります。

こんな時にも娘は「お化けと遊んでた」などという嘘を平然と吐き連ねるのです。

一事が万事、こうした調子だったので、この時もわたしは、いつもの娘の嘘が出たのだと割りきろうとはしました。

けれどもその一方で、なんとも言い得ぬ胸騒ぎを感じたのもまた事実です。

と言うのも、娘の虚言は時折、的中することがあったからです。


たとえば娘が四歳の頃、こんなことがありました。

当時、椚木の家に豚の集荷に通っていた、福山《ふくやま》さんという方がいらっしゃいました。

五十代半ばの大変気立てのよい男性で、一家揃って懇意にさせていただいていた方でした。

ある日のこと、トラックに豚を乗せる福山さんを見ながら、娘がふいに言いました。

「おじちゃんね、もうすぐ血が出て真っ赤になるんだね……」

言い終えるなり、ぐすぐすとべそをかきながらわたしの腕に縋《すが》りつくのです。

「そんなことを言うものじゃありません！」

当惑しながらも、わたしは泣きつく娘を叱りつけました。

ところがそれから一時間ほどして、家に電話がかかってきました。うちから出荷した豚を乗せたトラックが事故を起こしたという、精肉会社からの報せでした。

運転していた福山さんは即死。図らずも娘の発したひと言が、的中する形となったのです。

また、こんなこともありました。娘が七歳の時のことです。

夕方、わたしが台所で夕飯の支度をしていると、下校した娘がやって来ました。

娘はしばらくの間、わたしの傍らにそっと佇み、まな板の上で刻まれる野菜などを無言で見つめておりました。けれども、やがて暗い顔をうつむかせたかと思うと、消え入るような声でぽつりとつぶやいたのです。

「律子《りつこ》先生ね、もうだめかもしれない……」

律子先生というのは、娘のクラスの担任の先生です。まだ二十代後半くらいの若い先生で、特に身体の加減が悪いとか、何かの持病を抱えているなどとは聞いたことがありません。

「どうしてそんなことを言うの？」と声を尖らせ尋ねても、娘は暗い顔をうつむかせたまま、「だって、だめなんだもん……」などと答えるばかりで、まるで要領を得ません。

この時わたしは、福山さんの件を忘れておりました。「またいつもの嘘が出たか……」と思うくらいで、さして気にも留めなかったのです。

それから二日後、ＰＴＡの電話連絡網で律子先生の訃報《ふほう》を知りました。

病名は忘れましたが、若い年代の発症は珍しい脳梗塞《のうこうそく》の一種だと聞かされております。

わたしが記憶している限り、過去に二度ほどこんなことがありました。

だからこそこの時、迎え火を眺めながら発した娘の言葉に、わたしはどきりとしたのです。娘は嘘つきだけど、もしかしたらまた「当たる」のではないかと、俄《にわ》かに背筋が慄《おのの》きました。

実はこの時、武徳とわたしは、もう長い間、不仲な関係が続いておりました。

百合子に頬を張られたあの一件以来、依然として刺々《とげとげ》しい態度を貫き通す百合子を傍目《はため》に、わたしの肩を持つことを一切してくれない武徳に、わたしも心を閉ざしていたのです。

武徳もわたしのことにはまるで無関心といった様子で、日頃交わす会話すらほとんどなく、夫婦というのはもうすでに形ばかりのものになっていたような気がします。

でも、「死んでしまえばいい」とまでは思っておりません。

と言うより「あるいは彼がいなくなるかもしれない」という予感に強い恐怖と不安を感じ、この時ようやくわたしは、まだ心のどこかで武徳を慕っていたことに気づかされたのです。

娘の言葉など、妄言に過ぎない。予言などでは決してない。

過去に同じような事例があったとしても、それは単なる偶然に過ぎない。

こんなことでなくても年がら年じゅう、まるで息を吐くように嘘ばかりついている娘です。際限なくつき続けた嘘の洪水が、これまでたまたま何度か的中しただけのことでしょう。

わたしは娘に何か、特別なものを視たり感じたりする力があるなどとは思っておりません。

娘はただの嘘つきなのです。

件《くだん》の獣たちが猛《たけ》る声は、この当時もなお、わたしの心を壊さんばかりに轟《とどろ》いておりました。なのに娘にはそんな声など、まったく聞こえていないのです。

娘が幼い頃、夜ごと聞こえる獣たちの声について、それとなく尋ねてみたことがあります。ですが娘は「そんな声は聞こえない」と答え、にこにこと笑みを浮かべるばかりでした。

それればかりか深夜、戸外で獣たちが盛んに吠《ほ》え荒《すさ》ぶなか、「おともだちが来た！」などと暢気《のんき》なことを言いだし、窓を開けようとしたことさえあります。

あの声が聞こえているのなら、よもやそんな恐ろしい真似などできるはずもありません。だから娘は、やっぱり嘘つきなのです。自分の頭の中で勝手気ままに作りあげた絵空事を、時も場所も人も選ばず、好き放題に垂れ流すだけのけだものなのです。

わたしの抱える苦しみも知らず、妄言ばかりを吐き連ねる娘が、わたしは大嫌いでした。そんな娘がこぼす言葉など、真に受ける必要などない。馬鹿馬鹿しい。

斯様《かよう》に割りきり、ざわざわと湧きあがる胸騒ぎをわたしはどうにか抑えつけました。

それから三日後のことです。お盆の送り火の日のことでした。

家族揃って居間で夕飯を食べ終え、お風呂《ふろ》も済ませてそろそろ布団に入る時間です。寝室に突然、血相を変えた百合子が駆けこんできました。

武徳が豚舎で首を吊《つ》って、死んでいると言うのです。

この晩、武徳は夕飯を済ませたあと、確かに姿が見えませんでした。

百合子の言葉に胸を張り裂かれそうになりながら、わたしは急いで豚舎へ駆けつけました。

「嘘だ」と思いたかったわたしの願いは、豚舎の梁《はり》にぶらさがる、冷たくなった武徳の姿を目にした瞬間、からくも潰《つい》えてしまいました。

宙ぶらりんになった武徳の脚に縋りつき、百合子が獣のような声で泣き崩れます。

わたしはただ、武徳の亡骸《なきがら》を前に悄然《しょうぜん》として、立ち尽くすことしかできませんでした。

「お父さん……お父さん……」

背後ですすり泣く娘の声を聞いた瞬間、頭の芯《しん》がかっと熱くなりました。

そのまま勢い任せに振り返ると、気づいた時には娘の頬を思いっきり張る自分がいました。

「この化け物！」

張られた頬の痛みと驚きにわっと泣き叫ぶ娘に対し、わたしは「お前が殺したんだ！」と怒声を張りあげておりました。娘はその場にひれ伏し、いつまでも泣き叫んでおりました。

平成四年八月のお盆。

一家の大黒柱を失った椚木の家はこの後、崩壊に向けて急速に舵《かじ》を切ることになりました。

蠱物《まじもの》せる罪　【平成十七年七月三十日】

「やめとけよ、やめとけよって何遍も言ってたのに、とうとうやりやがってなあ……」

苦虫を噛《か》み潰《つぶ》したような顔で華原さんが珍しく、私に愚痴をこぼし始めた。

この日も夕暮れ近くから、私は華原さんの家を訪ねていた。暇を持て余していたのである。恋さんのお酌で華原さんは酒を、私は麦茶を飲みながら居間で雑談に興じていた。

華原さんがしかめっ面をしている理由は、先日話題にでた、早紀江という女の件だった。

何があったのか尋ねると、華原さんはいかにも面白くなさそうにぼつぼつと語り始めた。


先日の相談以降、早紀江はおよそ週に一度の割合で華原邸を訪れていた。

とはいえ、父親を呪い殺して欲しいという物騒な依頼について、華原さんはすでに断りを申しあげている。当初の依頼を放棄した華原さんはその後、早紀江をいわば〝知人〟として位置づけ、商売抜きで彼女の吐き連ねる愚痴や不平不満の聞き役になっていた。

初めの頃は呪いの不実行に渋い顔をしていた早紀江も、何度か華原さんの家に通ううちに、わずかながらも気持ちがほぐれていったのだという。

当初は来訪するたび、蒼《あお》ざめた面持ちで父親に対する怨《うら》み言ばかりつぶやいていたのだが、しだいに雑談を交わすようになり、そのうち将来に対する夢まで語るようになった。

早紀江の夢は美容師になることだった。それは幼い頃から父親の趣味嗜好《しこう》で髪型も服装も自由にならなかった抑圧からの解放でもあり、また反逆でもあるという。

「でも、お母さんの髪を綺麗《きれい》に梳《す》いてあげたり、結んだりするのは好きだし得意なんですよ。お母さんに褒められると嬉《うれ》しい。人に喜んでもらえると、それだけですごく嬉しいです」

相変わらず化粧っ気のないがさがさの顔に微笑を浮かべ、早紀江は少しはにかんだ。

「じゃあ、まずはあんたもお洒落《しゃれ》しないとな。美容師になりたいんだったら、まずは自分がお洒落じゃないといけねえよ。なろうと思えばきっとなれるから、がんばってみなよ」

華原さんの提言に早紀江ははっとなると、慌ててうつむき、頬を薄く赤らめたという。

「まあ、映画の『キャリー』じゃねえんだけどな。その辺までは、まあまあ良かったんだわ。お姉ちゃんのほうも、自分からいろんな話をするようになってきてたし、次に来た時なんか綺麗に化粧もしてきてよ。『どうですか?』なんて訊《き》いてもきたし、いい兆しだったんだよ。ただ……皮肉だわ。オチもしょぼい『キャリー』みたいになっちまった」

早紀江はその後、きちんと顔に化粧を施し、身なりにも精一杯、神経を配るようになった。来訪するごとに笑顔もいや増し、目に見えて生き生きとしてきたのだという。

ところがつい四日ほど前、早紀江は再びすっぴんのまま、華原邸を訪れた。

それも右目にひどい青痣《あおあざ》を作って。

「親父に殴られたんだとよ。『男に色目でも使うつもりか、この野郎！』って。それでまあ、俺も迂闊《うかつ》だったんだけど、とりあえず慰めたんだわ。親父に殴られたのは癪《しゃく》かもしんないが、けど、あんたももう子供じゃないんだ。自分がやりたいことは誰になんと言われようともさ、胸を張って堂々とやりゃあいいんだって。そしたらあいつ、ぽつりと言いやがったんだよ」

「止められてたこと、しちゃいました」

華原さんの言葉をうっちゃるように、早紀江は小声で吐き捨てるようにつぶやいた。

「呪っちゃいました。あのバカ親父」

真一文字にきつく結んだ口元をわなわなと震わせ、目からは大粒の涙をぼろぼろとこぼし、早紀江は押し殺すような声でつぶやいたのだという。

怒り狂った父親に身も心も散々に打ち据えられたその夜、早紀江は父親の道場に忍びこみ、書棚から呪いに関する書物をくすねた。

自室へ戻ると、書物に記された呪詛《じゅそ》を手当たり次第に実践したのだという。

「とにかく呪って呪って呪って呪って呪って呪って呪って呪いまくってやったんです。呪えば呪うほど手応《てごた》えがあったから、嬉しくなって何百回も呪ってやりました」

早紀江のどす黒い情熱は、わずか二日で結実した。

ただし、災禍が訪れたのは父親ではなく、早紀江の母親のほうだった。

「朝、お母さんが全然起きてこないから、寝室にいってみたんです。そしたらもう、なんか冷たくなっちゃってました。心不全だったって。それで、親父のほうはぴんぴんしてんの」

わたし、仕損じちゃいました……。

がさがさに乾いた頬を大粒の涙で濡《ぬ》らしながら、早紀江は大声をあげて泣きだしたという。

「呪いってのは、衝動でやるもんじゃねえ。ましてや素人が気軽に試していいもんでもねえ。拳銃《けんじゅう》とおんなじだ。射撃の心得のねえやつがぶっ放したら、弾はどこに飛んでいくと思う？どこに飛んでいくかなんて分かったもんじゃねえ。目の前にいる敵に当たるかもしんねえし、隣にいる大事な人の脳天を撃ち抜くかもしんねえ。そう考えるとおっかねえもんだろ？」

だからやめろって言ったんだ。

険しい顔で言い終えると、華原さんは手にしていたコップの酒をぐいと一気に飲み干した。

「それでまた、この話にはもう一個オチがつくんだわ」

祭壇を設《しつら》えた華原さんの仕事部屋で散々泣き腫《は》らしたのち、早紀江はこんな告白をした。

「あれ、もうできなくなっちゃったんです」

囁《ささや》くように漏らすと、早紀江は卓上に置かれた湯呑《ゆの》み茶碗《ちゃわん》を両手でそっと包みこんだ。

華原さんが身を乗りだして様子を見守るなか、茶碗の中に注がれたお茶は待てど暮らせど、ついに小さな気泡のひとつすら立てることがなかったという。

「わたし、罰が当たっちゃったみたいです……」

半ば放心したような顔つきで茶碗を見おろしながら、早紀江は小さくつぶやいたという。

「まあ、あのぶくぶく芸が本物だったかどうかなんて分かんねえことだし、真贋《しんがん》なんざ正直、どうでもいいんだわ。この間、お前にも話したろう？　問題はそんなとこにあるんじゃねえ。本当の問題ってのはな、結局俺は、あの娘を救《たす》けてやれなかったってことだ」

愚痴をこぼしたのと同じく、今夜は珍しく少し酔ってもいるのだろうか。

一頻《ひとしき》り語り終えると華原さんは何度も大きなため息を吐きつつ、古びた天井板を悲しげな眼差《まなざ》しでしばらくぼんやりと見あげ続けた。

生膚断《いきはだたち》・死膚断《しにはだたち》【平成十七年八月十日】

菊枝《きくえ》さんという六十代半ばの女性から、複雑怪奇な相談をいただいた。

「あの世に行ってからもう一度死んでしまった亭主を、生き返らせてほしい」

皆目意味が分からず、「どういうことでしょうか」と尋ね返した私に、菊枝さんは自身の凄惨《せいさん》極まりない半生を語り始めた。


昭和三十年代の初め。菊枝さんは、鉄男《てつお》という名の青年と見合いの末に契りを交わした。

結婚後、鉄男は実家からほど近い山の麓《ふもと》に土地屋敷を買い求め、同地で養豚業を開始する。

鉄男の実家も、父親の代から養豚業を営む家系だった。幼い頃から家業の手伝いをしてきた鉄男にとって、養豚業は勝手知ったる天職のようなものだったという。

菊枝さんも鉄男に寄り添って、日々甲斐甲斐《かいがい》しく家業に従事した。

朝から晩まで汗だくになりながら泥と堆肥《たいひ》にまみれ、ひたすら黙々と豚の世話をする毎日。

ただそれだけの生活だったが、代わりに浮き沈みもなく、夫婦の日常は穏やかなものだった。

そんなふたりの暮らしに陰りが見え始めたのは、結婚から十年余りが過ぎた頃だった。

この頃から鉄男は、実家の養豚業も掛け持ちで手伝うようになっていた。手伝いの発端は、実家を継いだ長男が難病を患い、長期入院することになったことによる。

当時、鉄男の実家は先代の父母が相次いで病に倒れて亡くなり、まだまもない頃であった。それまでは父親と長男のふたりで営んでいた養豚業が、父親の急逝に伴い、長男の双肩に重くのしかかるようになってしまっていた。

そんな折に長男の入院である。実家の豚たちを世話する者は結果、不在となる。

そこへ白羽の矢が立ったのが次男の鉄男だった。病に臥《ふ》せる長男に頭をさげられた鉄男は一念発起。かくして自家と実家の養豚業の両方をやりくりする運びとなったのである。

菊枝さんも鉄男につきしたがい、実家の手伝いに毎日足を運んだ。

同じく実家からは、菊枝さんの義姉にあたる長男の妻も作業に当たった。

義姉は菊枝さんと同年代だったが、色が白く身体の線も華奢《きゃしゃ》な女であり、これまで実家の家業に携わった経験は一度もない人だった。

「身体に決して楽な仕事ではないし、不慣れなことをするとかえって身体を壊しますよ？」

然《さ》様《よう》に気遣いもしたのだが、それでも義姉は「うちの都合でご迷惑をお掛けするのだから、黙って見ているわけには参りません」と譲らなかった。

それから数ヶ月が経ったのち、長らく闘病生活を続けていた長男が亡くなった。

実家には歳幼い家督息子もいたのだが、人手として使えるものではなかった。

自然の流れとして、長男亡き後もこのまま夫婦で実家の養豚業に携わることになるだろう。少なくとも菊枝さん自身はそのように思って覚悟していたし、当初はそのような流れだった。

ところが長男の四十九日が過ぎる辺りを境にして、菊枝さんは実家の作業から外された。鉄男の提案だったのだという。実家の養豚業は、義姉の仕事を手助けする形で鉄男自身が、自家における養豚業は、菊枝さんが主にひとりで賄うという分担作業になった。

その頃から、鉄男の菊枝さんに対する態度がなんとなくよそよそしいものになった。作業を終えて自宅に戻ってきてもどこかそわそわとしていて落ち着きがなく、菊枝さんの言葉にもいい加減な返事が目立つようになっていった。

それに加えて日を追うごとに実家へ入り浸る時間も異様に長くなり、母豚の分娩《ぶんべん》を理由に、明け方近くまで家を空ける機会も多くなっていった。

この時点で菊枝さんは女の勘が働き、実家で何が起こっているのか、薄々察し始めていた。だが、現場を押さえないことには抗弁もできないと考えてもいた。

ある晩、いつものごとく鉄男が母豚の分娩と称して、夜更け過ぎに実家へ出かけていった。菊枝さんは鉄男に気づかれぬよう、彼の背中を静かに追った。

ほどなく実家の豚舎へたどり着いた鉄男の前には、生白い細面に艶《つや》っぽい笑みを浮かべた義姉の姿があった。草葉の陰から一瞥《いちべつ》するなり〝女の顔〟だと、菊枝さんは直感する。

固唾《かたず》を呑《の》みつつ、ふたりの様子をうかがっていると、鉄男と義姉は豚舎の脇に建てられた小さな木小屋の中に入っていった。

分娩の晩、休憩用に用いると〝されていた〟簡素な造りの小屋である。

つかのま様子を見計らい、木小屋の古びた窓から静かに中の様子を覗《のぞ》きこんでみたところ、果たして菊枝さんが想像していたとおりの光景が目の前にあった。

一組の布団が敷かれた狭い小屋のまんなかでは、裸になった鉄男と義姉がひとつになって折り重なり、蛇のように四肢を絡め合っていたのである。

悔しさと悲しさに頭の芯《しん》がかっと熱くなり、涙が止めどなく溢《あふ》れて視界がどろりと歪《ゆが》んだ。けれどもその場に踏みこむ勇気はどうしても持てず、その夜は涙を流しながら自宅へ戻った。

代わりに翌朝、菊枝さんは朝食の席で意を決し、昨晩のことを鉄男に問い質《ただ》した。

だが、鉄男から返ってきたのは謝罪でも弁明でもなく、あまりにも強烈な鉄拳《てっけん》制裁だった。

頬を思いっきり殴りつけられた反動で仰向《あおむ》けに倒れこんだ菊枝さんの顔に、頭に、胸元に、嵐のような勢いで硬くて重い拳《こぶし》が情け容赦なく浴びせられた。拳と一緒に脚でも蹂躙《じゅうりん》された。こちらは腹に、背中に、尻《しり》に、腿《もも》に、鉄骨じみた硬い足蹴《あしげ》りが怒濤《どとう》のごとく炸裂《さくれつ》した。

「二度とくだらねえことを抜かすんじゃねえ」

両目を赤く血走らせた悪鬼のような形相で吐き捨てると、鉄男は家を出ていった。

その日を境に菊枝さんに対する鉄男の態度は一変。もはや言いわけがましく母豚の分娩を口実にすることもなく、肩で風を切るようにして夜な夜な実家へ通うようになった。

鉄男から暴力を振るわれたのは、この時が初めてのことだった。

激昂《げっこう》した男から本気で暴力を振るわれたのも、生まれて初めての経験だった。

暴行を受けるさなか、身体じゅうを駆け巡る鋭く激しい痛みは元より、痛みと共に生じる、脳幹が恐怖でぎゅっと窄《すぼ》まり、魂を揉《も》みくちゃにされるような、あの感覚――。

三十路《みそじ》を過ぎて初めて受けた兇悪《きょうあく》な洗礼に、菊枝さんの心は白旗をあげた。

鉄男に再び暴力を振るわれると考えただけで、全身に電気を流されたように震えてしまう。義姉との不貞について、二度と口を出す気になどなれなくなってしまった。

不貞を妻に知られた鉄男は、その後も実家へ足繁く通い、義姉との情交に猛《たけ》り耽《ふけ》った。

そんな夫のために黙って食事を作り、風呂《ふろ》を沸かし、衣服を洗い整え、淫靡《いんび》な義姉の待つ実家へ日夜送りだす。斯様《かよう》に屈辱的で不毛な営みを菊枝さんは続けた。

一度拳を振るって味をしめたものか、鉄男は以後もたびたび暴力を振るうようになった。

「味噌汁《みそしる》がぬるい!」と怒鳴って顔にお椀《わん》を投げつけてきたり、「漬物がまずい!」と喚《わめ》いて茶卓をひっくり返したりするのは、まだまだマシなほうだった。

菊枝さんの顔に何か癇《かん》に障るものでもあるのか、時には目を合わせただけで飛び掛かられ、その都度、半ば失神するまで暴行を受けることもあった。

そんな時に鉄男が浮かべる形相は、まるで獣の霊にでもとり憑《つ》かれたかのように猛々《たけだけ》しく、両目が丸く膨らんでぎらぎらと輝き、とても正気とは思えないものだった。

本当に何かがとり憑いているのではないかと思うことすらあった。

「石女《うまずめ》が偉そうな顔して、ふんぞり返ってんじゃねえ！」

暴力が始まったのち、そんな心ない罵《のの》りも鉄男の口癖になった。

本当は子供が欲しかった。できれば今でも欲しいと思う。

結婚から十年以上連れ添っても、子供を授かる気配すら生じ得なかった菊枝さんにとって、鉄男が吐きだすこの言葉は身に浴びせられる暴力以上に心を突き刺し、涙を流させた。

斯様に苛烈《かれつ》で不遇な夫婦生活を強いられるなか、それでも菊枝さんは鉄男との離別だけは、頑として思い留《とど》まってきた。

幸か不幸か、子という重荷のない身である。逃げだすことは容易《たやす》いことだった。

だが、悔しかったのである。

義姉に「男としての」鉄男を奪われようと「夫としての」鉄男だけは奪われたくなかった。

それはただの意地だったのかもしれないし、あるいは鉄男と義姉に対して自分がおこなえる唯一の腹いせだったからこそかもしれない。悔しいけれど、歯を食いしばって耐え抜いた。

結局その後、菊枝さんは数十年にもわたって、鉄男と懸命に添い続けた。

そんな鉄男が、今年の春にとうとう逝った。

大層おぞましいことに、齢《よわい》六十を過ぎた鉄男と義姉は、死の瞬間まで逢引《あいび》きを続けていた。死因はどちらも心不全。実家の豚舎の脇に立つ小さな木小屋の中でふたりは素っ裸のまま、身体をひとつに重ね合わせて死んでいたのだという。

ふたりの訃報《ふほう》を聞かされた瞬間、菊枝さんは「ざまあみろ」とほくそ笑んだ。

一石二鳥とも思った。あのふしだらな女も死んでくれて、胸がすく思いだった。

鉄男の死後、菊枝さんは仏壇を買い求めることもなく、仏間の片隅に置いた貧相な茶卓に白木の位牌《いはい》ばかりをぽつんと立てた。手を合わせることはせず、供物を捧《ささ》げることもなく、見向きもしなければ意識もせず、ひたすら位牌を丸投げにした。

鉄男の四十九日が過ぎた、五月下旬のある晩のことだった。

深夜、寝室で寝入るさなか、仏間のほうからかたかたと、何やら乾いた音が聞こえてきた。

仏間に向かうと、茶卓に置かれた白木の位牌が、かたかたと左右に小さく揺れ動いている。

茶卓の縁では、もやもやとした白いものが像を結んでいるのも確認できた。

それは紛《まご》うことなく、在りし日の鉄男の姿そのものだった。

鉄男は寂しそうな色を浮かべた面貌《めんぼう》を卓上に伏せ、もやもやと右へ左へ身を靡《なび》かせていた。半分煙になってしまったようである。

物憂げでしょぼくれた面持ちを一瞥し、およそ無理からぬことだろうと菊枝さんは思う。

拝まれなくて、寂しい思いをしているのである。

おそらく腹も減っているのだろう。喉《のど》も乾いているだろうとも思った。

「あんた、ちょっと待っててね」

もやもやと揺らめく鉄男に声をかけると、菊枝さんは急ぎ足で——トイレに向かった。

トイレから戻ると、居間の茶簞笥《ちゃだんす》から湯呑《ゆの》み茶碗《ぢゃわん》を取りだし、トイレの中から持ってきた蛆殺《うじごろ》しの薬を茶碗の中へなみなみと注ぐ。

ふくふくとした笑みを浮かべて仏間へ引き返すと、今度は白木の位牌の前に茶碗を供えた。

とたんに傍らで腰をおろしていた鉄男の顔が、苦悶《くもん》を孕《はら》んだ凄《すさ》まじい表情に切り替わる。

煙のように靄《もや》る鉄男は、だらりとベロを吐きだしながら畳の上にもんどり打って倒れこみ、両手で喉の辺りをばりばりと搔《か》き毟《むし》り始めた。菊枝さんは激しくのたうち回る鉄男のそばへ静かに腰をおろし、慈しむような笑みを浮かべながらその様子を黙ってじっと見守り始める。

数分ほどで鉄男の姿は完全に潰《つい》え、あとはもうそれっきりだったという。

そんな夫の魂を、再び現世に蘇《よみがえ》らせてほしいのだと菊枝さんは希《こいねが》う。

「なぜですか？」と尋ねると、彼女の頰からぽたぽたと、涙が雫《しずく》になってこぼれ始めた。

「あれは確かにろくでもない男だったけど、それでも初めからああだったんじゃないんです。わたしねえ、あれが完全にいなくなってから思いだすようになってしまったんです……」

鉄男と菊枝さんが結婚して、まだまもない頃のことだという。

ある日、菊枝さんが大好きな演歌歌手が、地元の町に来ることを知った。

公民館でコンサートを開くのだという。それは来たる日曜日、昼過ぎからの公演だった。

知ってしまうと居ても立ってもいられず、さっそく鉄男に「連れていってよ」とせがんだ。

だが、渋面を浮かべた鉄男の口から出てきたのは「俺はそんなもんにゃ興味ねえ」という、ぶっきらぼうな返事だった。

日頃の豚の面倒もあることだし、まさか「ひとりで行ってきたい」とも言いだせなかった。

消沈しながらも気持ちを切り替え、菊枝さんはコンサートに行くのを諦《あきら》める。

それから数日経った、公演の当日。

午前の仕事を済ませ、台所で昼食の支度をしながら「そろそろ始まってしまうな……」と思っているところへ、うしろから「おい」と声をかけられた。

振り返ると、一張羅の背広に着替えた鉄男が台所の戸口に立っていた。

「お前も早く着替えろ。間に合わなくなっちまうぞ」

仏頂面を少しだけはにかませながら菊枝さんに背を向けると、鉄男はいそいそと玄関口を抜けだし、庭先に停められた軽トラックのエンジンを掛けた。

その背に向かって「はい！」と応《こた》えると、菊枝さんも大慌てで着替えに取り掛かった。

「つまらない思い出だと思います。でも、今になると何だか無性に思いだしてしまうんです。不器用だったけれど、昔はあんなに優しいところもある人だったんです……。だからわたし、亭主にとんでもないことをしてしまいました。どうかお願いします、あの人をもういっぺん、生き返らせてあげてください……」

言い終えるなり菊枝さんは畳の上に頭を擦《こす》りつけ、おいおいと声をあげて泣きだした。私は菊枝さんの咽《むせ》び泣く声を背にして、亡き鉄男の名をあげ、供養の経を唱え始めた。

月に潰《つい》える　【平成十三年夏～平成十七年春】

その後のわたしたちの暮らしは、筆舌に尽くし難いほど鬱悒《いぶせ》いものとなりました。武徳の死後、以前からわたしに対して刺々《とげとげ》しかった百合子の態度は、ますますあけすけで冷たいものとなり、まもなく共に食卓を囲むことすらなくなりました。

一方、家業の養豚は、武徳亡きあとも継続しておりました。叔父《おじ》が毎日手伝いに来るので、百合子とふたりでどうにか続けることができていたのです。

ただその弊害として、叔父が家に入り浸る時間も、日に日に増していくようになりました。ほぼ連日のごとく、仕事が終わると母家《おもや》の居間へあがりこみ、百合子のお酌で夜遅くまで酒を呑《の》み続けるのです。酔いの勢いに任せ、我が物顔で振る舞う叔父をわたしは厭《いと》いました。百合子や叔父との関係と同じく、子供たちとの関係にもさらなる亀裂が生じていきました。娘は相も変わらず、事あるごとに嘘を吐き連ね、その都度わたしに怒鳴られていましたし、息子は息子でそんなわたしの姿に怯《おび》え、しだいに寄りつかなくなっていったのです。

そんな子供たちの態度にわたし自身も急速に興味を失っていきます。そのうち親としての愛情を注ぐことさえなくなり、以前にも増して子供たちを遠ざけるようになりました。

そういえば、こんなこともありました。

娘が小学四年生、息子が二年生の頃の話です。きっと何か悪さでもしでかしたのでしょう。ある時、ふたりが百合子から凄まじい折檻《せっかん》を受けたことがありました。

真冬のことで戸外に分厚く雪が降り積もるなか、百合子は娘と息子を玄関前に放りだすと、両手に握り締めた太い角材でふたりの身体を散々に打ちのめしたのです。

ふたりとも顔じゅうが青黒く腫《は》れあがり、歯も何本かへし折れる大怪我を負いました。

けれども百合子がふたりを折檻するさなか、わたしはそれを制することも庇《かば》うこともせず、縁側に面した家内の窓辺に座りながら、その様子を黙って眺め続けていたのです。

果たして何をしでかしたのか分からないけれど、いい気味だと思いました。

それほどまでに子供たちに対する愛情を、わたしは失っていたのです。

他方、不定期に轟《とどろ》く獣たちのあの声は、なおも聞こえ続けておりました。

まるで何かを探し求めるかのように屋敷の周囲を徘徊《はいかい》し続ける、あの動き方も一緒です。

もう長い年月、聞かされ続けている声なので、今やいちいち驚くことはありませんでした。

ただそれでも声を耳にするたび、ざわざわと落ち着かない気分にはさせられます。

義母にも叔父にも、娘にも息子にも、決して聞こえることのない声。黒い獣たちの魔声。

そんな声が聞こえるわたしはきっと狂っているのだと、もはや確信すら抱いておりました。

斯様《かよう》に殺伐とした営みを続けてきた、平成十三年のことです。

ある日のこと、十九歳になった娘が妊娠していることが発覚しました。

相手が誰であるのか、娘はとうとう口を割りませんでした。けれども相手が誰であろうと、どうせろくでもない男だと思いました。

高校に入学してしばらくした頃から、娘の素行は目に見えて悪くなっていきました。

夜な夜な頭の悪そうな仲間たちと車で出掛け、何日も家に戻らないこともしばしばでした。

高校を卒業後、その放埒《ほうらつ》さはますます顕著なものになっておりました。ちゃらちゃらした服装でわけの分からない仲間たちと無軌道に遊び回る様は、堕落の極みといったところです。

そんな時期に発覚した妊娠です。だから相手も、どうせ同じ穴の貉《むじな》だろうと踏んだのです。

当然ながら、わたしは出産に強く反対しました。けれども娘は頑としてそれを拒みました。

わたしの言葉などまるで受け入れる素振りもなく、ただただ「産む」の一点張りなのです。

「どうしても産むなら、家から出ていけ！」とも言いました。

しかし、それでも娘は「産む！」と泣き叫び、堕胎を受け入れようとはしませんでした。

結局、わたしと娘の意向は、互いの主張を踏まえたうえで決まりがつくこととなりました。

娘が子供を産む代わりにわたしは娘に住み家を一軒、与えることにしたのです。

当時、椚木の家には地元界隈《かいわい》に所有する土地屋敷がまだ何軒もありました。先代の義父が夭折《ようせつ》したのち、新たに増やすことはなくとも、手放すこともほとんどなかったのです。

不幸中の幸いとでも言いましょうか。無理を承知のうえで百合子に事情を相談したところ、思いもかけずふたつ返事でこれを了解されたことも功を奏しました。

百合子の意外な計らいにより、娘は出産を機にして、椚木の家から遠く離れた街場に立つ一軒家へと移り住むことになったのです。娘の顔などもはや見たくもありませんでしたので、内心いい厄介払いだと思いました。

娘はその後まもなく、どこぞの男を咥《くわ》えこんで結婚しましたが、もともと嘘つきなうえに何かにつけてだらしのない子です。結婚生活は数年足らずで終わりを迎え、今は再び子供とふたりで、椚木の家が所有する同じ一軒家に暮らしております。

その一方で息子のほうは、高校を卒業してからまもなく心を病んでしまい、自宅と病院を行ったり来たりする生活が一年半ほど続きました。

健全な母子の情など、もはや通い合っていなかったわたしたちですが、それでもわたしは、息子に手を掛けられるだけは掛けたつもりです。

けれどもやはり、母親としての情がわたしには足りなかったのでしょう。息子は二十歳を迎える誕生日を目前に、武徳と同じく自室で縊《い》死してしまったのです。

思えば小さな頃から気弱で、娘とはまた違った意味で落ち着きのない子だったと思います。たった二十年足らずの短い生涯で、わたしはこの子に一体何をしてあげられたのだろうか？そんなことを今さらになってほとほと悔やみ、倦《う》みつかれるまで泣き腫らしました。

ふたりの子供がそれぞれ世間と彼岸へ去ったのち、椚木家にはわたしと百合子のふたりが、まるで木守《こもり》のようにとり残されました。

互いにかける言葉もなく、それ以上に情すらも通い合うことのない仮初めの母娘。

同じ屋敷に住まいながら、肩がぶつかるのをかわし合うようにして暮らすわたしたちとは一体なんなのだろうと、虚《むな》しい気持ちに駆られることもしばしばでした。

そんな殺伐とした生活の中、私の死んだ心をかすかに揺さぶるのは、夜な夜な屋敷の庭に木霊《こだま》する、あの獣たちの咆哮《ほうこう》だけでした。なんとも皮肉な話だと思います。

そんな、終わりの見えない無為な暮らしが始まって五年目、今年の四月のことでした。

ある朝目覚めると、屋敷のどこにも百合子の姿が見当たりません。

これが夜更けのことであれば、豚舎に詰めているものだと思って気にも留めないのですが、豚舎で百合子が独りで夜明かしするなど、今まで一度もないことでした。

別に百合子の身を案じたわけではありません。

けれどもなんだか心に引っ掛かるものはありました。勘とでも言えばよいのでしょうか。

急ぎ足で豚舎へ向かい、隣の木小屋を覗《のぞ》いてみると、果たして予期したとおりでした。

電気の消えた薄暗い木小屋の中で、百合子と叔父が折り重なって冷たくなっておりました。

死因はふたりとも、心不全とのことでした。

変死ということで一時、警察も現場に駆けつけました。

しかし、ほどなく事件性はないと断定され、あとはそれきりです。わたし自身もふたりの奇妙な死そのものに関しましては、なんらの感慨も湧きたつことがありませんでした。

それればかりか、長らくわたしを苦しめ続けてきた百合子と叔父の逝去に、わたしの心には一陣の風が吹き抜けたような爽快感《そうかいかん》が、むしろ湧きたったのです。

鬼のような女だと思われても仕方のないこととは思います。けれども否定はいたしません。ふたりの死をはっきりこの目で確認した瞬間、わたしの心はわずかに躍ってしまったのです。

ほとんど無我の境地で百合子の葬儀を手早く済ませてしまうと、椚木の屋敷に残ったのはとうとうわたし独りとなりました。

寂しいなどという感情は微塵《みじん》も浮かびはしませんでした。

ですが、気持ちが安息や幸福で満たされることもありませんでした。

今や風前の灯《ともしび》となった椚木の屋敷に、たった独りで取り残されたわたしが感じたのはそう。強いて言うならやはり、虚しさだったのだと思います。

ただ、独りきりになってから胸を撫《な》でおろしたことが、ひとつだけありました。

獣たちの声です。

嫁いで以来、長きにわたってわたしの心を蝕《むしば》み続けてきた、あの忌々しい獣たちの咆哮が、全く聞こえなくなったのです。

それは実に二十数年ぶりのことでした。

声は毎晩聞こえてくるものではないため、初めはまるで気づかずにおりました。

けれども広い屋敷に独りきりになって一週間が経ち、二週間が経ち、やがてひと月余りが過ぎる頃、わたしはようやくこの素晴らしい事実に気がついたのです。

そこからさらに数週間が過ぎても、声はやはり聞こえてくることはありませんでした。

ためしに深夜、窓から庭を覗いてみたこともあります。わざわざ玄関口から庭へ飛びだし、周囲を隈《くま》なく歩き回って気配をじっと探ってみたこともあります。

それでもやはり獣たちの声ばかりか、あの恐ろしい姿さえどこにも見当たりませんでした。

なんだか肌に感じる夜気さえ清らかに感じられ、かすかに驚かされもしたものです。

ああ、ようやく解放されたんだ――。

確信すると、この時ばかりは心の底から微笑むことができました。

もうあの恐ろしい声に、わたしは目を覚まさせられずに済むんだ。

思い做《な》すと、わたしは二十数年ぶりに心から熟睡することができるようにもなったのです。

あたかも、これまで眠り損ねた分を取り戻すかのように、それからしばらくの間は昼も夜も関係なく、ひたすら滾々《こんこん》と眠り続ける日が続きました。

百合子と叔父の死後、世話をする者がいなくなった豚たちは、まもなく全て売却しました。

敷地から家畜すらもいなくなり、これでわたしは椚木の家に完全に独りです。

家族の声も、豚の声も、そしてあの獣たちの咆哮さえも――。

何もかもがすっかり潰《つい》えて色を失い、さながら土中に埋められた棺《ひつぎ》のごとく静謐《せいひつ》になった我が家の寝室で、わたしは毎晩安息の眠りを貪《むさぼ》りました。

ですが、そんな荒廃した平穏も決して長くは続いてくれませんでした。

百合子の四十九日が終わり、しばらく経ったある晩のことです。

枕元を突如、ばんばん！　と激しく叩《たた》きつける音にわたしは驚き、目を覚ましました。

はっとなって目を開くと、そこには百合子の姿がありました。

満面に冷たい笑みを浮かべた百合子の顔が、逆さになってわたしを見おろしていたのです。

百合子の顔を見るなり、わたしはそのまま失神してしまったようです。

それから毎晩、百合子は私の枕元へ現れるようになりました。

初めの数日こそは、おそらく悪い夢でも見たのだろう、あるいは単なる気の迷いだろうと自分を騙《だま》しておりましたが、そんなものは結局なんの誤魔化しにもなりませんでした。

百合子はその後も毎晩、寝ているわたしの前に現れ続けているからです。

悪い夢でも気の迷いでもなく、あれは確実にわたしの枕元に夜ごと現れ、わたしを嘲笑《あざわら》い、苦しめ続けているのです。死してなお、始末に負えない恐ろしい女なのです、あの女は。

ですからどうぞ、お願いします――

己《おの》が子犯せる罪　【平成十七年八月二十日】

「あの女を、わたしから祓《はら》い落としていただきたいんです」

憔悴《しょうすい》しきった面差しに切羽詰まった色を深々と滲《にじ》ませ、椚木昭代は私たちにそう願った。

新盆の送り火も終わり、そろそろ夏の終わりも肌身に感じ始めた、その日の午後。

私は形式的な師匠筋に当たる水谷源流の仕事場において、椚木昭代の口から紡ぎだされる長大な昔語りにほとんど無言のまま聴き入っていた。

昭代は別段、依頼に際して私を指名してきたわけではない。依頼先はあくまでも水谷さん。私は水谷さんのいわば助手として呼ばれ、彼とふたりで昭代の相談を伺っていたのである。

仕事場に設《しつら》えられた祭壇上には、長さ二十センチほどの小さな塔婆がずらりと三十本ほど、整然と並べられている。水谷さんが先祖供養をおこなう際に用いる塔婆である。

塔婆には銘々、椚木家の先祖と思《おぼ》しき戒名が、水谷さんの手で墨痕《ぼっこん》鮮やかに書かれていた。

昭代の依頼はお祓いということだったが、どうやら先祖供養も同時におこなうらしい。

何事も安易に祓うばかりでは解決を見ないというのが、水谷さんの信条だった。

「話の腰を折るようで大変恐縮ですが、少しだけお尋ねしてもよろしいでしょうか？」

昭代が話を終えたのち、先に口火を切ったのは水谷さんではなく、私のほうだった。どうしても訊《き》かずにはいられないことがあったのである。

「はい。どういったことでしょうか？」

「今までのお話に登場するあなたの娘さん、名前は千草というのではありませんか？」

尋ねた瞬間、昭代の顔がにわかに曇った。

「……はい、そうです。あれのことをご存じなのですか？」

瞳《ひとみ》の奥にどことなく警戒の色を浮かべながら、昭代はゆっくりと私に答えた。

やはりそうかと思う。昭代の話を聞いている途中から、半ば確信めいた予感があったのだ。

たとえば小学時代、昭代の娘が戸外から聞こえる子供たちの声にはしゃいだという話。

それから義母・百合子に姉弟《きょうだい》揃って激しく折檻《せっかん》されたという話。

語りの視点は違えど、これらは先々月、千草の口から〝怪談〟として聞かされた話だった。

「はい。守秘義務もありますし、本来はあまりくわしくお話しすることはできないのですが、今回は例外と判断し、お尋ねさせていただきます」

ただ、いくつか腑《ふ》に落ちない点もあった。以下がその最大の原因である。

「私は娘さんから、昭代さんが亡くなったと聞かされております」

そうなのだ。千草が私に持ちこんだ依頼は、死んだ母親が化けて出てきて困っているから、それをどうにかしてほしいというものだった。

しかし実際はこうして、昭代は生きてこの現世に足をついている。

これでは話が嚙《か》み合わない。

「そうですか。でもさっきも話したとおり、あれは嘘つきなんです。いつものことですよ」

鼻で小さくため息を漏らしながら、昭代は答えた。

なるほどとは思う。あり得ない話ではない。ただ、それでも矛盾は残る。

千草が昭代の存在を疎んじ、単に〝死んだものだと思いたい〟だけならばそれでもいい。

別に死んだと思うようにしている昭代が、わざわざ化けて出てくる必要などないのだ。

「あまり気持ちのいい話でないことは承知のうえなのですが、お聞きください。千草さんは亡くなった昭代さんが夜な夜な自宅に現れ、困っているとおっしゃっているんです」

怪訝《けげん》な顔をして、昭代が若干あごを引いた。

「それこそ嘘ですよ。昔からそういう娘なんです、あれは。子供騙《だま》しの嘘八百ばかりついて周りを困らせて楽しんできたんです。今の話なんか、ちょうどいい証拠じゃありませんか」

確かにそういう考え方もできなくはない。

これまで長々と聞かされてきた昭代の千草に対する主観的な印象を受け容《い》れるだけならば、昭代の評するとおり、単に千草を〝嘘つき〟と断定するだけでよい。

ただ、昭代の話を全て聞き終えた今となっては、このような決めつけは公平ではなくなる。

他人に視えないものが視える千草を嘘つきと評するならば、それは昭代も同じことなのだ。

昭代自身も椚木の家で長年にわたり、他の家族には決して見えない獣たちの姿を目撃し、またその声を聞き続けてもいる。

千草と昭代の置かれている立ち位置というのは、実のところ全く同じなのである。

いずれも客観的な証明ができないものを視える、聞こえるといっている以上、どちらかを指して嘘つきとは決めつけられないのだ。

仮にそうするならば、両方とも嘘つきとしなければ公平ではなくなる。あるいはどちらも正しいことを言っているのだと認めるしかないのである。

そのように指摘すると、昭代は露骨に顔色を悪くさせた。

「娘が言っていることは、間違いなく嘘です。それは小さい頃からあれを見てきたわたしがいちばんよく知っております。けれどもわたしは違うんです。本当に苦しいんです。昔からあのけだものたちの声に悩まされてきたんです。今回だって本当なんですよ。死んだはずの姑《しゅうとめ》に毎晩苦しめられているんです。お願いします、信じてください……」

悲壮な色を浮かべて必死に潔白を訴える昭代の姿が、なんだかひどく気の毒に思えた。

「昭代さんのおっしゃることを嘘だとは思っていませんよ。それはご安心なさってください。でも、そうなると千草さんの話だって丸々嘘だと決めつけるわけにはいかなくなるんですよ。現に私は六月に千草さんから同じような依頼を受けています。少し前に死んだはずの母親が夜な夜な寝床に現れ──」

そこでふっと思考が止まった。

夜な夜な寝床に現れる母親と、同じく夜な夜な寝床に現れる義母。

状況が、あまりにも似過ぎている。この類似点は何を示唆するものなのか。

「……あんたはどうしてそんなに、娘さんのことを嫌うんだ？」

それまで石のように押し黙っていた水谷さんが、突然ぽつりと口を開いた。

眼鏡の奥から覗《のぞ》く双眸《そうぼう》が、矢のごとく鋭い。その目はまるで昭代の心中を見透かすように、彼女の沈んだ両目のはるか奥深くへと向けられているように感じられた。

「私の感覚ではどうにも、娘さんに妙なものが視えるというだけで厭《いと》うているとは思えない。だからといって、娘の素行や気性を嫌って疎んじているとも思えない」

本当の理由は、なんなんだ——？

眉間《みけん》に小さく皺《しわ》を寄せ、水谷さんが昭代の目をさらに凝視する。とたんに昭代は下を向き、そわそわと落ち着かない素振りを見せ始めた。

「——あんたの娘、本当はあんたの娘じゃないんだね？」

水谷さんの発したそのひと言が、全てをつまびらかにした。

「千草は、わたしの娘じゃありません。——姑と夫の間に生まれた子供なんです」

うつむいたまま消え入りそうな声でつぶやくと、昭代の頬に涙が伝った。

これでようやく、得心した。

千草が以前語った、折檻の話。屋根裏に侵入した千草たちを棒で打ち据えたのは母親だと千草は言っていた。しかし、昭代の話では棒で打ち据えたのは昭代ではなく、百合子である。

一方、千草が小学時代、母方の実家に泊まりに行った時の話はどうだったか？

「お母さんの実家に泊まりにいった」と、千草ははっきり言っていた。

他の話もそうだった。話中に昭代が登場する話には全て「お母さん」が登場し、百合子が登場する話には「母親」が登場している。

そういうことかと思い至ったとたん、千草の手繰る言葉の意味が理解できた。

母親。お母さん。

あれは千草なりの使い分けだったのだろう。

だとするならば、千草の前に現れる〝母親〟が誰であるのか。自《おの》ずと察しがついた。

昭代の寝床に夜な夜な現れる亡者と同じ――百合子である。

「一体、何があったんだ？」

水谷さんの問いに、昭代は半分気の抜けたような調子でのろのろと語り始めた。

「結婚して三年目のことでした。姑がある日突然、関東《かんとう》の病院に長期入院したんです。夫は癌が見つかったからだと言っていましたが、不思議と退院するまで一度もわたしは見舞いに連れていかれることはありませんでした」

およそ半年間の入院ののち、退院してきた百合子の腕には、赤ん坊が抱かれていたという。

「姑と夫に、何も言わずに育てろと言われました。誰と誰の子なのかはすぐに分かりました。その時にわたし、何もかも分かってしまったんです……」

夜な夜な母豚の分娩《ぶんべん》と称して、豚舎脇の木小屋に通い詰める母と息子。

思うが早いか、私の頭中にあるおぞましい光景が浮かぶ。昭代がこれ以上何も語らずとも、それだけですでに何もかもが了解できた。

「あのけだものたちが鳴き叫ぶのは、決まって姑と夫が豚舎で夜を過ごす時でした。わたし、本当は薄々察してはいたんですけど、一度も面と向かって言いだせませんでした」

言い終えるなり、昭代は堰《せき》を切ったように泣きだした。

およそ二十数年にもわたって、おそらくは誰にも言えなかったであろう、忌まわしき真実。その片鱗《へんりん》を晒《さら》けだした後悔と解放感の両極に、昭代の泣き声は満たされているようだった。

嗚咽《おえつ》混じりに昭代がさらに心中を吐露する。

「だからわたしは娘が憎いんです。あんな女とあんな夫が欲情に任せてこしらえた子供です。しかも娘の顔は、若い頃の姑にそっくりなんです！　娘の顔を見るたびに汚らわしい光景が嫌でも目に浮かぶんです！　そんな娘を愛せるわけがないじゃないですか！」

「娘さんを預けられた時点でどうして逃げようとしなかった？　帰る家がないわけでもない。さっさと離婚して、やり直すこともできたはずだ。どうしてそれをしなかった？」

なだめすかすように穏やかな口調で、水谷さんが再び昭代に問うた。

「……自分が弄《もてあそ》ばれたようでくやしかったんです」

ぼろぼろと涙をこぼしながら、昭代は答えた。

「わたしは嫁として、椚木の家に入りました。でも、それ以前にわたしはひとりの女として、武徳と一緒になったんです。それなのに自分はあの人と姑にとって、世間の目を欺くためにあてがわれた道具に過ぎなかった。それを確信した時、意地でもこの家から離れるものかとわたしは覚悟を決めたんです。あの人との間に意地でも子供を作ってやると決心もしました。そんな暗い執念が実ったんでしょうね。どうにか息子をひとり、授かることができましたよ。でも、あの子もとうとう死んでしまった……。わたしが至らなかったばっかりに」

湧きあがる感情の波に身を任せるまま昭代はそこまで一気に言いきると、再び声をあげて泣きだした。

千草が依頼の詳細を断片化し、謎解きのような真似をした理由が分かった気がした。話したくなかったのだろう。とても他人に開示できるような話ではない。自分の口から全てを話さずとも、私に気づいてほしかったのではないか。

思い至ると、千草がひどく哀れに感じてならなかった。

昭代の顔を見る。歳相応の小皺《こじわ》がいくつも刻まれ、強い疲弊と荒廃の色を滲《にじ》ませてはいる。それでもよく見てみると、目鼻だちのすっきりと整った端整な顔立ちだということが分かる。若い頃にはきっと。否、こんなことになる前はきっと、綺麗《きれい》な人だったのだろうと思う。

だが、その顔はやはりどう見ても、千草の顔とは似ても似つかないものだった。

同じく長年、昭代の心を怯《おび》えさせてきた獣たちの正体もなんとなく分かった気がした。

おそらくは傷ついた昭代の心が作りだした、幻想なのだ。

夜ごと、豚舎から昭代の寝室へ幽《かす》かに届く百合子と武徳が織り成す甘い声が、昭代の中でいつしか得体の知れない獣たちの遠吠《とおぼ》えに変換されてしまったのだろう。

百合子と武徳の顔が狼に見えてしまったのも、原因は同じことだろうと思う。

「そうか。がんばったんだな。もう苦しむな」

昭代を腐すことも責めることもなく、水谷さんはひと言、昭代に労《ねぎら》いの言葉を向けるなり、祭壇前にすっと座を移した。

水谷さんの言葉を受けた昭代は、つかのま魂が抜けたように放心したあと、子供のようにわんわんと声を張りあげて泣いた。

水谷さんの手による椚木百合子の亡魂を祓《はら》う儀式は、わずか二分ほどで滞りなく終わった。淡々と呪文を詠唱し、祭壇前でお祓い用の木剣を振るうだけの、それはあまりにも簡素な儀式である。第三者が見ればおよそ起伏に乏しく、味気のないものに思われるかもしれない。

だがお祓いとは本来、このようなものなのである。

お祓いが終わると、続いて水谷さんは椚木家先祖代々の霊位供養に移った。祭壇上に並ぶ塔婆に書き記された戒名をひとつずつ読みあげながら、こちらも淡々と読経《どきょう》をあげる。

二十分ほどで供養も終わった。私は結局、最後まで何をするでもなく、昭代の隣に並んで水谷さんの仕事を無言でじっと見守っていただけである。

「これでもう大丈夫だろう。各々収まるべきところに、みんなきちんと収まってくれる」

祭壇の前から昭代のほうへ身体を向け直した水谷さんは、厳《おごそ》かな声で宣言した。

昭代は深々と頭をさげ、水谷さんへ丁重に礼を述べたあと、ほどなく仕事場をあとにした。その面差しには未《いま》だ暗い陰が残されてもいたが、半面、長年にわたって己が心を苛《さいな》んできた何もかもを打ち明け、どことなくすっきりとした色も見受けられた。

昭代が帰ると私は水谷さんとふたり、線香の残り香が漂う仕事場にとり残された。

「今日の相談、別に私がいなくても水谷さんだけで大丈夫だったんじゃないんですか？」

たまさか千草の件が浮上したため思わぬ展開になってしまったが、それは不可抗力である。偶発的に昭代の悲しい秘密を引きだした以外、私は特に仕事らしい仕事は何もしていない。

加えて通常ならば、水谷さんが私を呼ぶのは地鎮祭など、仕事の準備自体に人手を要する大がかりな用件。もしくはごく稀《まれ》に、水谷さんひとりの判断では真贋《しんがん》を決めあぐねるような複雑な用件において、一種の指標として私の個人的感想を求めるような場合のみである。

そのいずれも私はこの日、おこなっていない。

「何か厭《いや》な予感でもあったんですか？」

「そうだ」

何気なく尋ねた質問に水谷さんが間髪容れずに答えたため、私は少々たじろいだ。

「実はな、本当だったら俺のほうが椚木さんの家に行く予定だったんだ」

懐から抜きだした煙草にぼっと火をつけ、深々と煙を吸いこむ。入道雲のような紫煙を天井に向けて吐きだしたのち、水谷さんはぽつぽつとこれまでに至る経緯を語り始めた。

「先週、椚木さんから姑《しゅうとめ》のお祓いの件で相談があった」

死んだ百合子が化けて出るのでお祓いをして欲しい、とだけ頼まれたのだという。

「普段なら大した用件じゃない。本物だったら型どおりに祓えば用が済む。気の迷いならば懇々と語って聞かせれば用が済む。そういう類の用件だった」

四日前の夜七時に予約をもらい、水谷さんは車で山中にそびえる椚木家へ向かった。

「山を半分まで登って、引き返してきた」

とても手に負えないと思ったのだという。

九十九折《つづらおり》の男坂をしばらく登っていくと、ふいに車の前方に黒い影が差した。

「身の丈は俺とお前と同じくらいだ。これぐらいじゃ俺も驚かない。でもな、幅が違ったよ。道幅は狭かったが、それでも車二台が余裕で行き違えるぐらいの尺はあった。それなのにな、影は道の端から端までいっぱいになって埋め尽くしていやがるんだ」

影はヘッドライトの強烈な灯火を浴びてもなお、黒い闇のままだった。悪寒を感じつつも前方を塞《ふさ》ぐ影の正体を見極めるべく、水谷さんはゆっくりとアクセルペダルを踏みこんだ。

「狼だったよ」

巨大な影へ向かって、距離が数メートルまで縮まった時だという。漆黒の影に色が差した。まるで影の内側からぱっと光が灯《とも》ったようだった。

首から尻尾《しっぽ》まで四メートル以上はあろうかという巨大な狼が、目の前にいた。

満月のような金色の瞳《ひとみ》と、銀色の体毛を燦然《さんぜん》と輝かせる巨大な狼。

それが水谷さんの車のすぐ前方に、すっくと立ちはだかっていた。

狼は耳まで裂けた大きな口から鋭い牙《きば》をナイフのように剝《む》きだし、射貫くような眼差《まなざ》しで水谷さんを睨《にら》み据えていたという。

「すぐさま車をバックさせて、あとはUターンだ。そのまままっすぐ家まで帰ってきた……。あんな化け物が門番をする家など、俺の手に負えるもんじゃない」

見ると、指先に煙草を挟む水谷さんの手が小刻みに震えていた。

「でもな、そのあとすぐに椚木のあの奥さんから電話がかかってきた。『遅いようですけど、いつ頃来られるのでしょうか？』だとよ。俺は正直なところ、もう断りたい一心だったんだ。けど、このまま逃げたら俺自身の沽券《こけん》にも関わる。それで一旦《いったん》仕切り直しにしたんだ」

ただし、場所は椚木の屋敷ではなく俺の仕事場で。

「お前と椚木さんのやりとりを聞いて確信したよ。やっぱり俺の思ったとおりだった」

吸い終えた煙草を灰皿へ揉《も》みくちゃにして潰《つぶ》すと、水谷さんは身を乗りだして続けた。

「あの家にも娘にも、もう金輪際関わるな。我々にどうこうできるようなもんじゃない」

血走った目で警告する水谷さんの唇は、わずかに震えていた。初めてみる表情だった。

「この話はあまりにも根が深過ぎる。誓って言うぞ。俺は今日、椚木さんの昔話を聞くまで、狼が障っているなど一切知らなかった。お前は多分、こう思ったんだろう？　狼は椚木の奥さんが自分の正気を守るために作った幻想だと。だとしたらとんだ思い違いだ」

あれは本当にいる——。水谷さんはきっぱりと断言した。

「今日のお祓いと供養が俺にできる精一杯だ。これ以上は関わりたくない。お前も絶対に関わるな。命をとられるぞ」

吐き捨てるようにそう言い終えたのち、水谷さんは新しい煙草に火をつけた。

狼に関する合理的な解釈は図星だったので、反論の余地はなかった。

なんだか身の置きどころもなく、無言のまま仕事場の方々に視線を泳がせるうち、無数の塔婆が並ぶ祭壇についと目が留まる。塔婆の傍らに、白い紙が添えられていた。

事前に昭代からＦＡＸで送信してもらった椚木家の家系図だと察する。相談事や供養事のよすがとして、水谷さんはたびたび依頼主に家系図や過去帳の提示を求めるのである。

何気なく立ちあがり、家系図を手にした瞬間、頭を金槌《かなづち》で殴られたような衝撃を感じた。

「水谷さん、これお借りしてもよろしいですか？」

頭よりも先に口が勝手に動いたという感じだった。

「なんに使うつもりだ？　関わるなと言ったはずだぞ」

厳《いか》めしい声で水谷さんが即答する。

「関わりません。ただ、確かめたいことがあるんです」

「どうして今日、お前を呼んだか分かるか？」

「いいえ」

「怖かったんだよ。あの家の人間とふたりきりで会うのが。情けないと思うんならそう思え。まあいい。見たいんだったら、その家系図はくれてやる。手元に置くことすらしたくない。俺はもう絶対に何があっても、あの家には関わらん」

悪いことは言わん――お前も絶対に関わるんじゃないぞ。

警告を繰り返す水谷さんを尻目《しりめ》にそれでも私は家系図を摑《つか》み、仕事場を辞した。


帰宅後、半ば転がりこむようにして自宅の仕事場へ駆け戻る。

水谷さんから強引に譲り受けた椚木家の家系図を座卓に広げ、ただちに瞠目《どうもく》する。

やがていくらのまも置かず、顔から血の気がみるみる引いていくのが感じられた。

やはりそうだった。パンドラの箱の蓋《ふた》を開けたような境地に呆然《ぼうぜん》となる。

先刻、椚木昭代と高鳥千草の関係が分かった瞬間の衝撃。その何百倍もの衝撃が、全身を稲妻のごとく一気に駆け巡る。

昭代と千草ばかりではなかった。あらゆる線から、繋《つな》がっていたのである。

この数ヶ月の間に訪れた相談客の問診表もどきを引っ張りだし、ずらりと卓上に展開する。問診表もどきと椚木家の家系図を照らし合わせるなか、胸の高鳴りが加速した。

六月十八日。狼男の相談で訪れた皆川親子。

椚木家の先々代。昭代の義理の祖父の妹にあたる人物の嫁ぎ先が、皆川家である。

六月二十日。自称霊能者で、他人の鼓膜を破る奇行を持つ芹沢真也。

真也の母・千恵子は、椚木百合子の次女。すなわち武徳の妹にして昭代の義妹である。

七月二日。園芸クラブの因縁に憤慨し、亡き母に復讐《ふくしゅう》を祈願した椚木園子。

園子の母・紀子は、椚木百合子の長女。千恵子ともども昭代の昔話に登場する義妹である。

七月二十四日。著名人が守護霊についたと豪語していた黒岩朋子。そしてその母・麻子。

麻子は、武徳の父親の妹である。

そして八月十日。椚木菊枝が二度目の死を与えてしまったという暴君の夫・鉄男。

鉄男は椚木百合子の義弟。すなわち武徳の父親の実弟である。

やはり全部、一致していた。

物理的にありえない話では決してない。しかし、常識的にはまずありえない話なのである。

いくら田舎に看板を掲げる狭い世間の拝み屋とはいえ、拝み仕事は私だけの専売ではない。

水谷さんや華原さん以外にも、この地元界隈《かいわい》には数多くの同業が存在する。

それなのにまるで狙い定めたかのように、私の元へ椚木の一族からの依頼が集中していた。

同時にこの時になってようやく、黒岩家で目撃した千草の正体が分かった。

先ほど、水谷さんの仕事場で昭代がこぼしたひと言が、耳の奥で蘇《よみがえ》る。

しかも娘の顔は、若い頃の姑にそっくりなんです——。

あれは千草ではない。——百合子である。

一体何が起きているのか。椚木の一族だけではなく、私自身の身にもである。

絶対に関わるな。

先刻発した水谷さんの警告が脳裏をよぎる。だが、居ても立ってもいられなくなっていた。

もはや真相を知らないことには、気持ちがざわざわとして落ち着かなかった。

不幸中の幸いか、家系図の中になんらかの回答を提示できうる人間が、ひとりだけいた。

震える指で携帯電話を手繰ると、私は千草の番号を押し始めた。

母と子と犯せる罪　【平成十七年八月二十日】

それから一時間ほど経った、午後の五時過ぎ。千草が私の仕事場を訪れた。

当初、こちらが千草の自宅へ伺うと伝えたのだが、千草は逆に私の仕事場を指定してきた。

今回も美月が不在だったので所在を尋ねてみると、「きちんと託児所に預けてきました」と、露骨に厭《いや》な顔をされた。

「それで――お母さんに会ったんだ。元気だった？」

母親の近況をまっすぐに案じる眼差《まなざ》しと声色。

昭代の近況を尋ねる千草の面差しは、今までいちばんまともなものに見えた。けれども、その顔は、六月に会った頃よりも心なしか幾分、やつれているようにも見受けられた。

「元気でしたよ。きちんとお祓《はら》いと供養を受けて帰っていきました」

「そっか。元気だったらそれでいいんだ」

まるで自分を納得させるかのように、千草は小さくこくりとうなずいた。

「母親って、百合子さんのことだったんですね」

「正解。やっと分かってくれた」

小鼻に軽く皺《しわ》を寄せ、千草がくすりと微笑む。

「あいつはろくでもない女だったのよ。小さい頃からお母さんがかわいそうで仕方なかった。で、なんなの？　あたしのところだけじゃなくて、お母さんのとこにも出てたんだ、あいつ。やっぱりろくでもない人間って、死んでからもろくでもないんだね」

「それで、その件も含め実はお伺いしたいことがあるんです。これ、見ていただけますか」

不快そうに顔を歪《ゆが》める千草の前に、椚木家の家系図を広げてみせる。

「うちの家系図だよね。これがどうしたの？」

これまで相談に訪れた椚木家の親類たちの話を時系列順に、私は千草に語って聞かせた。大層込み入った話だったので、全てを説明し終えるのに一時間ほどかかった。

「嘘……そんなふうになってたんだ……」

話の初めからすでに色を失い始めていた千草の顔は、今やすっかり真っ青になっていた。

「あくまでも憶説になりますが、あなたの〝母親〟百合子さんが今年四月に亡くなったのを起点として、あなたの相談も含め、私のところには椚木の一族からこの二ヶ月の間に、実に六件もの相談が持ちこまれています。水谷さんの元へ相談に伺った昭代さんの件も含めると、全部で七件です。これは何を意味するものなのでしょうか？」

ご存じではありませんか？

座卓の上で両手を組み、千草の答えを待つ。

「――原因はね、母様だと思うの」

「なんですって？」

千草の蒙昧《もうまい》な返答に、頭が再び混乱の兆しを報せる。けれどもすぐに思いだした。

前回の話の中で、千草は〝母〟を指す言葉をもうひとつ使っていたのだ。

すなわち「母親」「お母さん」そして「母様」。

「栂木の家から母様がいなくなったから、こんなふうに荒れてるんじゃないかな？」

以前と同じく、まるで要を得ない千草の言葉に私は焦《じ》れる。

「母様とは、誰のことなんです？」

「前にあたし、郷内さんがあたしの話を全部分かったらきちんと説明するって言ったよね？

でも多分、まだ全部分かってない。……それでも知りたいの？」

関わるな、という水谷さんの言葉が再び頭中をよぎる。だが無視した。

「教えてください。お願いします」

「分かった。でも後悔しないでよね」

目にうっすらと憐憫《れんびん》のような色を見せた千草に、なぜか首筋がぞわりと粟立《あわだ》った。

「あたしは栂木昭代の娘じゃなくて、百合子の娘。これはもう知っているよね？」

「ええ」

「あたしの娘、高鳥美月は、あたしと元旦那《だんな》の子供じゃないの。――栂木鉄男の子供です」

一瞬誰のことなのか分からなかったのだが、分かったとたんに血の気が引いた。

「うちの養豚を手伝いに来てた叔父《おじ》。あたしの祖父ちゃんの弟。あいつが美月の父親なの」

「何があったんです？」

訊《き》かずとも分かったが、口から自然と問いが出てしまった。

「十九の時さ、夜中、家に帰ったら庭先に叔父がいたのよ」

その晩、百合子は旅行で家を空けていたのだという。

「べろべろに酔っぱらっててね。『おめえ、だんだん母ちゃんに似てきたな』なんて言うの。あ、母ちゃんってのは百合子のことね。あとは豚小屋に引っ張りこまれて」

分かるでしょ？　目配せをした千草に私は「はい」とだけ答えた。

「どうして産んでしまったんです？　望んで授かった命じゃないでしょう？　しかも相手が相手です。お母さんにもさんざん怒られたと聞いています。どうしてなんです？」

とたんに千草の両目がかっと大きく開かれた。

「あんたバカじゃないのッ！」

座卓の向かいから身を乗りだし、突然怒声を発した千草に私はたじろぐ。

「生まれてくる子はそんなの全然関係ないじゃない！　誰が親とか関係ないんだよ！」

だって美月は美月だもん……。

激昂《げっこう》したのち、千草はぐすりと洟《はな》を啜《すす》りあげた。

おそらく千草は、美月の出生に自分自身の不穏当な出生を重ね合わせているのだと感じた。そのうえで彼女は、生まれてきた娘を精一杯愛そうとしている。

それは、千草自身が仮の母・昭代から愛されなかったことの代償行為なのかもしれないし、それよりも純粋に、母親として本来あるべき温《ぬく》もりを娘に与えたいだけなのかもしれない。

そう考えると、とたんに千草の胸中がひどくいじましいものに感じられた。

「失礼しました。私が浅はかでした」

心ない発言を千草に詫《わ》びる。自分の無神経さにほとほと嫌気が差した。

「いいよ。普通はそういう発想になるもんね。でね、叔父の話は続きがまだあるんだよ」

もう聞きたくないとは思った。けれども聞かずにはいられない自分もまた、確かにいた。

千草を制することなく、無言のまま彼女の声に引き続き耳を傾ける。

「叔父の子供産んでるの、あたしだけじゃないんだよ」

千草の声が醸す冷たい響きが、胸くその悪くなるような直感を次々と私に湧き立たせる。

「お父さんの上の妹、紀子。それから下の妹、千恵子。こいつらの子供も、叔父の子供」

千草の証言を椚木家の家系図に照らし合わせ俯瞰《ふかん》する。頭の芯《しん》がぐらぐらすると思ったら、気づかぬうちにがたがたと震えている自分がいた。

家系図から武徳の上の妹、紀子の名に目を向ける。

家系図には記載されていないが、私は紀子の娘を知っている。園子である。

園子の相談内容を思いだしたとたん、身体の震えがさらに激しさを増した。

母・紀子の仏前に現れたという白髪頭の老人。年代から推し量り、さらには千草の告白を統合すると、それが誰であったのか判然とする。

おそらくは鉄男なのである。紀子が娘の出自を語らなかった理由も、これで合点がいった。

「叔父が自分で言ってたんだよ。『おめえが初めてじゃねえんだ』って。紀子おばさんって人はあたしが生まれる前に家を出てんの。それ以来、椚木の家とは絶縁状態にあったみたい。けど、そっか。亡くなってたんだね」

目の色をふっと陰らせ、独りごちるように千草が言った。

鉄男の妻・菊枝が鉄男の位牌《いはい》に蛆殺《うじごろ》しを供え、すでに亡き鉄男を二度死なせたというのが、今年の五月下旬の話である。一方、園子が母・紀子の遺影の前で鉄男の亡魂を目撃したのは、その後、六月半ば辺りのことだった。

なんのことはない。菊枝の心配など杞憂《きゆう》だったのだ。死んだ鉄男はまだ〝ご在世〟である。

続いて家系図から武徳の下の妹・千恵子、さらにその息子・真也の名前に目を向ける。

「この真也という息子、もしかして面識がありますか？」

「うん。一応、幼馴染《おさななじみ》みたいなもんだからね。ただ前にも話したけど、あたしが小学校の頃、母親にこてんぱんに殴られてから出入り禁止。それ以来会ってない」

あ、会ったか。言い終えたあと、千草がすかさず訂正した。

「いつです？」

「百合子の葬儀の時。椚木の家の敷居を跨《また》いだのは、十五年ぶりぐらいだったんじゃない？まあ、あたしも家を飛びだしてからろくに帰ってなかったから、何年かぶりだったんだけど。とにかくその時に一度会ってる。何？　こいつのこと、気になるの？」

座卓に少し身を乗りだしながら首を伏せ、千草が私の反応をうかがうように覗《のぞ》き見る。

「まあ強烈なキャラだったので、印象には残っています」

「いい線いってるよ？　冴《さ》えてきたね」

冗談めかして相槌《あいづち》を打った千草の顔は、だが真剣そのものだった。

「真也の母親の千恵子も叔父に孕《はら》まされて、家を飛びだしてる。でも紀子おばさんと違ってこっちは玉の輿《こし》を見つけたの。あの人、いかにも男好きするみたいな雰囲気じゃなかった？久々に葬儀で見た時もびっくりしたよ。けばくって」

千草の指摘どおり、確かに仕草も服装も、千恵子はいかにも男好きのする雰囲気だった。

「どんな手を使ったのかは分かんないけど、千恵子はもうだいぶ歳がいって跡継ぎもいない旧家のお爺《じい》さんに嫁いだんだよ。旦那は歳だから結婚して何年もしないうちに死んじゃって、あとはもう金に飽かせてやりたい放題って感じ」

来訪時、千恵子の話していた言葉が記憶に蘇《よみがえ》る。

――なんとか示談で落ち着いてもらいました。

そういうことかと、またひとつ腑《ふ》に落ちる。潤沢な資金があったればこその離れ業である。

「とにかくあの鉄男って叔父は、とんだけだものだよ。百合子も同じか、それ以下のド変態。言いたくなんかないけどさ。叔父とお父さんをとっかえひっかえ、時にはふたりいっぺんに。そんなことを何十年もやり続けてきたんだよ。もう最低でしょ？　榊木の家の裏に建ってるあの豚舎。あれさ、あたし思うんだよね。飼ってる家畜は豚だけど、それを世話する連中もみんな豚だったって。豚舎の脇に建ってる木小屋は、種つけ小屋だよ。気持ち悪い」

大仰に顔をしかめたあと、しかし千草はふいにすっと顔色を曇らせた。

「……ううん。違うな。確かに叔父は最低の人間だったし、母親も最低の女だったとは思う。それに加担していたあたしのお父さんも確かに人として最低だ。でもね、本当は違うんだよ。多分違うの。みんな、おかしくされてしまったんじゃないかって、あたしは思うんだ」

母様に――。

先月、千草宅の帰り際、背中越しに聞いたあの凜《りん》と透きとおった声。あの時と同じ声風で千草は私の目を見て、言った。

「本当に、母様って誰なんですか？　覚悟はできています。そろそろ教えてください」

再び千草に問う。

「覚えてる？　あたしが小学校の時、実家の屋根裏で見つけたもの」

黒い漆塗りの箱に収められた。ああ――思いだした。

「あれが母様。もう首だけしか残っていない、でもそれでも生きてるヘンな存在。もちろん、あたしの母じゃない。でもね、口にだして名前にすると、自然にそう呼んでしまうんだ」

母様って。

再び凜と透きとおった声で、千草が言った。

「最初は会うのが楽しくて楽しくてしょうがなかった。優しい声でころころ笑ってくれてね。言葉が意味不明で何を言ってるのか分かんなかったけど、別にそんなの構わなかった」

でもさ、と千草はさらに続けた。

「母親にバレてボコボコにされた時、初めてあたし、怖くなったんだよ」

千草の顔が、苦悶《くもん》のそれへと大きく歪《ゆが》む。

「母様を天井裏に隠して大事にしていた母親も怖かったし、あたしたちを殺すような勢いで殴りつけた母親の形相も怖かった。でもね、本当に怖かったのは……分かるでしょ？」

分かる。だから私の顔も、怖じ気《おけ》を含んで強張《こわば》った。

「首だけで生きていられる人間なんているわけないじゃん。前にも話したとおり、あたしは小さい頃からお化けはたくさん視てきているよ。でもあれは、単なるお化けなんかじゃない。ちゃんと触ることもできたし、幻みたいに摑《つか》みどころのないものでもなかった。あんなのと自分が毎日のように話していたのかと思ったとたん、初めてあたし、怖くなったんだよ」

語り終えた千草はぎゅっと唾《つば》を呑《の》みこみ、わずかに唇をわななかせた。

ついふた月前のこと。初めて千草からこの話を聞かされた時、私の心は半信半疑だった。話の内容が荒唐無稽《こうとうむけい》過ぎるという点も、理由のひとつではある。しかし、それ以上に私を不審がらせていたのは、当時の千草に摑みどころのない異様な印象があったからこそだ。

しかし今、座卓に向き合い言葉を交わし合っているこの千草はどうだろう。

言動も的確で全ての回答に辻褄《つじつま》が合っているし、受け答えも明瞭《めいりょう》である。以前とはまるで別人かのように、今の千草の人格は至極真っ当なものに思われた。

だが今度は逆に、このまともな千草の存在を、私は空恐ろしく感じ始めてもいた。

「母様について、他に何か知ってることはないですか。あればぜひ聞かせてください」

否。厳密には千草が怖いのではない。いつのまにか千草の話を全面的に信用しきっている自分自身の心こそが、私は怖かったのだ。

つかのま、横目で視線を虚空に流したあと、千草は再び口を開いた。

「昔さ、それも大昔のことね。あたしがまだ四歳か五歳ぐらいだった頃よ。たまたま布団を並べて眠った母親が、うっかり口を滑らしたことがあるの。といっても本人は、子供相手の昔話みたいなノリで喋《しゃべ》ったのかも知れないんだけど。……でも、あたし思うんだ。この話が仮に本当の話なら、これこそが母様と栩木の家の始まりだったんじゃないかなって」

そう言うと、千草は少しずつ記憶を手繰るようにして、奇妙な昔話を語り始めた。

畜《けもの》犯せる罪【昭和四十年代初頭冬】

百合子の亡き夫、並びに義父母が在世で、なおかつ彼らがこの世を去る直前の話だという。だからおそらく、時代は昭和四十年代の初め頃だと推定される。

それは、ある冬の日に起きたことだった。

昼下がり、若かりし百合子が居間の窓辺で裁縫仕事をしていると、血相を変えて狼狽《うろた》えた様子の義父が、家内へ転がるように飛びこんでくるのが見えた。

義父は慌ただしく家の奥へ向かったかと思うと、今度は両手に散弾銃を抱えて戻ってきた。それは普段、温厚で大人しい気質の義父からは、到底信じられない行動だった。

物々しい様子に驚いて居間から飛びだし、「どうしたんですかッ！」と百合子が尋ねると、義父は「お前もすぐに来いッ！」と怒声を発し、矢のような勢いで玄関口を出ていった。

この日、戸外には昨晩遅くから降った大雪が、膝《ひざ》まで埋もれる高さとなって堆積《たいせき》していた。庭に積もった雪は朝方から一家総出で掻《か》き分け、雪中の方々に狭い小道ができていた。

義父はざくざくと音を立てて踏みしめながら、小道の上を全速力で駆け抜けていく。

義父の怒声に驚いた百合子も長靴を履き、慌てて玄関を飛びだした。

わけも分からず義父の背中を追って向かった先は、屋敷の裏手に立つ豚舎だった。

義父は豚舎の外壁伝いをさらに奥へと進み、豚舎の裏手へ回りこむ。豚舎の裏には木製の柵《さく》を張り巡らせた放牧場があり、常には数十頭の豚が天日の下を闊歩《かっぽ》する光景があった。

しかしこの日、大雪に覆われた放牧場の中にいたのは、豚ではなかった。

黄金色の仮面のような顔に鮮やかな緑色の体色をした、獅子舞《ししまい》のごとき獣だった。獣は全部で十数頭ほどいた。

一頭は、成長しきった母豚と同じぐらいの大きさ。他の獣は中型犬とほぼ同等の大きさで、一際大きな一頭の周囲にぎゅうぎゅうと身を寄せながら群がっていた。

百合子が奇妙な獣の姿を目にして唖然《あぜん》となるなか、義父の構えた散弾銃が火を噴いた。

「ずどん！」と銃声が轟《とどろ》いた瞬間、小さな獣たちは蜘蛛《くも》の子を散らすように木柵《もくさく》を飛び越え、放牧場の裏手に広がる杉林の中へ一目散に飛びこんでいった。

あとに残ったのは、横倒しになって雪の中に半身を埋もれさせる、一際大きな獣が一頭。同じくその傍らに横たわる、血まみれになった母豚の亡骸《なきがら》だけである。

「仕留めてやった。ざまあみろ……」

荒い吐息混じりにつぶやくと義父は銃をおろし、木柵を跨《また》いで放牧場の中へ入っていった。

辺りを見回すと、木柵の外側には顔色を失って立ち尽くす夫と義母の姿もあった。

義父が木柵を飛び越えてまもなく、夫と義母も放牧場の中へ入っていった。

百合子もあとに続いて、家族と一緒に倒れた獣を囲んで仔細《しさい》を見おろす。

間近で目にしてみると、おぞましさも一入《ひとしお》だった。背筋がわなわなと震えて冷や汗が滴り、鼻先で綿菓子のように膨らむ冷たい吐息も大きくなって、急速にその数を増やしていく。

淡白い雪の上に倒れた獣は、百合子がこれまで一度も見たことのない異様な姿をしていた。否。獣と断定することすらできないほど、それは奇妙な風貌《ふうぼう》をしている。

たとえば先刻、仮面のように見えた獣の顔は、本当に仮面のような相貌と質感をしていた。初見の際に獅子舞を連想してしまったのも無理からぬ作りだと、百合子は思う。

恐る恐る獣に顔を近づけ、細部にわたって視線を配ってみると、獅子舞というよりむしろ、南国の土産物屋に並ぶ派手な意匠の仮面に近しい趣きがあった。

顔の半分を埋め尽くすほど大きく丸い目玉はやはり仮面のごとく、かっと見開かれたまま。鼻は平たく小さい一方、口は顔の端から端まで大きく裂け、両脇に鋭く太い牙《きば》が生えている。耳は人間のそれと同じく顔の両脇に伸びていたが、先端は鋭く尖《とが》って斜めに伸びていた。

大きな身体と不釣り合いに頭部は妙に小さく、大きさはちょうど百合子の顔と同じくらい。頭の上には牛のような短い角が、等間隔で横並びに五本生えている。

頭部はごつごつと硬そうな質感を帯びて黄金色の一色に染まり、晴天の冬空から降り注ぐ薄い日差しを浴びて鈍い光を放っていた。

身体の作りも人工的なものだった。

遠目には緑色の体毛と認識していたものは、毛というよりは太い荒縄の束のようなもので構成されていた。表面は螺旋《らせん》状に捻《ね》じれ、体毛というより神社のしめ縄を彷彿《ほうふつ》させる。

そのあまりにも異様な姿を目の当たりにした百合子はつかのま、獣の正体はもしかしたら母豚に着ぐるみでも被《かぶ》せたものなのではないかと勘繰りもした。

だが、これがそんなものではないことは、傍らで蒼《あお》ざめながら硬直する家族の姿を見れば、有り得ないことだと容易に察することもできた。

足元で横臥《おうが》する得体の知れない獣は、着ぐるみを被せられた豚などではない。

だがしかし、まともな生き物であるとも思えなかった。

破れた腹から覗《のぞ》く臓物が、無言でそれを証明しているかのように煌《きら》めいていた。

先刻、義父の放った銃弾は獣の脇腹に命中し、砲丸ほどの丸くて大きな風穴を開けていた。

脇腹からどろどろとはみ出た臓物は色とりどりの蛍光色で、虹《にじ》のように豊かな色合いだった。

こんなにも鮮やかな色みをもつ臓物を腹に抱えた獣など、この世にいるのだろうかと思う。

臓物からは薄く湯気が立ち上り、溶かした蠟燭《ろうそく》を思わせる脂っぽい臭いが漂ってくる。

「これは一体、なんなんですか……？」

震えながら発した百合子の問いかけに、義父は重々しい口ぶりで説明を始めた。

つい先ほど。傷を負った母豚を放牧場に引きだし、解体しようとしていた時だという。

本来、家畜の処分は所定の屠畜《とちく》業者に委任することが屠畜場法にて定められているのだが、この日は大雪のため業者を呼ぶことも叶《かな》わず、やむなく自家で処分することになった。

義父母と夫の三人で母豚を放牧場に引っ張りだし、頭に金梃子《かなてこ》を振りおろして絶命させる。その場に母豚の死骸《しがい》を放置したまま、死骸の解体と処分に用いる道具一式を取りに三人で近くの作業場へ向かい、再び帰ってくるとそれはいた。

義父たちがぎょっとなって立ち尽くすのを尻目《しりめ》に、得体の知れない獣たちは母豚の死骸に蟻のごとく群がり、じゅるじゅると湿った音を立てながら体液を啜《すす》っていたのだという。

「こんなものは俺も見たことがねえが、きっと山神のたぐいじゃねえかと思う」

言いながら獣の傍らに片膝《かたひざ》を突いた義父の顔には、どこか恍惚《こうこつ》とした色が浮かんでいた。

「しっかし、なんと綺麗《きれい》な神さんだろう。これをこのまま捨て置くのは痛ましいなあ……」

百合子もこの時、義父と同じ思いを抱いてしまう。

黄金色に光り輝く獣の顔は、それは大層美しいものだった。そこらのちんけな害獣などと同じく扱ってどこぞに遺骸《いがい》を捨て去るのは、なんとも痛ましいものだと感じた。

その後、義父は獣の首を手斧《ちょうな》で切り落とし、「家宝にする」と宣言した。

百合子を含め、義父の意志に反対する者は誰もいなかった。

獣の首を両手に抱えた義父を筆頭に、豪雪を掻き分けた小道を並んで屋敷へ戻り始める。

その道すがら、裏手の杉林のほうに百合子がふと目を向けると、先ほど散り去っていったあの小さな獣たちが、こちらの様子をうかがうように見つめていた。

獣たちは樹々の陰から黄金色の顔を突きだし、微動もせずに義父が抱える大きな獣の首に視線を注いでいるように見えた。

それからしばらくして、義父と義母が立て続けに病に臥《ふ》して亡くなった。

さらにしばらく経ったのちには百合子の夫も長患いの末、苦しみながら死んだという。

椚木の家にはその後しばらく、百合子と幼い子供たちだけが侘《わび》しく住まうことになった。


「……山神さまを粗末にしちゃった罰が当たったのかもねえ」

電気の消えた薄闇の中、百合子は頭上に遠い目を向けながらつぶやいた。

「その神さまはどうしたの？」

隣に並んで横たわる千草が恐る恐る尋ねると、百合子はこちらを向いてにんまりと微笑み、
それから一拍置いてこんなふうに答えたのだという。

「あれは、お祖母《ばあ》ちゃんが大事に手を合わせて拝んでいるから、もう怒っていないんだよ」

と。

高《たか》つ神《かみ》の災い　【平成十七年八月二十日】

「どう、こんな話、普通は信じないよね？　でもあたし、確かに百合子から聞いたんだよ」

語り終えたあと、千草は珍しくしおらしい眼差《まなざ》しで私の顔色をそっとうかがった。

「確かに信じられないような話ですが、でも今はそんなことよりも気になることがあります。百合子の話に登場するのは、金色の顔をした獅子舞みたいな獣ですよね？　実家の屋根裏に隠されていた母様とは見た目が全く別物です。このふたつはどうつながっていくんです？」

千草の問いかけどおり、およそ信じ難い話にもかかわらず、私は話に関する不信感よりもむしろ、疑問点のほうに心が動いていた。

「多分見る人によってあれは、姿形が変わるものなんじゃないかなって思うの」

千草は座卓の上で軽く両手を組みながら、わずかに目元をしかめつつ答えた。

「覚えてる？　屋根裏で母様を発見したのは、あたしと真也、それから弟の三人だったよね。あの時実は、母様の姿が三人とも全然違うものに見えてたんだよ」

「真也と弟さんには何に見えていたんですか？」

千草の話に、もはや私は完全に呑《の》みこまれていた。疑念も抱かず、即座に質問を投げ返す。

「真也はなんか、光る宝石みたいに見えてたみたい。弟はよく分かんない。じっと見てるとちんちんが固くなるとかって言ってたから、なんかいやらしいものに見えてたんだろうね」

「なるほど。そうすると金色の顔をした獣というのは、あくまでも百合子の主観だと？」

「憶測だけどね。でもそう考えると辻褄《つじつま》が合わない？」

本来ならば辻褄がどうのというような、まともな話でないことは分かっている。けれども千草の語るこの母様の性質について、どうにか整合性を求めようと私は躍起になっていた。

結果、こんな推測が湧きだし、はっとなる。

昭代が長年悩まされていたという、椚木家の庭で吠《ほ》え荒んでいたあの黒い獣たち。

昭代がそれらを狼のような黒い獣だと主張していたのに対し、幼い頃の千草が見たそれは、裸の小さな子供たちだったはずである。それらを仮に、百合子の義父に討たれた奇妙な獣の子供たちだと考えるのなら、これは完全に辻褄が合ってしまう話なのだ。

すなわち、昭代も千草も同じものを目撃しているが、姿形はまるで違うものに見えていた。

そうした解釈をすることができる。

「それでね。あたしさ、実は母親の葬儀の時、実家から母様を持ちだしたのよ」

私が無言で思いを巡らすさなか、さらりと放たれた千草のひと言に、思わず「はん？」と奇妙な声が漏れる。

が、千草は私の動揺など何処吹く風といった調子で、さらに言葉を紡ぐ。

「母親やお父さん、それから叔父《おじ》をおかしくしたのが母様だったら、独りで実家に残されたお母さんが危ないいって思ったの。だから持ちだした」

それにさ。と千草はさらにつけ加えた。

「早めに動いて正解だったよ。もう少しで、危なく真也に持っていかれるとこだった」

「真也、ですか？　あいつがどうして母様を欲しがるんです？」

「だからさ、真也の目に見えてるのは、母様じゃないんだよ」

千草の言葉に、以前、真也が勿体《もったい》ぶって囀《さえず》った大仰な言葉を思いだす。

至純の光。千草が先ほど語った「光る宝石みたいなもの」と、そのイメージは合致する。

「じゃあ真也が探しているっていうのも、その母様と同じものなんですか？」

「ビンゴ。あいつ、母親からは出禁食らってたけどさ、本人が死んだら別に関係ないからね。お母さんはくわしい経緯なんか知らないから、母親が死んですぐ、千恵子に連絡したみたい。そしたら来たよ、お通夜の晩にニヤニヤしながら」

しかしその時すでに母様は、千草の手中に渡っていた。

通夜の前日。千草は昭代から連絡を受け、百合子の納棺に立ち会うため実家に舞い戻った。しばらくぶりに帰った椚木の家は閑散として、まるで廃墟《はいきょ》のようだったという。

「実家に帰るなり母親の部屋に忍びこんだんだけど、案の定、鍵《かぎ》は元の場所になくてさ」

幼い千草たちを折檻《せっかん》したあの後、別の場所に隠し直しただろうことは容易に察せられた。

「さんざん探したんだけど、全然見つからなくて」

天井裏を塞《ふさ》いでいるのは大きな錠前だった。鍵なくして開けられるような代物ではない。しかしどれほど探しても鍵は見つからず、千草は焦りながら二階へ続く階段を駆け上った。

「その時さ、階段を上りながら『あっ』って思ったの」

千草が幼稚園の頃から小学三年生まで、茶の間のガラス障子越しに見続けたというあの脚。

「あたしさ。その日、ピンク色のタイツを穿《は》いてたんだよ」

古びた階段を上る自分の脚の色は、千草に幼い頃の記憶を昨日のことのように蘇《よみがえ》らせた。続いてあの当時、脚が階段を上りきった先でぴたりと止まっていたことを思いだす。

「階段を上った二階の正面には柱時計があるんだ。大人の背丈くらいある、でっかいやつ」

生前、柱時計のゼンマイを巻くのは百合子の仕事だった。ゼンマイを管理していたのも百合子だったため、千草たちが興味を示して手をつけることもなかったのだという。

「時計のさ、振り子が揺れる下側のガラス扉を開けてみたの。中を覗《のぞ》いてみたら、あった」

左右に規則正しく揺れ動く巨大な振り子。鍵はその裏側にあった。袋状に折り畳んだ紙を振り子の裏にガムテープで貼りつけ、紙の中にそっと忍びこませてあったのだという。

見つけた鍵を使って屋根裏に入りこむと、幸いにも母様はすぐに見つかった。

観音開きの箪笥《たんす》の中。十数年ぶりに見る黒い漆塗りのあの箱の中にそれは、老いも死にも腐りもせず、当時と変わらぬ面貌《めんぼう》のまま収まっていたという。

「それであたし、母様の入った箱を持って一旦《いったん》実家から引きあげたの。枕経なんか聞かない。あんな女のために手なんか合わせる気にもなれないし」

無事に母様を回収した千草はその後、当初は葬儀の最後まで参列する予定だったという。

「母親の葬儀なんか別にどうでもいいんだけど、一瞬でもお母さんと一緒にいられるんなら、まあいいかなって思った。でも結局、お通夜を最後にあたし、実家に行くのやめたんだよ」

原因は真也である。

「お通夜の席で顔を合わせるなり、腕引っつかまれて天井裏の前まで連れてかれてさ」

物凄《ものすご》い剣幕で怒鳴られたのだという。

「『お前、あれどこにやった？　お前が持ってんだろ！』って、すっかりブチ切れてんの」

天井裏へ続く扉は蹴破《けやぶ》られたのか、戸板が半分ひしゃげて半開きになっていた。

千草は真也の腕を強引に振り払うと一直線に実家を飛びだし、そのまま車に飛び乗った。

「で、すぐにお母さんに電話したの。真也に訊《き》かれても、あたしの住所は教えないでって」

居所を知ったら絶対に押しかけてくる。危惧《きぐ》した千草は昭代に「絶対に」と念を押した。

「真也、昔と比べものにならないくらいおかしくなってたよ。話してなかったんだけどさ、母親にぼこぼこにされて出禁になったあともね、しばらく通い続けたんだよ、あいつ」

当然ながら、そのたび百合子に棒で殴られ、追い払われた。しかしそれでもなおも執拗《しつよう》に、真也はしばらくの間、椚木の家に通い詰めたのだという。

「まるっきりけだものだった。どんなに殴られても次の日にはまた来るんだもん」

真也の自宅から椚木の実家までは、自転車で優に一時間以上はかかる距離にあるという。しかも椚木の家は山中の奥深い場所にある。ゆえに終盤は急こう配の上り坂が延々と続く。さらに季節は当時、真冬である。加えて山中は連日、深い雪に覆われてもいた。

そんな道程を真也は、百合子に出入り禁止を食らってもなお〝至純の光〟だけを目当てに、ほぼ毎日、通い続けていたのだという。

千草の補足を聞いて、水を浴びせられたようにぞっとした。

千草の話を頼りに計算すれば、真也は当時、小学二年生かそこらである。

一体何がそれほどまでに幼い子供の心を虜《とりこ》にさせてしまうものなのか。それは子供特有の純粋な好奇心とはまるで異質な、憑《つ》き物じみた奇行だと感じた。

「結局、二週間くらい通ったんじゃないかな？　その頃にはさすがの母親も手加減してたよ。だってさ、あのまんま毎日本気で殴り続けたら多分あいつ、死んでたと思うもん」

身体中、擦りきれた雑巾《ぞうきん》のように変わり果て、気力も体力も限界に達した頃、ようやく真也は椚木家への侵入を諦《あきら》めたのだという。

「なんとなくでも分かったかな？　多分、母様はね、関わった人を狂わせてしまうんだよ。あたしもほんとはもう狂ってるのかもしれない。狂ってるって、自分では分かんないしね」

それにね――と、千草はさらに言葉を継いだ。

「今だから正直に話すんだけど、あたしも実は、母様を手放したくないの。最初の予定では屋根裏から持ちだした帰り道に、川にでも放りこもうって考えてたんだけど、できなかった。……もったいなくて」

座卓の眼前に広がる虚空を見つめながら告白した千草の額には、うっすらと汗が滲《にじ》んでいた。

「それにさ、家に持って帰っちゃえば美月も巻きこんでしまうことになるでしょう？　でも、それでも途中で捨てらんなかった。あたし、自分の中であれこれ適当な言いわけを作っては、結局家に母様を連れて帰ってきちゃった」

「でも、それではやっぱりまずいと思ったから、私に謎々を出したりしたんでしょう？」

「それも違うの。当たってるけど、微妙に違う。ほんとはさ、すぐにでも郷内さんに母様を見せて、処分してもらいたかった。だからあの日、家に来てもらったのね。でも、いざ郷内さんが家に来ると、あたし、どうしても素直に話ができなかった」

「それは、私を心配してのことでしょう？」

「だから違う。本当はね――名残惜しかったのよ。バカみたいに聞こえるかもしれないけど、郷内さんに母様をとられちゃうんじゃないかって、そんなことも考えちゃった」

千草は冗談めかしてこんなことを言っているのではない。目が恐ろしいほどに真剣だった。

「で、あたしの本当の依頼を正式にお話しします――」

きゅっと小さく唾《つば》を呑《の》みこんだあと、千草は再び凜《りん》と透きとおる声で言葉を継いだ。

「母様を然《しか》るべき手段で処分してもらいたいの。あたし、もうそろそろ自分自身が怖い」

つかのま、仕事場に沈黙が舞い降りた。

気まずい沈黙を破り、早く答えを返さなければと思うのだが声が出なかった。

どう答えてよいのか、私の頭が決めあぐねていたのである。

「無理そうなら遠慮なくそう言って。あたしは強制できる立場じゃないから。だから今まで母様を見せなかったの。郷内さんの覚悟も聞かないで巻きこむのは、フェアじゃないから」

まるで清水《きよみず》の舞台に立つような切羽詰まった形相で、千草は私をまっすぐに見つめていた。

その面差しは、六月に初めてこの仕事場を訪れた時とはもう、まるで別人のようだった。

彼女は決して狂ってなどいない。おそらく今回の件に関わる関係者の中で誰よりも冷静で、また誰よりも多くの情報を知り得ている。

ただ。その事実こそがやはり、私にとって何よりも恐ろしかった。

千草は狂っていない、虚言を吐いているのではないという事実が何を示唆するものなのか。導きだされる答えはひとつである。

――母様は千草の空想の中にではなく、この現世に紛《まご》うかたなく存在している。

まだ見ぬ母様の姿を想像しただけで眩暈《めまい》を起こしそうなほど、私は戦慄《せんりつ》していた。

だが長い沈黙の末、私の口から勝手にこぼれ落ちたのは、こんな愚かな回答だったのだ。

「やるだけやってみます」

だから私もこの時、あるいはもう〝視えざる何か〟の力に狂わされていたのかもしれない。

「巻きこんじゃってごめん。でも、ありがとう」

深々と頭をさげたあと、千草は私に向かってふわりと笑んだ。


それからおよそ一時間後。私は千草の運転する車に乗せられ、椚木の実家へ向かっていた。時刻は午後八時過ぎ。八月とはいえ夜の帳《とばり》もすっかり降りて、外はすでに真っ暗だった。

母様を見る前に、まずは椚木の実家を見てほしい。

千草ははっきり言葉にしなかったが、おそらく私に対する〝最終テスト〟なのだと判じた。だから素直に従うことにしたのである。

「なんとかっていうその先生……山道の途中で引き返しちゃったんでしょ？　郷内さんもさ、もしもおんなじようなものが見えたりして、あっやばい！　って思ったら遠慮なく言ってね。そしたらまた作戦を練り直そうよ」

まっすぐな田んぼ道を飛ばしながら、千草が前方の暗闇に向かって言った。

千草が言っているのは水谷さんのことである。先日、彼が山道で目撃したという巨大な狼。私も仮にそんなものが視えたとしたら、それでも千草の依頼を継続するだろうか。

そんなことを漠然と考えながら、私は助手席のシートにほとんど無言のまま座り続けた。

やがて車は田んぼ道を抜け、暗闇の中に現れた急こう配をゆるゆると上り始めた。

「五分ぐらい上ったらあたしの実家。途中でなんか視えたら遠慮なく言ってね」

ハンドルを握りながら発した千草の言葉に生返事をしながら、真っ暗闇の周囲に目を配る。九十九折《つづらおり》の山道を右へ左へ揺られながら、時間だけがどんどん過ぎていった。

重々警戒していたものの、目の前に広がるのは闇ばかりで不穏な気配は何も感じられない。

そうこうするうちに車が停まり、千草に「着いたよ」と言われた。

幅の広い長屋門が、ヘッドライトの灯火を浴びて眼前にくっきりと浮かびあがっていた。端から端まで、目算でざっと五十メートルはあるだろうか。門扉はすでに固く閉ざされ、敷地の内部は確認できなかったが、門の長径を見る限り、かなり大きな屋敷だということはうかがい知れた。

「どう？　なんか視えたりした？　言っとくけど絶対遠慮しないでね。やばい感じだったらもう一度作戦会議。そういう感じでいこう」

「いや……誓って言いますけど、特に何も感じはしなかったし、視えもしませんでしたよ。今もここにいて気持ち悪いとか何かが視えるとか、そういうことも特にないです」

嘘を言っても仕方がないので事実をありのまま、率直に返した。

「そ。ならいっか。あたしも別になんともなかったし。ごめんね、無駄足踏ませたみたいで。じゃあそろそろ本題――」

千草が車を出そうとした、その時だった。

おおおおおぉぉぉぉおおおおぉぉぉぉぉぉぉぉぉぉぉん……

森閑とした暗闇のどこかから、甲高い獣の声が突然聞こえ始めた。遠吠《とおぼ》えだった。

おおおおおおおおおおおぉぉぉぉぉぉぉぉん……

狼だ。声が鼓膜を突き刺した瞬間、直感的にそう思った。けれども姿はどこにも見えない。
「野良犬かなんかですかね？　それとも実家で犬とか飼ってます？」
ただの強がりだった。本当は、そんなものではないと分かっていた。
千草は私に後頭部を向け、運転席の向こうの暗闇の彼方《かなた》を、無言でじっと見つめていた。
私も身を乗り出し、千草が向ける視線の先を凝視する。

おおおおおおぉぉぉぉおおおおぉぉぉぉぉぉぉぉぉぉぉん……

長屋門のはるか先の暗闇に、黒塗りのセダンが一台停まっていた。
声はどうやら、車の中から聞こえてくる。

「行こ」

思いだしたようにハンドルへ向き直るなり、千草はすかさずギアをリバースに切り替えた。

次の瞬間、車がほとんど秒速の勢いで山道の下り坂へと向き直る。

「ちょっと飛ばすけど、我慢してね」

言い終えるなり、深闇に包まれた山道を千草の車が猛然と下り始めた。

「ちょっと、危ないです！　どうしたんですか！」

車は九十九折の下り坂を、弾丸のような勢いで駆けおりていく。

「真也！」

「は？」

「だから真也！　あのガキ、あたしが実家に戻ると思って、ずっとあそこで張ってたのよ！

通夜の時に一回見てんのよ、あの車！　間違いない、ああむかつく！」

声の嗄《か》れるような絶叫を絞りだしたあと、千草はアクセルペダルをさらに強く踏みこんだ。

急なカーブをほとんど路肩すれすれで曲がりきるたび、内臓が腹の片側に偏るかのような
ひどい重力を感じた。「ぐっ」と苦悶《くもん》の唸《うな》り声があがる。

「来てる？　どう？　見て！」

千草に怒鳴られるまま、サイドミラーですかさず後方を見やる。墨汁で塗り固めたような
夜の山道に円い明かりがふたつ、並列して浮かんでいるのが小さく見えた。

「ついてきてる！　って言うか飛ばすな！　死ぬぞ！」

ほとんど無我の境地で千草へ叫び返す。しかし、千草が私の言葉に反応したのは、末尾の「死ぬぞ！」ではなく、頭の「ついてきてる！」のほうだった。

車がさらに加速する。幾重にも織りなす「つ」の字のようなきつい曲り坂の連続にあって、千草はそれらをほぼ直角に曲がり、なおかつ全速力で下りながら、車を山から滑りおろした。

「どうよ！　まだ来てる？」

千草が叫ぶ。シートから身を乗りだし、リアウィンドウへ向き直る。

いた。まっすぐな田んぼ道の後方二十メートル辺りに、黒いセダンの両目が光っていた。

「いる！　どうすんですか、これ！」

「このままなんとかして撒《ま》く！　絶対うちの場所を知ら――」


ッッああああああああああああああああああああああああああああああああああああ！

突然、闇間を切り裂くような凄《すさ》まじい大絶叫が背後から轟《とどろ》き、私の耳と脳を震わせた。

ッッああああああああああああああああああああああああああああああああああああ！

「耳塞《ふさ》いで！　頭、おかしくなる！」

千草の怒声と脳天をびりびりと震わす衝撃の相乗効果に、ほとんど条件反射で両耳を塞ぐ。

ッッあああああああああああああああああああああああああああああああ！

そのまま後方を振り返り、リアウィンドウ越しに追手の様子を凝視する。

ハイビームの眩《まばゆ》い閃光《せんこう》に阻まれ仔細《しさい》まではうかがえなかったが、それでも運転席の窓から斜めに突き出た頭が、ぼんやりと確認できた。

「見なくていい！　多分見ているだけでもおかしくなる！」

千草に襟首をぐいと掴《つか》まれ、前方の田んぼ道に視線を引き戻される。

一瞬視界に浮きあがっただけだったが、それでも分かった。やはり間違いなく真也だった。運転席の窓から首を突きだし、大口を開けているのが見えた。あれが以前、私に宣《のたま》っていた〝声〟なのだと瞬時に察する。てっきりはったりかと思っていたのだが、そうではなかった。

あれはれっきとした凶器である。

「このまま一回、街のほうに行くから！　そこで完全に撒く！」

千草が言う街とは、私の自宅からも千草の自宅からも完全に逆方向に位置する市街である。

ただ、椚木の実家があるこの町からは、車でおよそ五分の隣町だった。

凄まじい勢いで千草が飛ばすため、たかだか二分たらずで車は市街地へ入った。

時刻は午後八時過ぎ。人気《ひとけ》のない田んぼ道と違い、両脇に雑多な店が軒を連ねる市街地の大通りには、まだ大勢の車が行き交っている。

サイドミラー越しにうしろを確認すると、真也の車は依然として追尾を続けていた。声はもう聞こえなくなっていたが、代わりに間隔が狭まりつつある。真也の車は、わたしたちの車から十メートルほど後方を、見えない糸で結ばれたようにぴたりとついてきていた。

アクセルをめいっぱい踏みこみ、千草は先行する車を次々と追い抜いていく。目の前を次々と掠《かす》めていくテールライトの群像が、私の目には死地に飛び交う人魂に見えた。

ほどなくして前方に四辻《よつつじ》の大きな交差点が現れた。信号を見ると、灯火がちょうど青から黄色に切り替わったところだった。

「真似しちゃダメですよッ！」

千草が叫ぶと同時に、車が交差点に向かって全速力で突進していく。交差点前の停止線を踏み越えた瞬間、信号が赤へと切り替わるのが確認できた。

交差点に進入するなり、路面を擦《こす》りつけるタイヤの音が鋭い絶叫を響かせ、耳をつんざく。同時に私の頭が千草の左肩にくっついた。車がぐん、と右へ大きく傾いたのだ。

ダッシュボードに両腕を突っ張りながら、首をあげる。

車はすでに交差点を滑り抜け、対向車線側を猛然と走り始めていた。

「これで多分撒ける。あとは念のため、しばらくめちゃくちゃに走り回るから」

　ほっとため息を漏らす千草の横顔に視線を向けたあと、助手席から振り返り、後方を見る。真也の車は赤信号になった交差点の停止線前で立ち往生していた。

　それをしっかり確認したのち、ようやく私も安堵《あんど》のため息を漏らす。


　その後、市街地を抜けた車は海岸線や住宅街の裏路地などを経て、一時間ほどかけて私の自宅へ到着した。

「今夜はごめん。完全にあたしの誤算だった。耳、だいじょうぶ？」

　頭がひどくぐらぐらしていたが、それでも私は「大丈夫」と答えを返した。

「だったらよかった。でも今夜はもう無理だね。明日《あした》。空いてるなら明日の夜にしない？」

「夜は大概空いていています。じゃあ、明日の七時にそちらへ伺うってことでどうですか？」

　提案すると千草は即座にうなずき、「美月の迎えがあるから」と大急ぎで車を発進させた。

　去り際、車中から覗《のぞ》く千草の顔は、なんだかさらにやつれて見えたような気がした。

　大丈夫だろうかと思いながらも、意想外の修羅場に見舞われ、私もかなりくたびれていた。そのまま寝室へ戻ると風呂《ふろ》にも入らず、布団に潜りこむなり、すぐさま深い眠りに落ちた。

　普段、恐ろしく寝つきの悪い私としては、それはとても珍しいことだった。

高つ鳥の災い　【平成十七年八月二十二日　午後九時】

あくる日から、私は熱をだして寝こんだ。

朝、目が覚めると全身がひどい悪寒に包まれ、頭がぐらぐらと揺れて視界が回った。熱を測ると三十九度もある。昨晩、千草の家を訪ねる約束はしていたが、とてもまともに歩けるような状態ではなかった。

約束を後日に引き延ばしてもらうため、布団の中から千草に電話をかける。ところが何度かけても、千草は電話にでなかった。私から着信が入っていたのが分かればそのうち折り返してくるだろうと思い、そのまま私は薬を飲んで眠りについた。

だが結局この日、千草から折り返し連絡がくることはついになかった。昨日の今日なので多少心配にもなったのだが、私の思考はそこで止まり、それ以上の感情は芽生えなかった。

翌日も千草からの連絡はなかった。熱は嘘のようにさがったが、頭のほうは相変わらず、脳が軟化でも起こしたかのように思考がうまくまとまらなかった。

夜の七時過ぎ、布団に潜りこんでいたところへ華原さんが訪ねてきた。出張仕事の帰りのその足で、依頼主の漁師から土産にもらった魚をお裾分《すそわ》けに来たのだという。

九時過ぎ、半分呆《ほう》けた頭のまま、仕事場で華原さんと談笑していたところへ電話が鳴った。

出ると、電話の相手は椚木昭代だった。

「死んだ娘の悪霊を祓《はら》ってほしいんです」

挨拶《あいさつ》を終えた直後、電話口の昭代は厳《いか》めしい声で、私にそう言った。

ほんの一瞬、昭代が〝悪霊〟と指した娘が誰のことなのか分からず、私は記憶を逍遥《しょうよう》した。

やがて該当する人物の顔と名前が浮かんだとたん、全身からへなへなと力が抜けていく。

「死んだ千草が、わたしを祟《たた》っているんです！　救《たす》けてください！」

振り絞るような声で発せられた昭代の言葉に、揺るぎない確信が生じる。

「……一体、何があったんですか？」

ようやくの思いで発せられた私の声は、ひどく震えて上擦っていた。

「千草が、わたしの枕元に立つんです……」

昭代も同じくひどくがたついた震え声で、これまでに至る経緯を切々と語り始めた。

昨日、八月二十一日の朝。

千草は自宅の居間で仰《あお》向《む》けになって死んでいるのを、付近の住人の手によって発見された。

早朝、自宅の門前ですすり泣いている美月の姿を不審に思った住人が、念のために自宅内を確認したことによる、比較的早期の発見だったという。

死因はくも膜下出血。死亡推定時刻は同日の深夜一時から二時の間。事件性はないものと断定され、遺体は即日、昭代の元へと返された。

葬儀の一切は千草の自宅ではなく、椚木の家で執りおこなわれることになった。

千草の遺体が椚木家の床の間に安置された、昨日の夜だったという。

「……娘がわたしの顔を見つめて、にやにや笑うんです」

深夜、昭代が寝室の布団で寝入っていると、ふいに肩口をぽんぽんと叩《たた》かれた。

この晩、椚木家には警察から身柄を引き受けた美月と、葬儀の手伝いのために菊枝さんが泊まりにきているだけだった。家には他に誰もいない。

隣に床を並べていた美月と思い、寝ぼけ眼《まなこ》を開いたとたん、ぎくりとなって凍りついた。

仰向けに寝ていた昭代の眼前に、逆さまになった千草の顔が覗きこんでいた。

千草はにやにやと厭《いや》らしい笑みを満面に浮かべ、無言のまま昭代の顔を眺めていたという。

驚きと恐怖に心を弾《はじ》かれ、すかさず飛び起きようと踏ん張ったが、身体は石のように固まり、すでにぴくりとも動かすことができなかった。

油断していたのだという。安心しきっていたのである。

迂闊《うかつ》に目を開けてしまったことを昭代は心底後悔する羽目になった。

つい二日前のこと、水谷さんが百合子の亡魂を祓った日の晩から、昭代の寝床に百合子が現れることはなくなったのだという。それですっかり気が緩んでいたのだと、昭代は語る。

親が潰《つぶ》れたかと思えば、今度は娘か——。

無言のまま、にやにやと笑い続ける千草の顔を逆さに仰ぎ見ているうちに、昭代の視界は霧がかかったようにぼやけ、やがて意識を失った。

「死んだ義母にこれまで散々苦しめられてきて、今度はそいつの娘に苦しめられるんです！千草はきっと今夜も化けて出てきます……。このままでは怖くて眠ることができません……。今すぐにでもお祓いをしに来てください！」

気がつけば電話口の向こうで涙声をあげる昭代の願いに、私はほとんどうわの空だった。

まだうまく、現実を現実として受け止められなかったのである。

千草がいなくなったという実感がまるで湧いてこなかった。同時に昭代から千草の訃《ふ》報《ほう》を知らされるまで、私は高鳥千草という存在そのものを完全に忘却してさえもいた。

どうして忘れていたのだろうと、今さらながらに思う。

蒼《あお》ざめながら、昭代の言葉を聞き続ける。

「それに千草、実は従弟《いとこ》のところにも化けて出たようなんです。わたしの義理の妹の息子で、千草と大して歳の変わらない甥《おい》がいるんですけれど、その子のところにも出てきたらしくて。今夜、お通夜の席でそれを知りまして、もう恥ずかしいやら情けないやら……」

従弟。義理の妹の息子。千草と同年代。

頭の中から引っ張りだした椚木家の家系図を照会すると、該当する人物はすぐに分かった。

――芹沢真也である。

「その子、小さい頃から霊感が強いらしいんです。わたしの身に起きていることを知ったら、今後の対応についていろいろと相談にも乗ってくれて」

ようやく思いだした。

千草が亡くなった八月二十一日の深夜。それはちょうど、椚木家の門前で待ち伏せていた真也の執拗《しつよう》な追跡をかわし、ほうほうの体で帰宅した、あの数時間後のことである。

「相談とは具体的にどんな？」

記憶が戻ると、頭もしだいに冴《さ》え始めてきた。同時に厭な予感もありありと浮かび始める。

「千草は悪霊になって椚木の一族を祟り始めたんだと言われました。このまま放っておくと取り返しのつかない事態になるから、早いうちに手を打つ必要があると」

果たして私の予感したとおりの返答だった。あのろくでもない大嘘つきが。

「その従弟、千草さんの自宅の所在地を尋ねてきませんでしたか？」

昭代に探りを入れてみる。

「……はい、訊《き》かれました。千草の悪霊が身をひそめているのはおそらく自宅のはずだから、直接現地に行って除霊をしないと、根本的な解決はできないと言われました」

ここまでは、ほぼ予想どおりの回答である。だが、本当に肝心なのはこの次の答えなのだ。

「――それで、その従弟に自宅の場所を教えたんですか？」

「いえ、まだです。その子もお祓いはできるそうですが、やはりこういうことは本職の方にお願いするのが筋かと思いまして。その子の申し出は今、保留にしているんです」

とりあえず安堵《あんど》の息を漏らす。しかし、まだ問題が解決したわけではなかった。

「……そうですか。では、ご依頼の承諾にあたってひとつだけ約束してください」

今現在、自分自身にできうる最大限の防護策を講じる。

「はい、なんでしょう？」

「私がそちらへ向かうまで、娘さんのお宅には絶対に行かないようにしてください。従弟のその子が私に先んじてお祓いをするのも、下見をするのも不可とします。素人が軽はずみに手をだしていい領域ではありません。今回の仕事に関しては、最初から最後まで本職の私に全て任せていただく。それが椚木さんのご依頼を引き受ける条件です」

よろしいですか？　と念を押すと、昭代は即座にこれを承諾した。

「分かりました、約束いたします。どうかよろしくお願いいたします」

「ありがとうございます。それではまた、改めてご連絡を差しあげます」

昭代がなぜ私に連絡をよこしたのかは、すぐに了解することができた。

同じ依頼を水谷さんに打診して、断られたのだろう。あの人はもう、椚木の家には絶対に関わらないと言っていたのだ。当然である。

あれから現状までの流れを鑑《かん》みても、それは実に懸命な判断だと思う。

私自身も好き好んで昭代の依頼を引き受けたわけではない。千草も死んでしまったのだし、本来ならばもう、栩木の家の問題からは一切合財手を引いてしまいたかった。

ただ、その千草の死という事実自体が、私のやる気を奮い立たせる要因にもなっていた。千草の〝本当の死因〟を、察してしまったからである。

栩木家の門前をふたりで訪れた一昨日《おととい》の晩――。

あの時、ハンドルを握っていた千草は、真也の絶叫を全てもろに浴びていた。別れ際には芯《しん》から疲弊しきったような異様な表情を、満面にありありと浮かべてもいた。

終始耳を塞《ふさ》いでいた私でさえも、昨日と今日はこの体たらくである。ならば千草があの晩、その身に受けた損傷とは、果たしていかばかりのものだったのか――。

確かに常識的に考えればこれは、実に馬鹿げた推察である。鼓膜を破かれたわけでもなし、生身の人間に叫びつけられたくらいで、人間ひとりが死に至るはずなどない。

これが通常ならば、私もきっとそのように判じたはずだし、そもそもこんな浮世離れした発想自体、頭に浮かぶことさえなかったはずなのだ。ただ、この今だけは違った。

この二日間、身をもって実感してきた頭の痛み具合が、私の理性を完全にしりぞけていた。だからこれは理性ではなく、本能による直感である。

あのガキが、千草を殺した。

至純の光とやら欲しさに、たったそれだけのくだらない理由で、人間ひとり殺しやがった。

そう思うともう、我慢がならなかった。

性根の歪《ゆが》んだあのクソガキを出し抜いて、ひと泡吹かせてやりたかった。真也に先んじて千草の家に乗りこみ、〝母様〟を処分してやるのだ。思う存分、臍《ほぞ》を噛《か》ませてやる。

それと等しく、昭代の愚鈍さにもはらわたが煮えくり返っていた。

千草が昭代に祟《たた》るわけなど、あるはずがないのだ――。

あんなにお母さん想いで、誰よりもお母さんを心配していて、椚木家に渦巻く災厄さえも全て一身に引き受けようとした、あの優しい千草が……お前に祟るわけなどないだろうに。

昭代の目も覚まさせてやりたかった。もう、何もかもたくさんだった。

今夜で全部、終わりにしてやる――。

「なんだ、仕事か？　だったら俺はお暇《いとま》するぞ」

声をかけられるまで、目の前にいた華原さんの存在をすっかり忘れていたことに気がつく。

同時になんという巡り合わせかとも思った。

彼ならばきっと、いい知恵を貸してくれる――。

思い立つなり私は、座卓の対面に座る華原さんの前に椚木家の家系図を広げた。

拝み屋の道理　【平成十七年八月二十二日　午後九時三十分】

「水谷の爺《じじい》もあっさり手ぇ引いたんだろ？　やめとけ、お前にゃ荷が重過ぎる」

家系図を元にこれまでの経緯を説明し終えてまもなく、華原さんは呆《あき》れた顔で私の意向を一蹴《いっしゅう》した。

「どうしてですか。人が死んでるんですよ？　このまま引きさがりたくありません」

「因果関係は？　その絶叫小僧がお姉ちゃんを殺した証拠は？　あ？　言ってみろ」

わざとらしく胡乱《うろん》な顔をこしらえ、華原さんが私の顔を覗《のぞ》きこむ。「直感ですよ」と私が答えると、華原さんは「あー、あー」と大きなうめき声を漏らした。

「前にも言ったろうが。本質を見誤んなって。拝み屋は仕事人じゃねえ。原因がなんであれ、依頼主がもう死んじまったんだ。その時点でもう仕事は終わりよ。頭冷やせ、バカ」

ぞんざいに言い放つなり、華原さんは卓上に置かれた麦茶をぐいぐいと呷《あお》った。

確かに華原さんの言うことは、筋がとおっていると思う。

元々の依頼人である千草はすでにこの世にいない。本来なら私の仕事はもう終わりである。悪霊と化した千草を祓《はら》ってほしいなどという昭代の依頼も、断れば済むだけの話なのだ。

確かに、頭に血がのぼっているのは自分でも承知していた。ただ、こんな助言が欲しくて私は華原さんに相談を持ちかけたのではない。加えてこちらの内情も察せずに、状況だけを俯瞰《ふかん》してあっさり「やめとけ」と言い放つ華原さんに、少々気分も害していた。

「そうですか。そういうふうに受けとられるんなら、仕方がありません。偉大な先達として、何かしら有益な助言のひとつでもいただけるのではと思って、ご意見を伺ってみたのですが、大して参考にはなりませんでした。自分で考えることにします」

駄々をこねるような嫌味を投げ返してやり、私は腰をあげかける。

「ほんとにガキだな、お前は。まあ、いいからもうちょっと聞けや」

私の顔をろくに見もせず、華原さんは片手をひらひらと縦に振りつつ私を制した。

「なんですか。時間がないんです。嫌味っぽい説教なら、もうたくさんですよ」

「アホ。説教なんかしてねえよ。〝偉大なる先達〟として、正しい拝み屋としての在り方をお前に教示してやってんだろうが」

悪びれるような素振りもなく、華原さんは私の嫌味を平然と嫌味で切り返した。

「なあ、拝み屋ってのは本来、地味な仕事だ。お前が普段手がけてる仕事を思いだしてみろ。家内安全に交通安全。安全祈願に合格祈願。地鎮祭に土地祓い、屋敷祓い。あとはなんだ？　せいぜい先祖供養にペット供養。それからしょぼい魔祓いとか、そんなもんだろう？」

確かにそのとおりだったので、渋々ながらもうなずく。

「けど、地味でいいんだ。拝み屋ってのは本来、そういう仕事だ。たまたま商売で扱うのが神だ仏だ霊だ運だと、そういう目に見えねえあやふやなもんばっかだから、うっかりするとテメエの立ち位置がどういうもんなのか、その本質を忘れちまうことがある」

華原さんの道理はいちいちごもっともではある。しかし、この逼迫《ひっぱく》した状況下においてはただただ焦《じ》れったいだけの話だった。だが、それでも彼の弁舌は止まらない。

「拝み屋ってのは言うなれば民間療法よ。気休めよ。まかり間違っても人知を超えた特別な存在なんかじゃねえし、そんな力もありゃしねえ。お前もせいぜい幽霊が視えるぐらいだろ。しょぼいったりゃありゃしねえ。そんなお前が、わけの分かんねえ生首だの絶叫小僧だのとどうやり合うんだよ？　だから言ってんだ、こいつはお前にゃ荷が重過ぎるって」

初め、飄々《ひょうひょう》としていたはずの華原さんの口調が、いつのまにか少し鋭いものになっていた。

「拝み屋を長く続けるコツってのはな、どうやって闘うかじゃねえ。どうやって逃げるかだ。さすが年の功よ、水谷の爺は懸命だ。やばい案件からは早々と手を引く。てめえにできねえことは絶対に手がけねえ。お前もこの仕事をこれから長く続ける気でいるんなら、覚えとけ。英雄になろうとするな。てめえの器を考えて動けるのが、本物の拝み屋ってもんだ」

声色は鋭いが、まるで必死に私を宥《なだ》めすかすかのような口ぶりだった。それにいつもより話がくどい。なんだか私を無理にでも引き留めようとしているような印象さえも感じられる。

じりじりしながら話を聞くも、華原さんの講釈はなおも止まることなく続いた。

「普段、しょぼい魔祓いだの生霊返しだのをやってると、自分にはすげえ力があるんだとか、ついついそういう勘違いをしちまうもんだ。けど、そういうもんの大半は依頼主の勘違いか、さもなくば思いこみだろ。よしんばホンモノだったとしても、きちんと手順どおりに拝めば、大半はなんとかなるもんだ。でもよ――」

そこで一旦《いったん》、間を置いたのち、華原さんはゆっくりとした口調でこう続けた。

「およそ一万分の一――さもなきゃ十万分の一ぐらいの確率で、俺ら拝み屋はとんでもない〝例外〟にぶち当たることがある。はっきり言うぞ？　今回のがそれだ」

断言するなり、華原さんは卓上に広げた家系図に人差し指をちょんと乗せた。

「俺が前に話した、早紀江ってお姉ちゃんがいただろ？　霊能者の親父を呪ったばっかりに、おふくろさんがとばっちりで死んじまったってやつ」

「ええ、覚えてます。その話がどうしたんです？」

突として家系図の上に乗せられた華原さんの指で、答えはもうすでに分かっていた。

華原さんの答えを待ちながら、心臓がばくばくと早鐘を打ちだす。

「早紀江の姓は椚木ってんだ。この家系図にもちゃんと名前が載ってる。インチキ霊能者の親父は、百合子の旦那《だんな》の二番目の弟。絶倫鬼畜だった鉄男爺さんの、すぐ下の弟になるな。

華原さんが指し示した箇所には、確かに早紀江の名前があった。その名前の上に引かれた線をたどっていくと、確かに華原さんの言葉どおり、椚木百合子の夫へと線が行き着いた。

「それでな、十日ぐらい前にこの早紀江がまたうちに来たんだわ。どんな用件だと思う？」

――親戚《しんせき》のガキに鼓膜を破られたんだとよ。

華原さんの放ったひと言に、全身に電流が流れるような震えが生じた。

「場所は早紀江の家の玄関口。買い物から帰ってきたところをあっというまだったらしいわ。でもあのガキ、パクられなかったぜ？　お前も知ってのとおり、相変わらず野放しよ」

驚くべきことに、この時は真也と一緒に母親の千恵子も同行していたのだという。

「騒ぎを聞きつけた親父がすっ飛んでくるなり、即示談よ。おふくろが土下座して金だしてたんまり積んだみてぇだな。ろくでなしの霊能親父もすんなり手を打ってしまったんだとよ。それで本人はまた頭にきちまって、俺に『親父を呪い殺してくれ』って泣きつきやがってな。断るのがもう大変だったわ」

言いながら華原さんの顔は若干、蒼《あお》ざめていた。

「な？　話がまたでかくなっちまったろ？　偶然だって言っても、ちょっと無理があるわな。仮にこれが偶然だとしても、それは信じられねぇような確率の偶然だ。だから多分、これは偶然なんかじゃねえ。お前、知らず知らずの間に搦《から》めとられちまったんだよ。このでっかい〝例外〟に。ばかりかお前のとばっちりで、俺までこうして巻きこまれちまった。この辺が潮時だ。これ以上関わると、命まで危なくなっちまう。だからやめろって言ってんだよ」

華原さんの言わんとしていることはよく分かった。全身を包む震えも止まらない。

私がこれから手がけようとしていることが、どれほど危ういことであるのかも了解できた。ただ、それでも――私の心は椚木の〝母様〟を処分することから離れなかった。

「すみません。それでも行ってきたいんです。高鳥千草のお祓いではなく、供養をしたいし、あの〝母様〟が芹沢真也の手にみすみす渡るのも我慢ができません」

ですからやはり行ってきます。言い終えるなり私は、すっくと立ちあがった。

「――お前、このまま行ったら多分、そのガキぶん殴るだろ？」

仕事用の着物に袖《そで》を通す私の背中に向かって、華原さんがため息混じりに声をかけた。

「そんなことはしませんよ。ただ行って供養して、母様を処分してくるだけです」

「証明は？　それをお前が絶対しないって証明はできんのか？」

「できませんよ、そんなもの。とにかくしないと言ったらしません。大丈夫です」

そんなことを言いながらも、本当は全く自信などなかった。あのガキの顔を頭の中で想像しただけで、殴り殺してやりたいという気持ちが私の胸中にぐらぐらとたぎっていた。

「信用できねえ。まったくもって信用できねえな」

私の胸中を見透かしたように、華原さんが言う。

「だったらどうしたらいいんですか？　証明なんてできませんし、俺は行きますよ」

「――お前が警察の厄介になんねえように、俺が監督してやる」

「なんですって？」

華原さんの意外なひと言に驚き、思わず振り返る。

「一緒に行ってやるよ。だけど依頼主から出る謝礼は俺の総取りだ。拝むのもまとめるのも俺が中心になってやるんだから、それぐらいは当たり前だろ？　この条件を吞《の》むんだったら、一緒に行ってやる。どうだ、乗るか？」

胸元にがっしりと腕を組みながら、華原さんがまっすぐに私の顔を見あげた。

「そんなに俺のことが信用できませんか？」

そうは言ったが、単なる形式的な返答である。内心はこのうえなく心強いと思っていた。

「ああ、信用できねえ。お前、ガキだから。それにな？　その〝母様〟の件だってそうよ。お前一体、どうやって処分する気なんだ？　なんか当てでもあんのか？」

改めてそのように問われると、完全に無策だったことに今さらながら気づかされる。

私は言葉に詰まり、無言になった。

「なんだよ、思ったとおりか。じゃあ、そっちも俺がなんとかしてやる。で、どうなんだ？俺も一緒に連れていくのか行かねえのか、さっさと決めろよ。ガキ」


それから数分後、私は助手席に華原さんを乗せ、千草の自宅へ向かって車を飛ばしていた。

仕事帰りに私の自宅へ立ち寄ったため、華原さんも仕事時の着物姿だったのも幸いだった。

私たちは華原さんの自宅に寄り道することなく、そのまま千草の家に向かうことができた。

華原さんの助言で、千草の自宅に我々が到着するまで昭代には連絡を入れないことにした。私たちが千草の家へ到着したのち、その場で連絡を入れる段取りにした。

「珍しいですね。今夜はどうしてこんなに面倒見がいいんです。やばい案件なんでしょう？　なんだか巻きこんだみたいで、申しわけなく思ってますよ、俺は」

ハンドルを握りながら華原さんに問うと、華原さんは「ま、いろいろあるがな」と答えた。

「その絶叫坊主のご尊顔をぜひに拝んでみたくなったのよ。早紀江の仇討《かたきう》ちってとこだわな。お前と一緒だ」

ひと泡吹かせてみたくなったのよ——。

助手席にもたれかかりながら、華原さんは「げははは」と下卑た笑い声をあげた。

その手には、古びた小ぶりな銅剣が握られている。華原さんが魔祓《まばら》いの儀式で使うという、全長三十センチほどの銅剣である。

「まあ、これでぶん殴ったりはしねえけどよ」

言いながら華原さんは腰帯の脇に銅剣を挟みこんで、ぽんぽんと叩《たた》いてみせた。

深闇に包まれた田舎道を突っ切り、車は一路、高鳥家に向かって猛然と突き進んでいく。

母様　【平成十七年八月二十二日　午後十時三十分】

千草の自宅前に車を停め、昭代の携帯電話に連絡を入れてさらに三十分後。

暗闇に押し包まれた住宅地の向こうから、二台の車が現れた。

一台目は白塗りの軽。そのうしろには、見覚えのある黒塗りのセダンが続いてきた。

軽から降りてきたのは、昭代。

黒塗りのセダンから出てきたのは案の定、真也と千恵子だった。

「こんな遅い時間に申しわけありません。今夜はなにとぞ、よろしくお願いします」

昭代が慇懃《いんぎん》に会釈する傍ら、背後に並んだ真也と千恵子は、まるで値踏みするかのような目つきで華原さんの姿をじろじろと眺めていた。

「あんた、郷内センセーの師匠かなんかっすか？　それにしちゃあ失礼かもしんないすけど、なんかみすぼらしい恰好《かっこう》っすね」

開口一番、牽制球《けんせいきゅう》といった調子で、さっそく真也が華原さんに暴言を吐く。

「すみませんね。儲《もう》かんない仕事なんすよ。なかなか一張羅を買い替える余裕もないんです。まあ、こう見えても腕は悪いほうじゃないんで、なりについてはご勘弁願います」

着物の両袖《りょうそで》をむささびのように広げ、華原さんがおどけてみせる。

華原さんが仕事用に着ているえんじ色の着物は、あちこちに綻《ほころ》びが生じた、確かに古くてみすぼらしい代物である。駆け出し三年目で、まだまだ仕立てて新しい私の着物姿と並ぶと、その経年ぶりが一際目立つ。だが、真也にどうのこうのと言われる筋合いもない。

「ふうん。口で言うなら誰でも言えますけどねえ。ま、お手並み拝見っすわ」

あからさまに人を小馬鹿にした口調で、真也は再度華原さんを挑発した。

その傍らに佇《たたず》む千恵子も、華原さんの姿を見ながら奇妙な薄笑いを浮かべるばかりである。もはや息子の暴言をたしなめることすらなく、完全に同調しているようだった。

しかし、当の華原さん本人はそんなものなど何処吹く風といった面持ちで、「へへへ」と笑いながら軽く受け流すだけだった。


昭代に鍵《かぎ》を開けてもらい、家の中へ通される。

その後は前置きもそこそこに、千草が亡くなっていた居間で華原さんの拝みが始まった。

仏壇はおろか、位牌《いはい》すらもない居間の座卓を経机に見立て、供養の経を淡々と誦《ず》する。

黙したまま傍らに座して経を聞くうち、様々な記憶が私の脳裏をよぎっては消えていった。

六月の初め、真夜中に初めて千草の家を訪れた時のこと。同じく六月の下旬、この居間で千草の口から「怪談」と称した奇妙な半生を聞かされた時のこと。

あの時よもや、こんな事態になるなど思いもよらぬことだった。

この居間にある座卓を挟んで、私に〝母様〟や椚木の家に関する情報を小出しにしてきた、あの日の千草の声や表情、身ぶり、手ぶり。その意味がもたらす何もかもを理解している今、彼女の願いをもっと早くに気づいてあげられなかったことに、私は心底後悔させられていた。

居ても立ってもいられず、華原さんの読経《どきょう》に合わせ、私も経を唱え始める。

「お母さん」と口にするたび、目元を嬉《うれ》しそうに綻ばせていた千草の顔。

娘の美月を指して「誰が親とか関係ないんだよ！」と叫んでいた千草の顔。

あの顔も、その顔も、とても素直で、まっすぐな想いの籠《こも》った顔だったと思う。

残酷だ。千草は自分に与えられた人生を、ひたすら必死に生きていただけなのに。

自身や娘の出生に関する複雑な生い立ちや、昭代から理不尽に疎まれることさえなければ、千草はきっと幸せに生きられていたはずなのだ。

倦《う》みつかれた昭代に「お母さん」と寄り添ってあげられる、親孝行な娘として。

そんな光景が脳裏に思い浮かぶと、否応《いやおう》なしに涙が溢《あふ》れて止まらなくなった。

同時に千草がなぜ、屋根裏の生首を「母様」と呼ぶのかも分かった。

千草がいちばん欲しかったのが、「母」だったからである。

無条件で自分のことを受け容《い》れて甘えさせてくれる、優しく寄り添って抱きしめてくれる、ただそれだけのごく当たり前の存在が、幼い頃からどんなものより欲しかっただけなのだ。

残酷だ。本当に残酷だ。産みの母も育ての母もそばにいたのに、それでも母という存在を欲しがり、母の愛情を渇望した千草の人生が、どこまでも哀れなものに思えてならなかった。

「おい！　お前ら何やってんだよ！」

背中に突然突き刺さった鋭い怒声に、はっと現実へ引き戻される。

同時に華原さんと私の読経もぴたりと止まる。

振り返ると真也がぬっと立ちあがり、私たちを憎々しげな眼差《まなざ》しで見おろしていた。

「お前らちょっと、何やってくれてんの？　それ、供養のお経じゃん。俺らが頼んでんのはお・祓・い。悪霊になった千草を祓ってほしいっつってんだけど？」

反射的に立ちあがって殴りつけてやろうとしたとたん、華原さんに襟首をむんずと摑《つか》まれ、床の上に引き戻された。

「黙ってろ、小僧」

ドスの利いた声で真也にひと声言い放つなり、華原さんは再び供養の経をあげ始める。

だが、それでも真也はしつこく嚙《か》みついてきた。

「そうかよ。分かった。もういいよ。そんなに言うなら俺が祓うわ。お前ら帰れ」

はあ、と大きなため息をつき、華原さんが面倒臭そうに真也のほうへ再び向き直る。

「あん、祓うだあ？　んなもん単なる建前だろう？　俺らはここで千草の供養してっからよ。いいからお前はさっさと、この家ん中から欲しいもん探しだせよ」

見つけられるもんならな――。

華原さんが目を剝《む》いて笑うと、真也も負けじと歯を剝いて笑った。

「あ？　何言ってんの？　俺はね、昭代おばさんが千草の霊に悩まされてるって聞いたから、わざわざこうして出張ってきてんの！　あんたらが偉そうな顔してしゃしゃり出てこなきゃ、別に俺ひとりでやってるっつってんだよ！」

「あっそ。まあいいや。勝手に吹いてろ、心霊小僧」

虚勢を張りだす真也に構わず、続いて華原さんは昭代に向けて語りかけた。

「まあそんなわけなんですよ、椚木さん。この坊ちゃんの言うとおり、私が今やってるのは娘さんのお祓いじゃなくて、実は供養なんです。すみませんねえ、ご要望に応《こた》えられなくて。で、あなたもやっぱり、死んだ娘が祟《たた》ってるんだとか、本気で考えてるわけですか？」

華原さんと真也のやりとりをはらはらしながら見ていた昭代は、華原さんから向けられた唐突な質問に怖《お》じ怖《お》じしつつも答えだす。

「……はい。だってあの娘、にやにや笑って恐ろしい顔をして、わたしの枕元に立つんです。姑《しゅうとめ》の時と同じです。わたしはもう、あんな恐ろしい思いをするのはたくさんなんです……。どうかお願いです。娘をきちんと祓ってください……」

「バカこの」

昭代の切々とした訴えをうっちゃるように、華原さんはひと言短く罵《ののし》った。

「それはなあ、『にやにや』じゃなくて『にこにこ』の間違いだろうが、このバカ親が！」

華原さんが突如発した怒声に、昭代は短く悲鳴をあげて身を引いた。

「あんた、自分の娘を見る目にずいぶん濃い色眼鏡を掛けてんだな。さもなきゃ、恐ろしく理不尽な先入観だ。大体おかしくねえか？　娘は小《ち》っちゃな頃から『お化けが見える』ってあんたに訴え続けてきたんだろ？　そんな話は『嘘つき』のひと言で突き放したくせによ？　なんだ？　この坊主がほざく『千草が悪霊と化しております！』なんて話は鵜呑《うの》みかよお？　おかしいじゃねえか。要するにあんた、ただ単に娘のことが嫌いなだけなんじゃねえか」

「俺が言ってることが嘘だって言うのかよ、この――」

「いいからてめえは黙ってろ！」

華原さんの発した凄《すさ》まじい怒声に、真也も言葉を止めて凍りついた。

「……娘が『にこにこ』って、どういう意味なんですか？」

昭代の質問に、私の口が勝手に開く。

「椚木さん。椚木さんがどんなに娘さんのことを嫌っていても、千草さんはあなたのことがずっと好きだったみたいですよ？　よく思い返してみてください。娘さんがあなたに心ない暴言を吐いたり、あなたに乱暴を働いたりしたことがありますか。私の推測に過ぎませんが、おそらく一度もないと思います。むしろあの人は、あなたに好かれたくって、甘えたくって、あなたに纏《まと》わりついてきたことのほうが多かったんじゃないですか？」

私の問いかけに昭代は答えない。否定も肯定もしなかった。

「そんな健気《けなげ》な娘さんです。だからその笑顔は、あなたを苦しめるためなんかじゃない」

あなたを慕い、あなたの身を案じてるからこその笑顔だと思います――。

私が独りごちるようにそう言うと、昭代の顔が呆《ほう》けたように弛緩《しかん》した。

「嘘だと思うなら、どうかもう一度、枕元に出てきた娘さんの顔を思いだしてみてください。きっと優しい顔だったたって、思いだせるはずです」

私の言葉が終わるのと同時に、華原さんが再び座卓の前に身体を向き直らせた。

そのまま昭代に背を向け、温和な口調で語りかける。

「確か明日《あした》は、娘さんの葬儀なんでしょ？　娘の葬儀の前夜に娘の魂を祓《はら》って滅ぼすなんて、そんなひどい母親がいますか？　まだ遅くはない。私は娘さんのために供養の経を唱えたい。あなたからのお願いだということにして。……お経、あげてもいいっすかね？」

つかのま沈黙したあと、昭代は涙声で「お願いします……」とつぶやいた。

「それはいいですねえ。これでやっと娘さんも浮かばれるってもんだ。歓《よろこ》ぶと思いますよ？すっかり遅くなっちまったけど、今までの人生で娘さんがいちばん欲しかったプレゼントだ。母親からの愛情。違いますかね？」

冗談めかした華原さんのひと言に、昭代は「わっ」と声をあげて泣き始めた。

「とんでもねえ茶番だよ、このインチキども」

そこへすかさず真也が口を挟んだ。

「なんだ。まだいたのかよ。さっきも言ったろ？　仕事の邪魔だ、黙ってろや」

「うっせーよ。何が供養だ。千草は確かに祟ってんだよ。適当なことほざいてんじゃねえ」

「まあなあ。確かにお前にだったら祟るかもしんねえわな。ところでお前、すげえ必殺技を持ってんだってな。名前はなんつうんだっけ？　ハリケーンボイスか？　ゴッドボイスか？　まあ、なんでもいいや。その声で俊樹と早紀江と千草以外に何人やったよ？」

「っせえな。がたがたほざいていると、お前にもやっちまうぞ。この間もやったばっかだよ。身内の女子高生。テスト不合格。でも関係ねえ。これで悪い芽がまたひとつ消えたから」

真也の吐いた「身内の女子高生」というひと言に思わずぎょっとなる。椚木家の家系図で女子高生に該当するのは、ひとりしかいないのである。

「……お前、その女子高生って、もしかして皆川さんとこの娘か？」

皆川家の娘・美緒は、六月の半ば、自宅の前庭に夜な夜な現れるという人狼に怯《おび》えていたあの少女である。

「おお、よく知ってますね。ビンゴ。何？　いろいろ嗅《か》ぎ回ってるんすか？　俺のこと」

「このガキ！」

発作的に拳《こぶし》が振りあがり、真也に向かって足を踏みだす。しかし、すんでのところで再び華原さんに襟首をつかまれ、私はその場に踏みとどまらされた。

「おーおー、おっかねえ。インチキの次は暴力っすか？　ほんとにあんた、クズなのな」

鼻先でせせら笑う真也を尻目《しりめ》に、華原さんが口を開く。

「クズはお前だろうが。簡単にボロ出しやがって。クズのうえにバカなのかお前？」

華原さんに引きだされた真也の言葉を聞いた昭代の顔色がみるみるうちに曇っていくのを、私は横目で確認していた。

今や昭代の真也を見る目は、完全に疑惑のそれにすり替わっている。信頼を取り戻すのはおそらく不可能だろう。まさにボロをだしてしまったのである。

華原さんの言葉どおり、馬鹿なのだと思う。

ただし、クズというよりはイカれているのだ。

六月に初めて会った際、こいつは「これから身内の若い世代でゴタゴタが起きる」などとほざいていた。なんのことはない、ゴタゴタを起こしているのは当の本人である。

だが、真也自身にその自覚はまるでない。おそらくこいつは、椚木の一族の若い世代から、自分と同じように〝母様〟ないしは〝至純の光〟を狙う者が現れると踏んでいるのだ。

馬鹿馬鹿しい話である。しかし馬鹿だからこそ、そんな妄想を信じきって動き回るのだし、イカれているからこそ、「仇《かたき》」と見做《みな》した標的を最悪の形で潰《つぶ》しにかかる。

加えてあの凄まじい大絶叫である。確かにこいつは妄執にとり憑《つ》かれた程度の低い男だが、それゆえに何をしでかすのか分からない末恐ろしい存在だと思った。

「大体だなあ、お前が『欲しい、欲しい』と喚《わめ》いて必死で探し回ってる青春の光だっけか？　あれだってなんの値打ちもねえ、クズじゃねえかよ？　お前がクズだからクズに惹《ひ》かれるって、そういう理屈か？　アホらしい。さっさと目ぇ覚まして真面目に就職活動しろや」

胡乱《うろん》な顔をこしらえ、華原さんがあけすけに真也をバカにしてみせる。

「うるせえ！　貧乏臭《くせ》え拝み屋なんぞにあれの素晴らしさが分かって堪《たま》るかよ。お前なんか、目にしただけで頭おかしくなっちゃうぜ？　軽々しくほざいてんじゃねえ」

「そうかあ？　そんなにやばいもんなのか、それ。そうかそうか。そんなに言うならじゃあちょっとためしてみっか」

ぼりぼりと頭を掻《か》き毟《むし》りながら、華原さんが腰帯からおもむろに銅剣を引き抜く。続いて居間から台所へ続く引き戸を開けると、戸を開け放ったまま台所の中へと入っていった。

「お前が探してんのって、これだろ？」

言いながら台所の床にしゃがみこみ、床面に設《しつら》えられた貯蔵用の蓋《ふた》をぱかりと開ける。

それは六月四日の深夜、私が初めて千草の家を訪ねた折、頭上で白い人魂が回転するなか、美月がしゃがみこんでいた、まさにその場所だった。

「おお、あったあった。多分、これなんだろうなあ」

ほくほく顔で床下の穴に片手を突っこみ、華原さんが何やら黒い塊を持ちあげた。

それがなんなのか分かった瞬間、わたしの心臓がざらりとなって凍りつく。

華原さんが床下から摑《つか》みあげたのは、異様に髪の長い少女の生首だった。

それは私がよく知っている——。というよりは、知っていることを心から消し去りたいと願ってやまない、この世ならざるある少女の生首だった。

少女の首は私と目が合うなり、両目を皿のようにかっと大きく見開き、大仰に笑った。

それは、千草が語っていた〝母様〟の相貌《そうぼう》とは、まるで異なるものだった。

千草の推察が正しいのであれば、〝母様〟は見る者によってその容姿を変える存在である。千草には多分、理想の母たる美しい女性の顔に見え、真也には光り輝く宝石に、百合子には黄金色に輝く仮面のようなものに見えていたと聞かされている。

いずれも当人たちが心から欲するものや、美しいと思えるだろうものばかりである。

ならば〝母様〟がこんなものに見える私は、なんなのだ。

私がこんなものを、欲しているというのか。私が欲しいと思うのは、こんなものなのか。

こんなもの、私はいらない——。

しかし少女の首は華原さんの手の中で、それでも私に向かってにたにたと笑いかけてくる。

「あああああ！　それそれそれ！　それだ！　こっちによこせよ、馬鹿野郎！」

凍りつく私の傍らをすり抜け、真也が華原さんの許《もと》へ猛然とした勢いで駆け寄った。

「何が『それそれ』だ、バカタレ。こんなもんはなあ、こうしてくれるわ」

呆《あき》れ顔でつぶやくなり、華原さんが手にした生首をぱっと頭上へと放り投げた。

次の瞬間、落下してきた生首めがけて、手にした銅剣を両手で思いっきり振りかぶる。

銅剣は生首の後頭部を的確に捉《とら》え、そのまま私たちの間を掠《かす》めて居間の壁へと激突した。

とたんにがらがらと乾いた音が居間じゅうに鳴り響く。

驚きながら生首の落下した床の上に視線を向けると、そこには何かの骨とおぼしき破片が、粉々に砕け散って散乱していた。

「てんめえええええええええええええええええ！」

一瞬、呆然《ぼうぜん》としていた真也がはっと我に返り、胸元にすっと空気を充塡《じゅうてん》した。

あれをやる気だ。

瞬時に察した私は、すかさず真也に飛びかかる。

「邪魔だ、オラア！」

しかし、真也の身体に組みつくその直前、真也が繰りだした鉄拳《てっけん》を鼻面に喰らってしまい、私はその場にどっかと尻《しり》もちをついた。

「ああこれ、正当防衛な」

鼻先を突き抜ける激痛に顔を歪《ゆが》ませていたところへ、華原さんが私の目の前を風のようにすり抜けていく。頭上を見あげた次の瞬間には、渾身《こんしん》の力をこめた華原さんの拳が、真也の頰にめりこんでいるところだった。

拳をもろに浴びた真也は、そのまま居間の壁まで紙のように吹っ飛んでいった。

「真也くぅん！」

千恵子が悲鳴をあげて、居間の壁際に倒れこんだ真也の元へと駆け寄る。

同時に華原さんも真也へ向かってずかずかと歩み寄っていく。

私もどうにかよろよろと立ちあがり、華原さんのあとに続いた。

「くそ、くそ、くそ……。お前ら、呪われろ。呪われちまえ、馬鹿野郎……」

私たちの顔を見あげ、真也は性懲りもなくわけの分からない印《いん》のようなものを切り始めた。

しかし、その顔は恐怖と絶望ですっかり色を失い、怯えきっていた。

「呪いは衝動でやるもんじゃねえ。クールにやるもんだ。お前の呪いなんざ効くかよ」

真也の目の前に華原さんがしゃがみこむと、真也はさらに顔をひきつらせ、ぼろぼろと大粒の涙をこぼし始めた。視界の端に違和感を覚えて目を向けると、真也の股間《こかん》から生暖かい小便がしとどに噴きだしていた。

「もう何もしねえよ。正当防衛だって言ったろうが。……けどな小僧、よーく聞いとけよ」

華原さんの声が一際低く、たっぷりとドスを利かせる。

「今度会ったら殺すぞ」

ぎろりと目を剝《む》き、真也の鼻先まで顔を近づけ、華原さんがぼそりとつぶやいた。

とたんに真也は弾《はじ》かれたように飛び起きると、獣のような叫び声をあげながら玄関口から外へと飛びだしていった。その背中を千恵子もあたふたしながら追っていく。

「さて。これで邪魔者はいなくなったな。椚木さん、ちょっとお騒がせしてしまいましたが、娘さんの供養、続けさせてもらってもいいですかね？」

突然の修羅場に昭代もすっかり顔色を失っていたが、それでも昭代は一呼吸整えたのち、「お願いします」と頭をさげた。


それから華原さんとふたりで、千草のために改めて供養の経を誦《しょう》した。

私は真也に殴られた鼻がじんじんと痛く、経を唱えるのに大層難渋させられた。

無事に供養が終わると、それからしばらく昭代と話をした。

今まで昭代の知ることのなかった〝母様〟の話を始め、千草がどれほど昭代のことを想い、その愛情に焦がれ続けてきたのかを、ありのままにとうとうと語って聞かせた。

およそ突拍子もない話だったにもかかわらず、それでも私が全てを語り終えると、昭代は泣きながら「明日《あした》の葬儀はあの娘の母として、優しく送りだしてあげます」と答えてくれた。

ただひとつだけ、再三悩んだ末に美月の出生の真相に関してだけは伏すことにした。

誰が父親であろうと関係ないと千草は私に言った。彼女の意向を尊重することにしたのだ。

美月はこの晩、実家へ手伝いに来ていた菊枝さんとふたりで留守番をしているのだという。

孫としてかわいがってあげてくださいねと、私がお願いすると、昭代は「娘の忘形見だと肝に銘じて大事に育てます」と応《こた》え、さらに目頭を熱くさせた。

門前で昭代に別れの挨拶《あいさつ》を済ませ、車を走らせる頃にはすでに日付を大きく跨《また》いでいた。時計を見ると、もうそろそろ二時である。

「よお、牛丼おごれや」

車が市街地に入ってまもなくした時だった。道端で仄《ほの》かに輝くオレンジ色のポール看板にぎらぎらと目を光らせながら、華原さんが私に言った。

今宵の個人的なお礼にと思い、私はふたつ返事で牛丼屋の前へ車を停めた。

「結局、母様ってなんだったたんですかね?」

閑散とした店内のカウンター席に並んで座り、華原さんに尋ねた。

「何ってお前? ただの動物の骨だろ、あんなもん」

特盛に生玉子をふたつも落とし入れた牛丼を頬張りながら、事も無げに華原さんが返す。

「確かに華原さんが叩《たた》き壊したあとにはそうでしたよ。ただ、その前までの状態は、俺にはそうは見えませんでした。華原さんも本当は何か見たんじゃないんですか?」

あの一瞬、この目でしかと見た忌まわしい少女の生首を思いだし、首筋に再び鳥肌が立つ。

だが、華原さんの返答は意外なほどにあっけないものだった。

「そんなもん見えるわけねえだろ、アホ。ただの骨だってての」

いかにも興味なさげに答えると、再び牛丼に顔を戻す。しかし私は、納得がいかなかった。

「嘘ですよ。十万分の一の例外とか、人を脅かしたくせに。あれは一体なんなんですか？」

はあ、と呆れたため息をつきながら、華原さんが私の顔を覗《のぞ》きこむ。

「ま、いろいろと曰《いわ》く因縁《いんねん》のある骨なんだろうけどよ。そんなもんは仕事が無事に終われば気にするようなことじゃねえ。いつまでもうじうじくだらねえこと言ってねえで、とっとと忘れろや。大体だな、俺が前に言ったこと、忘れてんぞ。謎を解くのが拝み屋じゃねえんだ。なんならもういっぺん覗いてみろ。どう見たってただの骨なんだよ、あんなもんは」

言い終えるなり、華原さんは黙々と牛丼を掻《か》きこんだ。


母様とおぼしき骨はあの後、ゴミ袋に詰めこんで千草の家から回収していた。

牛丼屋を出たあと、私と華原さんはそれを、地元の川の橋の上から投棄した。

逆さまにしたゴミ袋の口から暗い川面へ向かって落下していくそれは、やはりどう見ても何かの動物の骨のようにしか見えなかった。

自宅へ戻ると華原さんに丁重に礼を述べ、門口を出ていく華原さんのボロ車を見送った。

とんでもない一夜だったが、華原さんがいてくれたおかげでどうにか事は全て丸く収まり、私は安堵《あんど》のため息を深々と漏らす。

布団に入ると眠気を催すのもあっというまで、私はただちに深い眠りへと落ちた。

畜仕《けものたお》し罪【平成十七年八月二十三日】

翌朝の午後一時過ぎ。恋さんからの電話で、私は目を覚ました。

電話を受け、寝ぼけた頭で恋さんの話を聞くうち、私はみるみる色を失っていった。

華原さんが、亡くなったのだという。

そのまま信じられない心境で華原さんの家へとただちに車を飛ばした。

「どうか間違いであってほしい」という願いと「あの人はもうこの世にいないんだ」という予感がざわざわと心中で交錯し、蒼《あお》ざめながらハンドルを握る私の心は千々に乱れた。

華原さんの自宅へたどり着くと、玄関戸の前に宇治衛門がいた。

普段なら私が近づくどころか、門口に車が入ってきただけで逃げだすようなこの臆病《おくびょう》者が、この日に限って玄関前にちょこんと座り、玄関口を見つめたまま、その場を動く気配がない。

尋常ならざる狸の様子が、私の心に生まれた冷たい予感をさらに大きく膨らませた。

「いらっしゃい。ありがとう。さあ、入って」

玄関を叩くと、すぐに恋さんが出てきて私を奥の座敷へと招き入れてくれた。

赤々と泣き腫《は》らした恋さんの目を見ただけで、もう嘘という答えはないだろうと確信した。

家内の奥座敷は、華原さんの仕事部屋として使われていた部屋だった。床の間には自前の簡素な設《しつら》えの祭壇がつつましく設けられている。

そして――。

部屋のまんなかには布団の中で眠ったように固まる、華原さんの姿が確かにあった。

それは私にとって何よりも見たくない光景であり、認めたくもない光景だった。

その場にどっかと身を伏し、声をあげてしばらく泣き崩れたあと、わななく声で恋さんに「何があったんですか？」と尋ねた。

「昨夜遅く、『心瞳に牛丼おごってもらった』なんて言いながら、あの人帰ってきたの」

さらさらと清水のような涙を頬筋に伝わせ、だがその顔には柔和な笑みを浮かばせながら、恋さんはゆっくりと語り始めた。

帰宅後、華原さんはまもなく、仕事部屋に布団を敷くよう恋さんに頼んだのだという。

最初は酔って冗談でも言っているのかと思ったのだが、華原さんはシラフだった。

言われるままに布団を敷いてあげると、華原さんは寝間着に着替えて布団の中に潜りこみ、そのまましばらく恋さんのお酌で横になったまま酒を呑《の》んだ。

それからふたりは、馴《な》れ初《そ》めの頃から今へと至るまでの話を、互いに記憶をたどりながら細々と交わし合ったのだという。

華原さんは柄にもなく「今まで辛《つら》かったか？」「悪かったな」などと恋さんに頭をさげた。

「やめてよ、気持ち悪い」

そんな言葉を投げ返す恋さんの目からは、なぜだか意味も分からず、そのうち勝手に涙がこぼれ始めた。

「今晩何かあったの？」という恋さんの問いかけに、華原さんはついぞ答えなかったという。

代わりに彼は恋さんにこんなことを頼んだ。

「俺の銅剣、心瞳にやってくれや。俺はもういらねえから、あいつにやる」

「うん、分かった。約束するね」

泣きながら答えた恋さんの胸中には、この時もうすでにある種の覚悟が湧いていた。

それからしだいに華原さんの言葉が、ぽつりぽつりと少なくなっていった。

話す声も弱々しく、瞳の輝きもなんだかひどく虚《うつ》ろなものになっていった。

「まだまだ話したいこと、いっぱいあるのよ」

泣きながら恋さんが訴えると、「じゃあ寝るまでもう少しだけな」と笑って、華原さんは他愛のない話に力なく応じた。

やがてすっかり日が昇り、時刻が六時を回る頃だったという。

「じゃあ、おやすみ」

短い言葉を最後に、華原さんは本当にゆったりと眠るようにして逝ったのだという。

華原さんが逝った理由はすぐに分かった。

やめとけ、お前にゃ荷が重過ぎる――。

華原さんが昨晩吐いた言葉の意味が、今さらながらようやく分かり、絶望する。

凄まじい悔恨と自責の念に駆られ、胸が張り裂けそうだった。半ば冗談めかしながらも、千草の家に同行してくれた時に垣間《かいま》見た華原さんの物腰や立ち振る舞い、帰りの牛丼屋で交わした何気ない言葉のひとつひとつが、私の心を次々と貫いては苦しめた。

巻きこんでしまったからだ、私が。身代わりになったのだ、私の。

私が殺したようなものだ。私が殺したんだ。私が殺してしまった。

何が「ただの骨だ」と思い、再び涙が堰《せき》を切って溢《あふ》れる。「ただの骨」ではないからこそ、華原さんは重い腰をあげたのだ。自身の軽はずみな行動に、決断に、つくづく嫌気が差した。

華原さんの身に何が起きたのか、恋さんに話す義務があると私は感じた。何もかも話して恋さんに恨まれ、憎まれ、罵《ののし》られるのが、私にできる唯一の贖罪《しょくざい》だと思った。

しかし、口を開きかけた私を、恋さんはまるで子供をあやすかのようにそっと制した。

「あの人だって何にも話してくれなかったんだから、別に知りたくない。知ってしまうとさ、それも含めてあの人の『最期の思い出』になっちゃうじゃない？　だからそんなのはいいの。それよりもちゃんと受け取って。見た目は古いけど、それでもあの人の形見なんだから」

涙顔に凜《りん》とした笑みを浮かべながら、恋さんは祭壇に置かれた銅剣を私にすっと手渡した。初めて手に取るそれは、思ったよりも軽く、驚くほど私の手に馴染《なじ》むものだった。

それから恋さんに乞《こ》われ、わたしは華原さんの遺体を前に枕経をあげた。

葬儀はろくに貯えもないのでおこなわず、火葬だけにするのだと恋さんは言った。

「これからどうするんですか？」と尋ねると、「焼いてもらって骨になったら、骨を抱えて地元に帰る」と恋さんは答えた。

元々、身寄りを当てに移り住んだ土地でもないので、名残はないと恋さんは笑った。

火葬を終えた数日後、恋さんは華原さんの遺骨を抱いて故郷の中越地方へ帰っていった。

私は新幹線のホームまで付き添い、ふたりの姿が線路の彼方《かなた》に見えなくなるまで、深々と頭をさげて見送った。

結局、最後の最後まで恋さんは私を責めることがなかった。それどころか、憔悴《しょうすい》しきった私を優しい言葉で気遣い、にこにこと笑いかけてくれるのがつらかった。

おそらく、もう二度と会うこともないだろう。思い得ると、ひどく心が寂しくなった。

同時にもうひとつ。

華原さんたちと過ごしたこのわずか一年半が、自分にとってどれほどかけがえのないものだったのかに気づかされ、心にぽっかり大きな穴が開いたようだった。

それからさらに半年ほどが過ぎた、翌年の二月半ばのことだった。

昼過ぎに仕事場で呆然《ぼうぜん》としていたところへ電話が鳴った。

出ると相手は、昭代だった。

しばらくぶりに聞く昭代の声は、以前、水谷さんの仕事場や千草の自宅で対面した時とは打って変わって、とても穏やかで優しい声音に変わっていた。

「お元気でしたか？」と尋ねると、「おかげさまで」と明るい答えが返ってきた。

千草の百箇日を終えてまもなく、昭代は椚木の屋敷を手放したのだという。

いろいろと思いだしたくない思い出の詰まった屋敷でもあったし、これから「ふたりで」長く暮らしていくには、あまりにも広過ぎるというのが、主たる理由だった。

昭代はあの後、美月を引き取り、今は街場の小さなアパートで暮らしているのだという。

そろそろ五歳を迎える美月はとても愛らしく、近頃はだんだん千草に顔つきが似てきたと、昭代は弾んだ声で私に語った。

加えて、自分の孫という以上に娘であると思って美月を育てていると、昭代は力強い声で語ってもくれた。

幸いにも椚木の家が残した不動産をはじめとした財産が潤沢にあるため、生活そのものは特に困窮することなく、美月をこれから育てていくうえでの前途に心配はないのだという。

ただ、最近になって少しだけ気がかりなことがある。

それでわざわざ私に連絡をよこしたのだと、少し重い声音で昭代は語った。

どのようなことかと尋ねてみると、昭代自身の件ではなく、美月に関する相談だった。

何事が起きたのかと思い、とたんに少し身が強張《こわば》る。

緊張しながら受話器を耳に押し当てていると、重々しい口ぶりで昭代が語り始めた。

「美月、最近になって時々、千草の姿が見えるっていうんです。わたし、あの娘がなんだかまだ迷っているんじゃないかと、少し心配になってしまって……」

緊迫を孕《はら》んだ昭代の声に反して、私の口からは「ふう」と拍子の抜けたため息が漏れた。

「なるほど、そうですか。昭代さんには見えないんですか？　千草さん」

「じかに姿を見ることはもうなくなりました。でも、時々夢に出てくることはあります」

「そうですか。夢の中で千草さん、どんな顔をしています？」

「笑っています。にこにこ笑って、わたしに縋《すが》りついてくるんです。寂しいんでしょうか？」

夢の中であの娘、しきりにわたしに甘えてくるんですよ」

どこまで鈍感な母親なのかと思う。しかし、私はその返答に心底救われた気持ちにもなる。

「それはきっと、迷っているんじゃないんですよ。これまでお母さんに甘えられなかった分、今になって思いっきり甘えているんです。どうぞ、気の済むまで甘えさせてあげてください。お願いします」

私が応《こた》えると電話口の向こうで、やおら昭代のすすり泣く声が聞こえ始めた。

さらにその背後では「祖母《ばあ》ちゃん、だいじょーぶ？」と言う美月の声も聞こえてくる。

「美月ちゃん、そこにいるんですか。ちょっと代わってもらえますか？」

昭代から電話を受けとり、美月が「もしもし？」と不思議そうな声で囁《ささや》く。

「こんにちは。ねえ、ママは美月ちゃんにいつも、どんな顔をしているの？」

美月はつかのま、「うーん……」と言葉を探したあと、それから明るく弾んだ大きな声で、

「ママねえ！　太陽みたいにいっつもぽかぽか！　笑ってるの！」と答えた。

「そっか。じゃあ、美月ちゃんはいつでもぽかぽか、ママに暖かくしてもらってるんだね」

語りかけると、美月は「うん！」と答えて、電話口の向こうで無邪気な笑い声をあげた。

それを受けて、ようやく今件の一切が収まったのだと確信することができた。

千草も昭代も、末永く優しいお母さんでありますように。

仲のいい母娘でありますように。

祭壇に線香を立てると、私は椚木の母たちの幸せを願って、静かにそっと手を合わせた。

己《おの》が母犯せる罪　【平成二十四年三月某日】

千草と華原さんの逝去から七年後、東日本大震災から半年後の九月。

私は三十路《みそじ》を過ぎて、かねてより交際中だった妻と結婚した。住まいは実家からほど近い、山の麓《ふもと》に佇《たたず》む古びた一軒家。そこを借り受け、夫婦でささやかな営みを始めていた。


目まぐるしい新婚生活の熱気もそろそろ引き始めてきた、年明けの二月下旬のことだった。

ある朝を境に私は突然、四十度近い発熱に見舞われ、数ヶ月間、床に臥《ふ》せることになった。

くわしい経緯と発熱の原因については前作『拝み屋郷内　怪談始末』のほうに著述したため、仔細《しさい》は省くことにする。

原因不明の発熱からひと月余りが経過し、身も心もすっかり消耗しきったある日のこと。

妻と実家の母に付き添われ、私は市内の総合病院へ赴いた。

診察後、医師からの指示でCT検査を受けることになり、院内奥にある検査室前の薄暗い廊下へと移動する。妻と母は待合ロビーに向かったため、私は独り、廊下の壁際に置かれた長椅子に横たわり、検査の順番を待っていた。

長椅子に貼られた黒い合皮に片耳を押し当てると、火照った頭が少しだけひんやりとして、わずかに気分が安らぐ。朦朧《もうろう》とした意識の中、身じろぎを繰り返しながら長椅子の冷たさに身を預けているさなか、ふいに頭上へ影が差した。

看護師かと思い、病み疲れた頭をゆっくりと持ちあげる。

真也だった。

「久しぶりっすね。しっかしまあ、ざまあねえかっこうだな、おい」

胸元に悠然と腕を組みながら真也は私を見おろし、にやにやと下卑た笑みを浮かべていた。

最後に顔を見たのは、華原さんとふたりで千草の自宅へ出向いた夜のことだった。

あれからすでに七年。

当時、二十一歳だった真也の姿はそれなりに大人びたものへと変わっていたが、高飛車な態度と高圧的な口調は相変わらずで、むしろますます拍車がかかったように感じられた。

「お前なんかに関係ない。具合が悪いんだ。とっとと消え失《う》せろ」

精一杯、語気を強めて牽制《けんせい》する。だが、熱のせいで声に力が入らず、私の声はもごもごと口の中で虚《むな》しく蠢《うごめ》いただけだった。

「そんなかっこうで凄《すご》んでんじゃねえよ、バーカ」

言いながら真也は、長椅子に伸ばしていた私の両脚を片手で薙《な》ぎ払《はら》うように振り落とし、傍らにどっかと腰をおろした。

「あの貧乏くさい拝み屋、死んだんっしょ？　てめえの身に余るようなことをするからだよ。大口叩《たた》いてた割にしょっぱい散りざまでしたねえ。ははは。だっせえ」

「……華原さんのことか？」

満面をくしゃくしゃにしてせせら笑う真也に、うっすらと殺意を覚えた。華原さんの死を侮辱されたことが私の逆鱗《げきりん》に触れていた。できれば今すぐにでも起きあがって、このガキの喉笛《のどぶえ》を食いちぎってやりたかった。ただ、身体は全く力が入らない。

「うん。あのオッサンのことっす。いちいち言わせんなよ、めんどくせえ。で、なんすか？　この流れはあれかな？　ようやく郷内センセーの順番が回ってきたっていう感じっすかね？　本当にだらしねえ先輩たちだなあ。そんなんでよく俺に説教なんかできたもんすよ」

「お前なんぞ、後輩にもった覚えもないがね」

はあはあと胸で荒い息をしながら重たい頭を再び持ちあげ、真也の顔を睨《ね》めつける。

「んあ？　あんたが認知していようがしてまいが、んなのぁどうだっていいんだよ。俺はね、わざわざ筋をとおして、あんたらを〝先輩〟って呼んでやったんだよ。このタコが」

「……何が言いたいんだ、お前？」

「俺もねえ、やってんすよ。拝み屋」

こいつの顔を見た瞬間からもっとも聞きたくなかったひと言が、真也の口から嬉《うれ》しそうにこぼれ落ちた。背筋から血の気がすっと引く。

「あんたらに邪魔されて〝至純の光〟は手に入んなかったけど、あれはあれでもういいや。あれから俺もさらに技を磨きましてね。独力でめっちゃくちゃ強くなりましたよ」

あんたらなんかよりも、はるかにずっと。

鼻筋に小じわを寄せながら、真也は「くっく」と声を立ててほくそ笑んだ。

思ったとおり、真也の頭の中は私が想像した以上でも以下でもなく、どんぴしゃりだった。技がどうだの、力が強くなっただの、相変わらずこのガキは拝み屋という生業《なりわい》の本質を全く理解できていない。

「あ。信じてねえの？　それとも嫉妬《しっと》っすか？　ははは、まあいいや。俺ね、去年の震災も予言して、ぴたりと当ててんすよ。もう客が詰めかけて押し寄せて、今超忙しいんすよ」

軽はずみに口を開けば開くほど、ボロが出てくる。

地震の予知など、全く拝み屋の領分ではない。おそらく客を相手にしていても一事が万事、このような調子なのだろうと容易に察しがついた。大方、ちゃちなパフォーマンスと与太話をひけらかして、無垢《むく》な客から金を巻きあげているのだろうと思った。

「まあ、この勢いでガンッガンやっていきますよ、ガンッガン。俺も息子を養う身なんでね。グダグダしてるヒマなんかないんすよ」

真也の唐突な告白に虚を突かれ、思わず鼻から息が漏れる。

「結婚したのかお前……。だったらなおさら、バカなことはやめろ」

「結婚？　いや、してないすよ。産ませただけっす。別にどうでもいいっしょ、そんなこと。父親は父親っすよ。責任は変わんないし、俺には〝育てる〟権利もあるんです」

〝育てる〟の語気が、わずかに強まったのを私は聞き逃さなかった。何か、よからぬことを企《たくら》んでいる。そう思わせるだけの不穏な響きが、このガキの語気にはあった。

母親は誰なんだ。問いかけようとしたところではっとなり、私は言葉を喉《のど》に引っこめた。

「まあ、育てるって言っても、物理的な作業は俺の仕事じゃないんすけどね。俺は精神面というか、思想面の担当。あとはまあ……〝力〟の開発っすね」

母親が誰であるのか、目に浮かんで了解できたからだ。

口にすることはおろか、想像することすら忌まわしく、ひたすらおぞましい事実。

あの年。あの夏。あの日。真也の手を握り締める手と、熱っぽい視線と甘ったるい声音で「わたしもあの子を全力で癒してあげたい」と囁いていた真也の母親。芹沢千恵子。

考えまいと努めても、ふしだらな情景が厭《いや》でも脳裏に立ちのぼり、私は吐き気を催した。

「今はまずまず順調っすけど、でもこんなもんじゃないっすよ。これから俺はもっとずっと、あんたらが及びもしないような高みを目指します」

——お前が向かおうとしているのは高みではない。深みだ。

「俺ら伸びしろ半端じゃないからね。王子ともども、いずれこの国を。いや、世界までをね、救うだけの存在になってみせますよ」

とろりと潤んだ目を陶然と輝かせ、真也はわけの分からない繰り言を吐き連ねた。

——世界を救う前に、まず自分を救え。

朦朧《もうろう》とする意識に、高熱の影響で白熱球のように火照る頭の灼熱感《しやくねつ》。加えて真也の口から次々と発せられる浮世離れした言葉の不快感に、私はこのまま失神してしまいそうだった。

「あれ、そういえば郷内センセーも結婚したんだっけ？　どうも、おめでとうございまーす。ねえねえ、郷内センセーもクソみたいなガキ生まれたら、うちの王子と対決させましょうよ。〝世代を超えた因縁〟みたいな感じで。結婚して引越したんっしょ？　場所分かってますし、もしまた引越しても、かならず突きとめてやりますから。楽しみにしてな」

逃げられないから、お前。

清々《さやさや》と笑っていた真也の目だけがぎょろりと丸く見開かれ、私をひたと睨み据えた。

ぞっとして全身の皮膚が粟立《あわだ》った。こいつは、私の何もかもを知っている。

迂闊《うかつ》だったのである。二年前に商用サイトをインターネットに立ちあげ、ブログに近況を掲載していた。己の軽率な行動を今さらながら心底後悔させられる羽目になる。

「もういいから、とっとと消え失せろ」

「なんすか、それ？　おお、怖《こえ》ぇ……。でも言っとくけどあんた今、完璧《かんぺき》に無防備だよな？　下手に喧嘩《けんか》なんか売っていいのかね」

わざとらしく上体を仰《の》け反《ぞ》らせる仕草をしてみせたあと、真也はさらにこうつけ加えた。

「……俺の力、知ってるでしょ？　あんまりなめた口利いてると、やっちゃいますよ？」

言葉を聞いた瞬間、喉元《のどもと》がぐっと鳴る。

例の〝声〟を思いだしたのだ。今こいつにそんなことをされたら、鼓膜が破れるどころか、外傷性ショックで死ぬのではないかと戦慄《せんりつ》した。

「……やってみろ。すぐに看護師がすっ飛んできて、次は警察だ。傷害罪でブタ箱入りだな。やれよ。やれるもんならやってみろ、このクソ頭」

目いっぱいの虚勢を必死に織り交ぜながら、それをおこなうことへのリスクを警告する。

ところが真也のほうは顔色ひとつ変えるでもなく、平然《へいぜん》とした様子で私を見据えている。

「バカだな、あんた。俺の話、ちゃんと聞いてなかったろう？」

私の耳元へ真也が唇を近寄せる。とっさに顔を背けようとしたが、消耗しきった身体にはもうそんな力など、すでに一片も残されていなかった。

「あれから技を磨いたって言ったろうが。声なんか出さなくても、お前ぐらい簡単にやれる。要するに、そういうことっす」

私の首筋を、氷のように冷ややかな真也の右手がぐいと押さえつける。

「熱、死ぬまで下がんないようにしてやるよ」

首筋に巻かれた真也の指が、気道をふさぐように深々と皮膚の中へ食いこむのが分かった。

どくどくと脈打つ血流の不快感と一緒に、意識が少しずつ遠のいていくのが感じられる。

視界が白々と霞《かす》みながら狭まり始め、続いて網膜の端々に焼け焦げたフィルムを思わせる黒い点がぶつぶつと浮かびあがる。

ようやくの思いで頭上を仰げば、ぎらぎらとした笑みを満面に浮かべた真也の顔があった。

ああ、死ぬ。

確信しかけたその時だった。

「今度会ったら、殺すっつったろ」

薄暗い廊下の向こうからドスの利いた男の声が、低く木霊《こだま》した。

首筋の皮膚ごしに、真也の右手がびくりと痙攣《けいれん》するのが伝わる。

見れば、真也は廊下の奥を振り向き、両眉《りょうまゆ》をハの字にさげて怯《おび》えた顔をしている。

続いて首筋をつかんでいた右手がぱっと離れる。

「まあいいや……。どうせ放っておいても死ぬっしょ。じゃあ俺……もう行くわ」

あんまり調子に乗ってんじゃねえぞ。

わななく唇で捨て台詞《ぜりふ》を吐きだすと、真也はわだわだと縺《もつ》れる足で私の前から姿を消した。

狼狽《ろうばい》しながら廊下の奥へ走り去っていくその背を悄然《しょうぜん》と目で追い、安堵《あんど》のため息を漏らす。

気づけばいつのまにか口の中がからからに干あがっていた。口内でごろごろと舌を転がし、唾液《だえき》を湧かせて応急的に潤わせる。

あいつ、急に血相を変えてどうしやがった。

気息奄々《きそくえんえん》のまま、どうにか上体を持ちあげ、廊下の向こうに視線を凝らす。

瞬間。

T字に分かれた廊下の曲がり角に、えんじ色の着物の裾《すそ》が消えていくのが一瞬見えた。

——ような気がした。

それを受けて、思わず口から「へへへ」と、かすれた笑い声が漏れる。

見間違いだったのかもしれない。あるいは目の錯覚だったのかもしれない。

でも、それでも私は別にどうでもよかった。

「また面倒かけましたね……。すみません」

ぽつりと小さく独りごちたあと、長椅子のうしろの壁にどっと身を投げだす。

それからしばらくの間、発熱の苦しさも忘れ、私はひとりで馬鹿みたいに笑い続けた。

平成二十四年三月二十日。

ちょうど、春の彼岸の入りの日のことだった。

花嫁の家、あるいは生き人形の家

介在

嫁いだ花嫁がかならず死ぬ——。

私がその依頼を受けたのは、東日本大震災のおよそ一年前。

平成二十二年春、東北《とうほく》の桜も徐々に蕾《つぼみ》を開き始めた、四月初めのことだった。

依頼主は二十代後半の専業主婦。名を霞《かすみ》さんという。

電話口で彼女から聞かされた相談の概要と大まかな依頼内容は、以下のとおりである。


昨年の十一月、霞さんはとある旧家の長男に嫁いだ。地元では二十代以上も血脈を連ねる大変古い家柄だそうである。

ところがこの家では代々、嫁いだ花嫁が祟《たた》りによってかならず死ぬという報いを受ける。

花嫁が死に至るまでの年数や死因については、かならずしも一定ではない。病気や事故の場合もあるし、突然死や自殺なども含まれる。

しかし嫁いでからどんなに長くとも、三年以内には確実に死ぬ——。

この不文律だけは絶対なのだという。

花嫁が命を落とすまでの年月に子を成し、からくも次の代へと血を繋《つな》げられた代もある。しかし子を授かる前に花嫁が死に至り、やむなく後妻を迎え、子を繋いだ代も多いという。ただしその後妻もまた例外ではない。前妻同様、三年以内には鬼籍の人と成り果てている。

結婚前の交際時期。

霞さんは比較的早い段階で、現夫にこの話を聞かされた。

話が話なだけに、当人からは何度も何度も嫁入りを反対されたのだという。

夫の母も、年若くして死んでいる。祖母も父を産み落としてまもなく、同じく年若くして死んでいる。その前の曾祖母《そうそぼ》もまた、同じなのだという。

みんな死んでいる。だからお前も、どうなるか分からない。とてもとても心配で堪《たま》らない。

このままいっそ、ずっと恋人のままでいるのはどうだろう？

そのほうが自分も安心できる。お前には死んでほしくない。

過度に心配する夫の心情を理解しつつ、しかしそれでも霞さんは、自ら婚約を申しでた。

彼の子供が欲しかったという思いもあったし、何より彼を愛していた。恋人などではなく、彼の妻として添い遂げたいという気持ちが、霞さんの心中で強く勝った。

祟りなんか関係ない。そんなのは怖くない。ふたりで一緒に乗り越えよう。だからお願い。

わたしをお嫁にしてください――。

霞さんの並々ならぬ決意に、彼もとうとう気持ちを固めた。

　ふたりで覚悟を決めたのち、結婚前に方々の神社仏閣を訪ね歩き、ありとあらゆる除災をおこなった。結婚後も高名な霊能者や祈禱師《きとう》などを次々と自宅に招いては、延命祈願を始め、花嫁の命を守るための加持《かじ》祈禱が、数え切れぬほどに執りおこなわれた。

　けれども――。嫁いでようやく、夫の警告した意味が理解できたのだという。

　手応《てごた》えを感じない。実感が沸かない。予断を許さない。

　拝まれれば拝まれるほど、祓《はら》われれば祓われるほど、日増しに恐怖と焦りばかりが募る。安心の代わりに不安が肥大し、身を削《そ》がれるような感覚にひたすら暗鬱《あんうつ》とさせられる。

　自分はもう大丈夫だという確信を、どうしても得ることができないのだという。

　夫の警告は間違いではなかったと、今さらながらに実感しています。

　私の覚悟と判断が甘かったのだと、今さらながら痛感もしています。

　これから先、無事で生きていけるという確信がどうしても持てません。

　自分はやはり、このまま三年以内に死んでしまうのかもしれません。

　夫も婚家の家族も、私の安否を心配しながら日々を過ごしています。

　そろそろ身も心もほとほと疲れ果てました。限界です。怖いんです。

　ですからお願いします――どうかわたしを救《たす》けてください。

　電話口の向こうで霞さんは、切々とした口調で私に訴えた。

　語り口こそ明瞭《めいりょう》だったが、か細く弱々とした声音には疲弊の色がありありとうかがえる。

続けて霞さんは是非一度、そちらのほうへお伺いしたいと、当方への来訪を申しでた。稼業である。

断る理由はなかった。

しかし、概要を聞くだけでもおよそ一筋縄ではいきそうにない、厄介そうな案件だった。現にこれまで何人もの同業が今件に介在したにもかかわらず、結果はこの体たらくである。先方の現状を鑑《かんが》みるに、彼らはいずれも目に見える成果を何ひとつとしてあげられていない。

こうした事実が、私をすでに及び腰にさせていた。

半端な対応では解決どころか、かえって逆効果にさえなりうる。やるならば一挙手一投足、全てにおいて慎重にならざるを得ない、非常に繊細な案件だと直感もしていた。

加えて供養になるのか、祈願になるのか、祓いになるのか。

——あるいは、依頼そのものを辞退することになるものなのか。

その方針を固めるうえでの判断材料も、現状ではまだまだ手持ちが少な過ぎた。

いちばんてっとり早いのは、私自身が現地の様子をこの目で確認することだと判じる。件《くだん》の花嫁がかならず死ぬという屋敷の実地検分をベースに、まずはこれまでの経緯を精査。そのうえで依頼の継続の可否までも含め、然《しか》るべき対応を考えるのである。

結局、霞さんと相談の末、私自身が現地へと赴き、さらにくわしい話を伺う運びとなった。

数日後の昼。県内某所の寂れた漁師町に、私はいた。

霞さんが嫁いだ旧家は、家名を海上《うなかみ》という。

屋敷は海岸線を眼前に仰ぐこぢんまりとした集落の間に、埋もれるように佇《たたず》んでいた。

一見すると平屋建ての古びた小さな日本家屋だが、柱や玄関戸、瓦《かわら》屋根の凝った意匠など、屋敷の構えは素人目にもそれと分かるほど、旧家の名に恥じぬ立派なこしらえである。

前庭に車を停めると、玄関口から華奢《きゃしゃ》な身体つきをした若い女性が半身を覗《のぞ》かせた。

年代や家族構成から察して、おそらくあの人が霞さんだろうと判じる。

車外へ降り立つと、海風に運ばれてきた磯の香りが鼻腔《びこう》を軽くくすぐった。

「こんにちは。海上霞と申します。今日はお忙しいところ、本当にありがとうございます」

ぱたぱたと私の元へと駆け寄りながら、霞さんが私に挨拶《あいさつ》を述べる。

応じるべく視線を霞さんのほうへと向けたとたん、水を浴びせられたようにぞっとした。

微笑を浮かべる霞さんの右肩に、女の首が浮かんで私をじっと見つめていた。

顔じゅうが黄土色に変色して皺々《しわしわ》に干乾《ひから》びた、まるでミイラのような面相の女だった。

乾いた女の首は純白の綿帽子にすっぽりと包《くる》まれ、白い生地の縁からは、ほつれた黒髪がぞろりと太い束になって溢れだし、霞さんの肩に掛かってばさばさと揺れている。

この家と因縁浅からぬ、死んだ花嫁なのだろうか。

そんなことを思いながら、決して目を合わせぬよう、女の顔へと恐る恐る視線を投じる。

顔は干乾びていたが、目と歯はしっとりとした水気を帯び、ぬらぬらと濡《ぬ》れ光っていた。細かなひび割れの生じた上唇はわずかに捲《めく》れあがり、微笑を浮かべているようにも見える。ただしそれは、単に唇が微笑の相をなしているだけであり、笑っているのでは決してない。乾いた女の相貌《そうぼう》には喜怒哀楽はおろか、生の温《ぬく》もりすらも感じとることができなかった。女の視線は、私をとらえて離さなかった。女はただただ無言で、私の両目を射抜くようにじっとまっすぐに見つめている。

「どうかされましたか？」

怪訝《けげん》な顔で小首をかしげる霞さんのひと言に、ようやくはっとなって我に返る。

「いえ、なんでもありません」

努めて冷静を装い、私は霞さんに軽く会釈した。

「今日はどうぞよろしくお願いします」

そう言って霞さんも頭をさげると、私を家内へと招き入れた。

霞さんが玄関口へ背を向けても女の首は向きを変えることなく、霞さんの肩口から無言で私の顔を見つめたままだった。

海上家の敷居の前に立つ。昼だというのに、家の中はとても冥々《めいめい》としている。

その先へ一歩足を踏みだすという行為が、なぜだかとてつもなく躊躇《ためら》われた。

実地検分。現状を精査。然るべき対応……。

気持ちが大きくぐらついた。まるで船酔いのような感覚を覚える。

一度中へ入れば、もう部外者ではいられなくなる。

警報めいた耳鳴りが脳幹を突き刺し、とたんに足元がぐらぐらとおぼつかなくなった。

背後では海岸線の白波が飛沫《しぶき》をあげて砕ける波音が、どうどうと絶え間なく木霊《こだま》している。

帰りたかった。今ならきっと引き返すことができる。

「どうぞ」

霞さんに促され、それでも私は海上家の敷居を跨《また》いだ。

背後で玄関戸がぴしゃりと閉まる。

同時に波の音も完全に掻《か》き消えた。

これで私は介在者。もうおそらく、此度《こたび》の件から逃げだすことはできない。

そんな予感を、ひしひしと覚えた。

因果

古い時代にさらわれてきた、花嫁の祟《たた》りなのです——。

重々しい語調で私にそう告げたのは、霞さんの義父・海上忠文《ただふみ》氏だった。

十二畳敷きの広々とした海上家の茶の間に、同家三代の家督が肩を並べて会している。

義父の忠文氏。その息子で、霞さんの夫でもある雅文《まさふみ》さん。そして祖父の克己《かつみ》氏。

嫁の霞さんを含めると、現在の海上家は四人家族という構成になる。

ただし一家の女手は、霞さんただひとり。義母も祖母も曾祖母も、先代までの連れ合いはもうすでに誰ひとりとして、この家にはいない。

原因は言わずもがな、今しがた忠文氏が語った花嫁の祟りによるものである。

茶の間は薄暗い。南側に面した大きな掃き出し窓があるというのに、それでもなお薄暗い。

前庭に陽の光を遮るものは何もない。背の低い黒松が数本と、小さな池があるだけである。

陽が入らぬから冥《くら》いのでない。家自体が内から陰気を放っているから、冥いのだ。

「くわしくお話をお聞かせいただけますでしょうか？」

私が先を促すと、忠文氏は傍らに置いていた過去帳を私の前へと差しだした。

経年劣化で黒い表紙もすっかり色褪《いろあ》せ、角もぼろぼろに擦り切れた古びた過去帳である。

「ご覧ください」

忠文氏に勧められるまま過去帳を紐解《ひもと》き、中身を検《あらた》める。

正直なところ、当初は単なる思いこみだろうと勘繰っていた節も、ないわけではなかった。

同じ家系の人間が続けて何人も亡くなるという事例は、実はそれほど珍しいことではない。

癌などの難病による病死、あるいは事故や自殺など。全く同じ死因で一代のうちに何人もの身内が亡くなる事例など、世間を少し見渡せばいくらでも出てくるのである。

またそれが、一族の何代にもわたって断続的に続くケースもある。

加えて、死因は様々であっても、短い歳月の間に身内が続けて亡くなるという話もザラだ。その原因を単なる偶然に求めるか、それとも目には見えない何かに求めるか。事実自体は同じであっても解釈ひとつで印象も対応も、問題そのものも全く異質なものとなる。

祟りとは、思いこみから生じるケースがほぼその大半に当たる。

というのが私の持論だった。

たまたま何代か前まで新妻が立て続けに亡くなっていること。過去にも同じような年頃で死んでいる花嫁が何名か、過去帳の中にも散見されること。

それらを〝祟り〟という言葉で結んだ結果、過度に花嫁の死を恐れるという現在の流れができあがっただけではないのか？　そんな推察も、なかったわけではない。

霞さんの肩口に浮かぶ花嫁の首と、この過去帳を見るまでは。

先日、霞さんから電話口で説明されたとおりだった。

紛《まご》うことなく過去十数代にもわたって、海上家に嫁いだ花嫁はことごとく死に絶えていた。

昭和五十六年七月某日。享年二十二。交通事故にて死亡。

先代・忠文氏の妻であり雅文さんの母——霞さんの義母に当たる女性を最新の記録として、過去帳は歴代の花嫁たちの死を連綿と書き連ねていた。


昭和三十二年某月某日。享年二十。克己の後妻。水死。

昭和三十年某月某日。享年二十一。克己の妻。自殺。

昭和六年某月某日。享年二十四。公篤《きみあつ》の妻。病死。

明治四十年某月某日。享年二十一。某の妻。病死。

明治十一年某月某日。享年十九。某の妻。病死。

文久《ぶんきゅう》、天保《てんぽう》、文政《ぶんせい》、享和《きょうわ》、天明《てんめい》、明和《めいわ》、安永《あんえい》、宝暦《ほうれき》……。


赤茶けた紙面に薄ぼけた筆字で書き記された、うら若き花嫁たちの累々たる死の系譜。

紙面には過去十五代、実に二十二名にも及ぶ花嫁たちの命日と享年が、おおまかな死因とともに記載されていた。

過去帳に記載されたもっとも古い記録は、享保《きょうほう》時代に十七歳で逝った花嫁のものだった。

「享保に亡くなったこの古い方は、祟りの元凶ではないようです」

突然雅文さんに声をかけられ、思わずびくりと肩が持ちあがった。

いつのまにか過去帳に目を奪われ、周囲の音が全く聞こえていなかったことに気づく。

「伝聞や郷土史などから知りうる限り、海上家は享保の時代よりも以前から続いております。昔は土地の豪商だったらしく、土地屋敷もこの家を起点にもっと大きかったようです」

雅文さんの弁舌を、今度は忠文氏が継ぐ。

「菩《ぼ》提寺《だいじ》が火事で焼け、保管されていた以前の過去帳はその際に消失したと聞いております。今ここにある過去帳は明治の頃、残された記録を元に再度書き直されたものだそうです」

忠文氏は続ける。

「代々我が家に伝わる話によりますと大昔、商家として羽振りを利かせていた頃だそうです。当家の初代か、もしくはその何代か先の者なのか……。とにかく海上家の古い家督がある時、沖合いに浮かぶ小さな島から、若い娘を嫁に迎え入れました」

〝小さな島〟とは、私もよく知る県内の沖合いに浮かぶ孤島だったが、島名はあえて伏せる。若い娘とは、厳密には〝花嫁〟であったという。要するにこうなのだ。

小さな島の漁師の家に嫁いだばかりの花嫁を、当時の海上家当主が見初め、嫁に奪った。

――おそらくは金と権力に飽かせた、甚だ強引な手段を用いて。

だからこそ忠文氏は先刻、私にこう告げたのである。〝さらわれてきた〟花嫁の祟りだと。

「島から連れて来られた娘は百と八晩泣き崩れ、終《しま》いにはとうとう神経をやられたそうです。ある晩、屋敷を抜けだし海に飛びこんだままそれっきり。遺体はあがらず、生き延びたのか死んだのか、それすらも分からなかったようですが、故郷の島の嫁ぎ先に戻った様子もなく、結局は死んだということになったようです」

それから数年後、当時の海上家当主は新たな娘を後妻として迎え入れた。

それからなのだという。

「後妻も同じく神経をやられ、早々と亡くなり、その後に迎えた花嫁も同じだったそうです。この頃から海へと身を投げた花嫁の祟りではないかという話が、一族から噴出したようです。その後、果たして不幸中の幸いと言ってよいものか……三番目に迎えた嫁との間に海上家はようやくひとり、子を授かりました。このようにして、辛くも海上家の血は継がれたのです。しかし、祟りはそれで終わりませんでした」

先日、霞さんが電話口で述べた祟りの話へと、その因果は連なっていく。

次の代も、その次の代も、そのまた次の代も――。

それは延々と不文律のように繰り返される。

「これまでの代、この家を継ぐため、一体何人の女が死んでいったのか、想像もつきません。私の連れ合いも、嫁いで二年で世を去りました」

そう言って忠文氏は深々とため息をつき、小さく肩を竦《すく》めた。

「俺も最初の女房と後妻のふたりを亡くしております。本当になんという因果だろう」

今まで押し黙っていた克己氏も、沈痛な面持ちでぽつりとつぶやく。

「それでも嫁をもらい、家名を存続していくこの家は、罪深い家なのでしょうか？」

忠文氏の問いに私は返答に窮した。二の句を継げずにいると、雅文さんが再び口を開いた。

「私はそうは思いません。確かに当家の先祖はかつて、人としてあるまじきことをしました。それについては否定はしません。でも、これが今の世に至っても、当時の所業を記録でしか知らないような代に至っても、この祟りは甘んじて受けるべきことなのでしょうか？」

罰というなら、もう十分過ぎるほどの罰を、我が家は受け続けてきたはずです。

雅文さんの言葉に、忠文氏と克己氏も無言で深くうなずいた。

「もういいでしょう。お袋も祖母《ばあ》ちゃんも曾祖母《ひいばあ》ちゃんも、みんな犠牲になってきたんです。もうたくさんです。これ以上は――霞だけは絶対に死なせたくありません」

半ば興奮気味に言いきると、雅文さんは眉根《まゆね》を寄せ、隣に座る霞さんへ視線を向けた。

それにつられて私も、霞さんの顔へ視線を移す。

長らく続く不安と焦燥の毎日に幾分陰りは見られるものの、それでも大層綺麗《きれい》な人だった。

乳白色の透き通るように輝く細面。肌質はきめ細かく滑らかで、その面貌《めんぼう》には染みや黒子《ほくろ》、吹き出物の一点すら見受けられない。

胸元まで伸びた黒髪は肩口でゆったりと束ねられ、その髪色の落ち着いた黒みがより一層、肌色の儚《はかな》い白さを引き立てているように感じられた。

それに目がとても印象的な人だった。虹彩《こうさい》が青みがかった紺色をしていて、光線の加減で時折、深みをたたえた藍色《あいいろ》のようにも見える。

初見の際は、カラーコンタクトでも着用しているのかと思ったのだが、確信はなかった。虹彩の模様や質感がとても瑞々《みずみず》しく、人工的な印象を感じとることができなかったのだ。

あるいはどこか、異国の血でも引いているのだろうか？

なんとなくそのようにも考えたのだが、それらしき特徴は瞳《ひとみ》以外に何ひとつ見当たらない。面立ちはあくまでも日本人の、それも飛び抜けて美しい日本女性のそれであり、瞳ばかりがただただ仄《ほの》かに蒼《あお》く、深海に沈んだ宝石のように時折、目の中で小さく輝くのだった。

然様《さよう》に美しく魅力的な女性だったが、私は霞さんの顔を直視し続けることができなかった。綿帽子を被《かぶ》った生首は、なおも執拗《しつよう》に霞さんの肩口へ居座り続けていたからである。

反吐《へど》を拭《ぬぐ》ってくしゃくしゃに丸めたかのような、白と茶色の干乾《ひから》びたおぞましき物体。

——あるいは祟《たた》りの元凶。

首はまるで私の一挙手一投足を監視するかのように、ぷかぷかと上下にたゆたっている。

ふとした弾みに再び首と目が合ってしまい、私は慌てて雅文さんの顔へと視線を戻した。

「これまでに何か、この家でおかしなものを視たり感じたりしたことはありませんか？」

一応、本職とはいえ、部外者の私にもこんなものが易々《やすやす》と視えているのだ。当事者である彼らも何かを視たり体験したりしている可能性は、十分過ぎるほどあると考えられた。

さらに言うならば、そうした異様な事象を感知しているからこそ先日、霞さんは電話口であれほどまでに憔悴《しょうすい》しきった声音を出していたのではないか？

そのように考えての質問だった。

「お化けを見たり、妙な気配を感じるとか、そういうことは今も昔も全くないです」

海上家の面々がひとしきり顔を見合わせたあと、忠文氏が代表して答えた。

「ただね、妙なことがひとつだけ、あるにはあるんです」

「どんなことでしょうか？」

「私の嫁の時も、親父の代の時も、こんなことはなかったと記憶してるんですけどね。嫁が時々、妙な夢を見るって言うんですよ」

言いながら忠文氏が、霞さんのほうへ視線を向けた。

「どんな夢でしょう？　よろしかったら、くわしく聞かせていただけませんか？」

生首となるべく視線を合わさないよう気をつけながら、霞さんの顔を覗《のぞ》きこむ。

今後、どのような対応をすることになるにせよ、とにかく今は少しでも情報が欲しかった。

「白無垢《しろむく》を着た、花嫁の夢なんです——」

霞さんは訥々《とつとつ》とした口調で、奇妙な夢の話を語り始めた。

禍《まが》夢《ゆめ》

結婚後、まもなくからだそうである。

およそ月に二度から三度の割合で、霞さんは奇妙な夢を繰り返し見続けていた。

夢の中で霞さんは、どこかの砂浜に独りで佇《たたず》んでいる。

夢なので、場所は杳《よう》として知れない。

もしかしたら自宅の眼前に広がる砂浜かもしれないし、昔の記憶に残る砂浜かもしれない。あるいはそもそも夢なのだから、端《はな》からこの世に存在などしない、自己の空想が生みだした架空の砂浜なのかもしれない。

空は陰気な鈍色《にびいろ》をじくじくと滲《にじ》ませた分厚い雨雲に覆われ、一面どんよりと曇っている。

眼前では砂浜に打ちつけられた白波が、どうどうと激しい潮騒《しおさい》を轟《とどろ》かせている。

海もまた冥《くら》い。淀《よど》んだ空の色を吸ってひた黒く濁り、混沌《こんとん》とした荒波を逆巻かせている。

砂浜には身を切り裂くような冷たい颶風《ぐふう》が絶え間なく吹き荒《すさ》び、足元の砂塵《さじん》をぱらぱらと掬《すく》うようにさらっては、至るところにつむじを描いて舞わせている。

周囲に人影は全く見当たらない。霞さんは陰気な浜辺に孤立無援で立ち尽くしている。

とても寒くて寂しかった。所在もなく、冷たい砂の上に座りこんで、じっと寒さに耐える。

するとそのうち、荒れ狂う波間のはるか彼方《かなた》に、何かがちらちらと見え隠れし始める。

目を凝らしてよく見ると、それは白無垢姿の花嫁だった。

花嫁は宙に浮き、うねる波の上を滑るようにして、霞さんの元へまっすぐに接近して来る。

白粉《おしろい》を塗った純白の細面にはたおやかな笑み。両の腕には黄金色に輝く稲穂を抱えている。

やがて霞さんの眼前まで音もなくたどり着いた花嫁は、霞さんに向かって微笑を浮かべた。

なんだか安心した霞さんも、思わずゆったりとした心地で花嫁に笑いかける。

花嫁は微笑を浮かべたまま、腕に抱えた稲穂の束を、霞さんの眼前へそっと差しだした。

困惑しながらも霞さんは稲穂を受け取る。

とたんに一転、周囲が明るくなった。

鈍色の雲が掻《か》き消え、穏やかな陽光の降りそそぐ紺碧《こんぺき》の青天が、頭上に開いたのだった。

天から射しこむ陽光が眩《まぶ》しく、霞さんは堪《たま》らず目を細める。

同時に空一面から神楽《かぐら》のような、雅楽のような、古式ゆかしい音色が盛大に鳴り響く。

篳篥《ひちりき》、竜笛《りゅうてき》、笙《しょう》。三管と呼ばれる管楽器の雅《みやび》な調べに乗って琵琶《びわ》の旋律や鈴、太鼓の音が、
まるでこの青天の霹靂《へきれき》を寿《ことほ》ぐかのように、賑々《にぎにぎ》しく空から響き始めた。

音は耳に優しく、聴いていると胸のつかえも寂しさも、厭《いや》なことの何もかもを忘れさせた。

陽射しも潮風も暖かく、凍えた身体に陽が染みこむと、寒さも不安もたちまち消え失《う》せた。

歓喜の吐息を漏らす霞さんを一瞥《いちべつ》すると、花嫁は目を細め、再び満足そうに微笑んだ。

と、突然。

はるか沖合いのほうで、どん！　と何かが弾《はじ》ける凄《すさ》まじい爆音が木霊《こだま》した。

驚いて沖のほうを見やると、波間の彼方から何かとてつもなく大きな物体が白飛沫《しろしぶき》をあげ、こちらへ向かって押し寄せてくるのが目に映る。

視界に収まりきらないほど、それはあまりにも巨大な存在だった。

黒い壁のようなもの。海を埋め尽くすほど大きな鯨のような生物。海坊主のような妖《あや》かし。印象ばかりが頭の中でぐるぐると渦を巻き、まるで正体が測れない。

神楽のような雅楽のような調べは、なおも盛大に空の上から流れ続けている。

慄《おのの》くうちに波打ち際のあちこちから一斉に、ばしゃばしゃと小さな水飛沫があがり始めた。

見ると、数え切れないほどの魚が狂ったように水面を飛び跳ねていた。

怖いのだ。あれが。逃げようとしているのだ。あれから。

わたしも逃げなくては。

はっとなって踵《きびす》を返そうとした瞬間、手首をぐっと摑《つか》まれた。

振り向くと花嫁が霞さんの手首を固く握り、笑みを浮かべて頭《かぶり》を振っていた。

放してください！

叫んだつもりが、声は少しも出なかった。

花嫁の顔からすっと笑みが引く。眼差《まなざ》しが氷のように冷たくなった。

とたんに恐ろしくなる。

轟々《ごうごう》と地響きのような大音響が、もうすぐそばまで近づいてきている。

顔をあげて再び海を見やると、目の前にもはや海はなく、黒い壁のようなものが霞さんの視界いっぱいを埋め尽くしていた。

あはははは。

花嫁の笑い声が、耳元で囁《ささや》くように木霊した。

そこで毎回はっとなって目が覚めるのだという。

「夢は夢ですから、それ以外に特別何か、変わったことが起きるわけではないんです」

けれども――と再び霞さんは続ける。

「その夢がすごく生々しくてわたし、怖いんです。嫁いだばかりは祟りなんか迷信だろうと勘繰っていた部分も正直なところ、心のどこかにはありました」

……でも、それはやっぱり間違いだったんです。

「日に日に怖くなるんです、不安になるんです。自分は本当に死ぬんだ、死ぬしかないんだ。そう思えて仕方ないんです。あの夢を見るたび、タイムリミットが迫ってきているみたいで、なんだかその都度、自分の寿命が削られていくような、物凄《ものすご》い恐怖を感じるんです」

ただの夢なのに……。分かっているのに……。

言い終えた霞さんの頬に涙が一筋伝った。滲んだ瞳《ひとみ》が、ほんのりと藍色《あいいろ》に輝く。

「霞はもう限界です。なんとかお力添え、よろしくお願いします」

霞さんの背中を優しくさすりながら、雅文さんが頭を下げる。

テーブルの上に深々と頭を突っ伏し、忠文氏と克己氏も懇願する。

内心、怖気《おじけ》づいてはいた。

私などにどうにかできるような案件なのか、まるで自信が湧いてこなかった。

ただ、何をどうするにせよ、まずは供養と邸内の実地検分からだとも思った。

どの道いっぺんに片づくような簡単な用件ではない。対症療法ではないが、できることは全て実践し、結果が出るまで試してみようと思った。

霞さんを含め、最低でも海上家一同の不安を完全に払拭《ふっしょく》するところまでは持っていこう。

それが拝み屋としてこの家に招かれた、自分の役割である。

声も立てず、静かに涙を流す霞さんのほうへと再び視線を向ける。

肩口では干乾《ひから》びた花嫁が、私の目を無言でまっすぐに射抜いていた。

「――仏間をお借りしてよろしいでしょうか」

花嫁を横目でそっと睨《ね》めつけながら、私は立ちあがった。

秘密

暗いので足元には気をつけてください――。

忠文氏の先導で茶の間から廊下へと出た。私のあとに雅文さんと霞さん、克己氏も続く。

やはり昼だというのに、家内は異様に暗い。

玄関戸、縁側の掃き出し窓、台所。家のあちこちから陽の光は射しこんでくるというのに、まるで明るさを感じない。光を光と感じ取れないほど、家の中は不気味に薄暗いのである。

その異様な暗さは、過去の忌まわしい記憶を私に呼び起こさせもした。

詳細は端折《はしょ》るが、これと同じような状態がその昔、私の実家にもあったのだ。

我が家もかつては天候昼夜の一切を問わず、家全体がひたすら陰に籠《こも》っていた時期がある。

この海上家と同じく、どれほど陽の光が射しこんでも家内はいつでも薄暗く、陰気だった。

幸い、今現在は本来あるべき明るさをとり戻し、平穏無事な暮らしを続けてはいる。が、それでも昔はいろいろとあったのである。その頃の状態に、海上家の陰気はよく似ていた。

この家も事が無事に収まれば、明るさをとり戻すのだろうか。

そんなことを思いながら、忠文氏に導かれるまま冥《くら》い廊下を黙々と進んだ。

外観はこぢんまりとして見えたが、実際は広い家だというのが歩いてみて初めて分かった。玄関前から屋敷を真正面に見た時の印象で、勘違いをしていたのである。

屋敷は正面から横に広がる造りではなく、奥へと向けてひたすら伸びる造りだった。

廊下が異様に長く、家内の暗さと相俟《あいま》って、ほとんど果てが見えないほどである。

初めは今風の変わった造りなのかと思ったが、それにしては内装が半端な古さではない。おそらく築百年余り。少なく見積もっても向こう五十年はくだらないような趣きがある。

――昔は土地の豪商だったらしく、土地屋敷もこの家を起点にもっと大きかったようです。

先刻、茶の間で雅文さんが語った言葉を思いだし、ちょっとした推測が思い浮かんだ。

海上家の両隣には、ごちゃごちゃとした造りの民家がずらりとひしめき建ち並んでいる。雅文さんの言のとおりであればこれらは当然、昔は海上家の土地だったということになる。

おそらくこうではないかと思う。

土地を失っても屋敷は失わないという措置を、海上家は施したのだ。

長い年月の間、土地の切り売りを重ねていく過程で、敷地は両脇から徐々に狭まっていく。だが屋敷自体は取り壊さず、その都度、家屋の両脇を少しずつ削り取る形で減築をおこない、古い屋敷の原形を存続させてきたのではないだろうか。

たとえは悪いが、両端から切り分けられて最後に残ったカステラのようなものである。だからこんなにまでもこの屋敷は縦に細く、奥へと異様に長い造りになったのではないか。

なんだか荒唐無稽《こうとうむけい》な話に思えなくもなかったが、そうした痕跡《こんせき》は家じゅうの至るところに散見できた。

屋敷の内側に面した壁と、外側に面した壁。見比べてみると、その経年差が歴然と分かる。内側の壁が古びて煤《すす》けているのに対し、外側の壁はまだまだだいぶ新しく見えた。

同じく柱や天井、床板も内側が古く、外側のみが全て新しいものにすげ替えられていた。

減築を施した形跡がありありとうかがえる。

確たる証拠はないが、それほど突飛な推測でもないと私は思った。

家の奥へと進むにつれ、光はますます希薄なものになっていく。

廊下の角を一本曲がり、家の内側へと潜りこむと、冥《くら》さは否応《いやおう》なしに増した。

目の前に忠文氏の背中がなければ何も見えないほど、周囲の全てがどす黒く感じられる。

その冥さは先へ進めば進むほど、奈落《ならく》の底を彷徨《さまよ》うような錯覚を私の網膜に引き起こさせた。

家の内奥には陽の光が射しこんでこない。だから、冥いのは当然といえば当然ともいえる。

だが、原因は決してそれだけではないのだと、自分の肌が報せてもいた。

闇が身体に粘りつく。煤のようにこびりつく。墨のように染みこんでいく。

斯様《かよう》に不穏で得も知れぬ感覚を、ひしひしと肌身に感じるのである。

陰気な闇に身を浸し続けていると、心の中まで黒々と染められていくような、そんな感覚さえも覚えさせられた。

とても人の住めた家ではない。歯に衣《きぬ》を着せずに語れば、それが私の率直な感想だった。

結局、何分歩いたのか分からない。あるいはたかだか数十秒の距離だったのかもしれない。しかし仏間に至るまでの道のりが、私にはとてつもなく長い距離に感じられた。

仏間は長い廊下を二度ほど曲がった、屋敷の多分、どん詰まりにあった。

入口は古びた大きな板戸である。なんだかひどく陰鬱《いんうつ》でとても厭《いや》な感じのする扉だった。

「どうぞ」と言って忠文氏が扉を開け、電気をつける。

やはり冥い。

八畳敷きの仏間には窓がなく、四方を砂壁で塞《ふさ》がれている。冥いのは当然である。

しかし、その冥さが尋常ではない。

天井を見あげれば丸型の蛍光灯が二本、煌々《こうこう》とした明かりを畳の上に投げ落としている。本来ならば、全く不足のない明るさなのである。

けれどもこの部屋の冥さは、そんなもので払拭できるほど生易しいものではなかった。

まるでサングラス越しに部屋を見ているようだった。

闇が梃子《てこ》でも動かない、とでもいえばよいものか。もしくはどれほど強い光を浴びせても決して消えない闇が靄《もや》のように残留する、とでも言えばよいのだろうか。

茶の間や廊下も異口同音の趣きだったが、取り分けこの仏間の闇の濃さは一入《ひとしお》だった。

仏間の隅に重ねてあった座布団を、霞さんが仏壇の前へと一列に並べ始めた。

それを横目に、私は経机の前へと腰をおろす。

さすがに旧家らしく、仏壇のこしらえは甚だ大きく豪奢《ごうしゃ》なものだった。

目測で幅が一間《けん》ほどもある。一般家庭における仏壇の、およそ三倍の規格である。

材質は島桑《しまぐわ》だろうか。確証はないがおそらく総無垢《そうむく》だと思う。長年線香の煙に燻《いぶ》され続け、壇の全体がほとんど黒褐色に煤けているものの、古さというよりは箔《はく》である。その色合いがかえって、壇全体に荘厳な風格を付加しているように思われた。

左右に開かれた大戸や上部の欄間、化粧柱など、装飾部の細工にも目を瞠《みは》るものがあった。くわしい知識は持ち合わせていないが、彫りが細かく絢爛《けんらん》で、素人目にも見事な作りである。

内部には黒壇、紫壇、欅《けやき》の漆塗りなど、様々な材質の位牌《いはい》がずらりと実に五十柱余りも並び、まるで仏壇自体が小さな墓場のようだった。

当初、この仏壇こそがこの屋敷の隅々に陰気を放つ出所ではないかと私は勘繰った。

当家で亡くなった花嫁たちの怨嗟《えんさ》というわけではないが、長年積み重なった無念の想いが薄黒い陰気となって、我が目に見えているのではないか。そんなふうに考えていた。

しかし、どうにも見当が外れたようだった。

こうして仏前に座り、意識を集中してみても、厭な気は何ひとつとして感じられない。

仏壇も位牌も時の流れが生みだした厳《おごそ》かな風格を湛《たた》え、静かに屹立《きつりつ》しているだけである。

ではこの異様な陰気は、果たしてどこから噴きだしてくるものなのか。

まるで見当もつかなかった。

仏前で考えこんでいるうち、気づけば私の背後に海上家の面々が並んで腰をおろしていた。誰もがうっすらと不安げな色を顔に浮かべ、私の反応を待っているようだった。

仏壇から振り返り、一同と真正面に向き合う。

「聞きそびれていましたが、これまでどれぐらいの方にご祈禱《きとう》をご依頼されていますか?」

別段、数を聞いてどうこうではなかった。これまでの間、他の同業が今件の依頼においてどのような対応をとってきたのか、参考として聞いておきたかったのである。

「僕と霞が結婚してからは……確か八人だったと思います」

雅文さんが答えた。

「私の時は十人前後だったと思います」

続けて忠文氏。

「俺は前妻を亡くして後妻を迎えてますから、両方で二十人以上はお願いしたと思います」

最後に克己氏が答えた。

「みなさんは主に、どのような対応をされていかれたのでしょう?」

「僕と霞の時は、先祖供養にお祓《はら》い、それから延命や安全の祈願なんかがほとんどでしたね。ああ、身代わり札や御守りなんかも大分いただきました」

雅文さんが答える。忠文氏と克己氏の回答もほぼ同じだった。

「なるほど。それは大変な人数でしたね。ただ、それでも霞さんを始め、ご家族の皆さんはなんだか今ひとつ釈然としないというか、全てが丸く収まったという実感が湧かないと?」

ええそうです、と今度は一同口を揃えて応《こた》える。

「それではこれまでご依頼された方々から核心に触れるような話——要するに何々が原因で、これをこうすればよくなる、というお話などはありませんでしたか?」

「ありました。どの先生からも様々な結論やご提案をいただきました。ですが正直なところ、どれを信じたらいいのか……僕らには判断のしようがありませんでした」

雅文さん曰《いわ》く。

——誰それという個人が問題なのではない。歴代の死んだ花嫁全てが祟《たた》っている。

——怨《うら》みつらみが巨大な塊のようになって、花嫁だけでなくこの家そのものに障っている。

——花嫁の怨念《おんねん》に引き寄せられるようにして、様々な悪霊が集まってきている。

——花嫁が祟っているのではない。娘をさらってきた家督が怨霊《おんりょう》と化して障っているのだ。

……などなど。まさしく言のとおり、その見解は十人十色だった。

ただし、祟りの原因について言及した彼らはその後、いずれも共通した結論をだしている。

——大変申しわけありませんが、私の手には負えません。

それが今件に携わった同業者たちの最終的な結論だった。

雅文さんの隣に座る霞さんへ、ちらりと視線を向ける。

首はまだ、視えている。

仏間に入れればもしや、とも思ったが、消える気配は全くない。

こんなものがひたすら視え続け、おまけにこの陰気である。およそ無理からぬ話ではある。

己が危機を察した先人たちは早々退散したというわけだ。気持ちは痛いほどによく分かる。

できることなら私だって、今すぐにでも帰りたいのだから。

ただ、そうも思ってもいられないので、早々仕事を始めることにした。

「差しあたって、供養の経をあげさせていただきます。これで全てが解決するという保証はありませんが、まずは海上家のご先祖方へ供養の気持ちを手向けたいと思います」

異論はなかったので、さっそく拝み始めることにした。

経文自体は特別な内容のものではない。一般的な供養に用いるごくありふれた経文である。

海上家一同へ向けた説明どおり、これで解決できるなどとは無論、夢にも思っていない。

ただ、仏壇を前に拝ませてもらうことで、少し気持ちを落ち着けたいという思いはあった。

経典を手に、しばし粛々と奏唱する。

陰に籠《こも》り、しんと静まり返った仏間の空気を、私の声が淡々としたリズムで震わせた。

やがて半分ほど、経を読み進めた頃だろうか。

ふと気づくと、眼前に立ち並ぶ位牌の合間から、ちらちらと何かが覗《のぞ》いているのが視えた。

目を向けるとそれは、小さな小さな、女の顔だった。

墓場のごとくずらりとひしめく位牌の陰から、うら若い年頃の女たちが指先ほどの小首をそっと差しだし、物憂げな面差しで私の顔を見おろしていた。

丸髷《まるまげ》。勝山髷《かつやま》。おばこ結び。兵庫髷。束髪《そくはつ》。西洋揚げ巻。銀杏返し《いちょうがえ》。庇髪《ひさしがみ》。

髪型はばらばらだが、皆一様に若い。この家で命を落とした歴代の花嫁たちなのだろうか。

いずれの顔にも怨《うら》みや憎しみの相は微塵《みじん》も浮かんでいない。ただ、強い憐憫《れんびん》を感じた。

生きたかっただろうに。幸せになりたかっただろうに。添い遂げたかっただろうに。

なんと惨《むご》い始末だろう。

そう思うと柄にもなく、なんだかほろほろと無性に涙がこぼれてきた。

読経《どきょう》が終わり、悉皆《しっかい》涙を拭《ぬぐ》って再び背後を振り返る。

霞さんに目を向けると、首はまだそこにいた。

やはり駄目か。再び陰鬱《いんうつ》な気持ちになり、さてどうしたものかと沈思する。

お水でもお持ちしましょうか、と霞さんが膝《ひざ》をあげかけたので、丁重に断った。

どうにも手詰まりだった。

次に試すならお祓いということになるだろうが、今の段階ではおそらくなんの効果もない。

ひと口に〝お祓い〟といっても、現実は映画や漫画のように単純明快なものではないのだ。

他の同業はどうなのか知らないが、私の場合は祓うべき対象の来歴や人に障る原因などがある程度はっきりした状態でないと、綺麗《きれい》に祓い落とすことができない。

霞さんの肩に居座る首は、外面だけを見る限り海上家に関係する花嫁だとの推察ができる。しかし、これはあくまでも印象から判じただけの想像であり、正解かどうかは不明である。理由は言わずもがな。その裏づけとなる証拠が、今のところ何ひとつないからである。

仮にこの生首が海上家の花嫁だとして、今度はそれが何代目の誰であるのかが分からない。あるいは海上家とは縁もゆかりも一切ない、干乾《ひから》びた生首が霞さんにとり憑いているという可能性だって、ないことはないのだ。

無論、その首はなんですか？　と海上家の面々に直接尋ねることだってできなくはない。ただ、他人の目に見えないものを不用意に開示するほど、実は危ういことはないのだ。それは時として〝脅し〟という名の凶器にさえなり得る。

他人には視えず、自分にしか視えないもののことを、一般には妄想、ないしは幻覚という。これは拝み屋という肩書きを名乗っているからこそ、常々念頭に据え置くべき常識である。本職の人間が客に対して発する「何々が見えますよ」という発言は、本人が考えているよりはるかに影響力が大きい。それは時と場合を間違えれば、こうした方面に無防備な一般人に凄《すさ》まじい恐怖や暗示を植えつけることさえあるのだ。

軽はずみな言動は厳に慎む。生業《なりわい》として営む以上、これは努々《ゆめゆめ》忘れてはならないのである。〝祓う〟とは依頼人の不利益をもたらす対象を消滅させるのと同時に、依頼人の不安までを解消することで真に完遂される。それが私のスタンスだった。

まだまだ実地検分は始まったばかりだったし、急《せ》いては事を仕損じる。中途半端な段階で、悪戯《いたずら》に海上家の動揺を煽《あお》りたくはなかった。

首のことを訊《き》くのはもう少し控えておいたほうがよいと思い做《な》す。

ただそうなるとやはり、どうしても手詰まりは手詰まりなのである。

「ひとまず茶の間のほうへ戻りましょうか」

妙案も浮かばないため、一旦《いったん》仕切り直そうかと考えた。

許しをもらえれば、屋敷内の各部屋を順に拝見させてもらうという手もある。

海上家の面々は心なしかほっとしたような表情を顔に浮かべ、そうですね、とうなずいた。

のろりと立ちあがり、最後にもう一度、仏壇の正面へと向き直る。

とたんに違和感を覚えた。仏間の何かが、変わった気がした。

否。何か見えないものが表出した。あるいは浮き立ったという感覚にそれは近かった。

先ほどまでは決して感じることのなかった、強烈な胸騒ぎを伴うとてつもなく不穏な感覚。

それが今は強く感じられる。

思わずその場に足が止まり、動けなくなった。

「どうかしましたか？」

肩越しに誰かが声をかけてきたが、ほとんど耳に入らなかった。

仏壇に異常はない。相変わらず厭《いや》な印象は微塵《みじん》も感じられない。先ほどと全く同じである。

しかし間違いなく、仏間の中の何かが変わった。

先ほどまでなかったものが、確実に増えている。理屈はごまかせても、目はごまかせない。

先ほどの仏間と今の仏間は違うと、私の目がそう判じている。

仏壇から視線をゆっくり、右へ右へと滑らせていく。あった。

「あれはなんですか？」

仏壇右隣の壁。その下側に大人が屈《かが》んでくぐれるほどの小さな板戸が設《しつら》えられていた。

断言してもいい。先ほどまで、あんなものは絶対になかった。

仏壇と同じく、煙に煤《すす》けた黒い扉である。扉の縁に赤黒く錆《さ》びた取っ手がついているので、
引き戸ではなく開き戸であるとうかがえる。

地袋《じぶくろ》にしては造りも形も妙だったし、納戸にしては扉があまりにも小さ過ぎる。

だがいずれにせよ、そんなつまらない目的で存在する扉では、決してない。

扉の隙間から冷気と瘴気《しょうき》が染みだしてくるような、とてつもなく厭な感じのする扉だった。

「なんでもありません。ただの物入れですよ」

笑みを浮かべて忠文氏が即答した。作り笑いだった。

「そうですか？」

眉《まゆ》をひそめて訊き返すと、忠文氏はそうですそうですと、うなずいた。

雅文さんと克己氏に目を向ける。

顔を伏せ、腹元で指を組み、なんだかそわそわしている様子が、ありありと見てとれる。

霞さんへ視線を移す。

下唇をわずかに噛《か》み、どことなく困惑したような色を浮かべている。

霞さんから再び、忠文氏へと向き直る。

とたんにはっと気づいて、慌てて霞さんのほうへと視線を戻した。

首が、消えていた。

いつのまに消えたのか。霞さんの肩口からあの干乾びた首が、跡形もなく消え失《う》せていた。

「どうかしましたか？」

きょとんとした目で小首をかしげる霞さんに構わず、忠文氏の正面へすかさず身を向けた。

確信めいたものが浮き立ったのである。

「忠文さん。大変失礼なことをお伺いしますが、よろしいでしょうか？」

淀《よど》みのない声音でゆっくりと、噛んで含めるように忠文氏へ問う。

あまり褒められた行いではないが、かまをかけてやるつもりだった。

「はあ、なんでしょうか？」

忠文氏の目が露骨なまでに泳ぐ。

「私に何か嘘をついているか、あるいは隠していることはありませんか？」

とたんに忠文さんの瞳孔《どうこう》が、きゅっと萎《しぼ》んだように見えた。どうやら図星のようだった。

「いや、特に何も。私が何か、お気に障るようなことでもしましたでしょうか？」

物腰は柔らかいが、先ほどまでとは目つきが全く違っていた。いかにも臨戦態勢といった鋭い眼差《まなざ》しを、まっすぐ私に向けている。

「別にそんなことはありませんよ。ただ、知っていることは全てお話しいただきたいんです。仕事の性質上、お客様からはできうる限りの情報をご提供いただけたほうが、私は捗《はかど》ります。自然とご協力させていただける用件も増える。ただそれだけのことです」

「はあ……そうですか。でも本当に我々が知っていることは全部隠さず、話していますがね。何か我々を疑っているとか……そういうお話ですか？」

忠文氏の目がますます鋭さを増す。抑揚のない声色は挑発的ですらあった。

「いえ、そういうことではありません。でしたら何か思いだすことはありませんか？」

「だからよお、一体なんなんだッ！」

突然、忠文氏の傍らにいた克己氏が怒号を発したので、思わずびくりとなった。

「大きな声をださないでいただけますか？」

内心どぎまぎしていたが、努めて冷静を装い、克己氏に釘《くぎ》を刺す。

これで確定だと思った。彼らは確実に何かを隠している。あの扉の向こうに。

「あんたが急に失礼なこと言うからだよ。我々が一体、何を隠しているって言うんだね？」

皺《しわ》だらけの顔に苦々とした表情を浮かべ、克己氏がぶつぶつと弁明する。

「あの扉、中を拝見させていただいてもよろしいでしょうか？」

私が木戸を指差した瞬間、一同はっとした顔になった。

「……どうしてあれが、気になるんですか？」

私の目を覗《のぞ》きこむようにして忠文氏が問うた。その目からは先ほどまでの鋭さが消え失せ、今度は一転、万引きを咎《とが》められた子供のようなおどおどしたものに変じている。

出すなら今だと思った。おそらく絶大な効果を発揮するだろう。

「黙っていましたが、こちらへお邪魔した時からずっと、ミイラが視えるんですよ」

忠文氏の顔からすっと血の気が引いた。

「ミイラ、ですか？」

「はい。白い綿帽子を被《かぶ》った干乾びた女の生首なんですがね」

果たして効果覿面《てきめん》だった。

私が告白した瞬間、忠文氏を含む海上家全員の口から、深々とした嘆息が漏れた。

「そうですか。あれがお見えになっていたんですか……」

観念したかのように忠文氏はずっしりと項垂《うなだ》れ、今度は重苦しいため息をついた。

「……だったら構いません。どうぞ、ご覧になってください」

再び顔をあげると、忠文氏は傍らにいた克己氏に「いいよな」と小声で同意を求めた。

克己氏は苦虫を嚙み潰《つぶ》したような顔をしながらも、「仕方がねえ」と言ってうなずいた。

「中は真っ暗です。私が先に入って電気をつけますから」

半ば逡巡《しゅんじゅん》するようにしながらも、のろのろとした足取りで忠文氏が扉の前へと立つ。

がちんと硬い音を立て、扉が手前に開かれた。

身を屈め、忠文氏が扉の向こうへと消える。

覗きこむと、中は墨で塗り潰したかのように真っ黒である。

これがこの家に渦巻く陰気の正体かと直感した。それほどまでに闇がどす黒く、禍々《まがまが》しい。

中からぱちんと小さな音がして、電気がついた。それでも闇は和らがない。

「どうぞ」

中から忠文氏の声がした。私も身を屈め、小さな扉を這《は》うようにしてくぐった。

これだけは決して譲ることができません——。

海上家がひた隠しにしてきたものを目の当たりにした瞬間、ようやく今件の全容が見えた。

到底、私の手に負える代物ではない。

海上家を辞去する直前、それが私の下した結論だった。


電気は点《つ》いていたが、やはり暗い。冥府《めいふ》のように冷たく暗い。

扉の中はおよそ四畳半ほどの古びた小さな板の間だった。壁面も天井も全て板張りである。

仏間よりも天井は格段に低く、腕をあげると天井板に指が触れそうなほどだった。

部屋の真ん中に吊《つ》り下げられた裸電球が、ぶらぶらと円を描いて宙に揺れている。

揺れに合わせてどす黒く染まった私の影が、板壁の上でどろどろと狂ったように踊った。

立っているだけで気が滅入《めい》る、厭《いや》な部屋だった。なんだか座敷牢《ざしきろう》のような雰囲気でもある。

空気はひんやりと冷たく、身震いしそうなほど寒い。

「こちらです」

呼びかけた忠文氏の傍らに目が行った瞬間、思わずぎょっとなって身が竦《すく》んだ。

白い綿帽子を被《かぶ》り、純白の白無垢《しろむく》に身を包んだ、あの干乾《ひから》びた女がいた。

綿帽子の隙間からばさばさと肩口へ落ちる、水気を失くした黒髪の束。

ぎょろりと見開かれた大きな目。

微笑するかのように捲《めく》れあがった上唇。

口元からちらりと覗く、黄ばんだ歯。

何もかも、寸分たがわず同じだった。

海上家へ訪問して以来、霞さんの肩口に私が再三視続けてきた、あの花嫁の顔である。

冥《くら》い部屋の奥に設《しつら》えられた椅子の上に、花嫁は背筋をぴんと伸ばして腰かけていた。

手前には大きな経机が置かれ、机上には灯明と花瓶がそれぞれ一対ずつ立てられている。

机上には他にも、御鈴《おりん》に香炉、数珠《じゅず》など、供養に用いられる仏具が整然と並べられていた。

「明和時代に亡くなった、エツという名の先祖の人形です」

花嫁を見おろし、忠文氏が厳《おごそ》かにつぶやいた。

「我が家に降りかかる災いを鎮めるため、ここに安置して代々供養してるんです」

背後の扉から首を差し入れ、克己氏が言葉を継いだ。

「古いもんで傷みは激しいですが、髪の毛に歯、爪は本人のを使ってるって話です」

「そうですか」とは応《こた》えたものの、本当にそうか、と思わずにはいられなかった。

〝人形〞の目は、確かに艶々《つやつや》とした光沢を帯びており、一見してガラス玉だと知れる。

髪の毛に歯、爪が本人のものを使っていると言うのなら、それも確かにそのとおりだろう。

だが、本当にそれだけか――？　本当に〝それだけしか〞使っていないのか？

人形の醸しだすあまりにも生々しい〝生〞の痕跡《こんせき》に、思わずそう勘繰らざるを得なかった。

恐る恐る前へと足を踏みだし、〝人形〞の顔をまじまじと覗きこむ。

木皮のように茶色く変色しているが、もちろん木皮などではない。

では、この皮膚の材質はなんなのだ？

少なくとも桐塑《とうそ》や木には見えない。ゴムでもない。石膏《せっこう》でもない。プラスチックでもない。

膝元《ひざもと》にゆったりと重ねられた両手もそうだ。

指の骨格や皺などの作りが、あまりにも精巧過ぎる。

再び顔へと目を向ける。顔の皮膚も同じだ。あまりにも〝人間の顔〞をし過ぎている。

それに。

これが本当に〝人形〞ならば、なぜ海上家の面々は、先ほどあれほどまでに強固な態度でこの部屋の存在を隠そうとしたのだ。

本当にこれは――人形なのですか。

「精巧な作りでしょう？　人形ですが、生きてるみたいに見えませんか？　ねえ？」

まるで私が問いかけるのを察知したかのように、忠文氏が早口で一気にまくし立てた。

「当時、当家が懇意にしていた、腕のいい人形師に製作してもらったもののようです」

剝製《はくせい》師の間違いではないですか？

喉元《のどもと》まで言葉が出かかったが、結局引っこめることにした。

忠文さんの目が、また少し鋭くなっていたからである。

「今までご依頼された私の同業は、これをご覧になって、なんとおっしゃっていました？」

詮方なく話題を変えて訊《たず》ねてみると。

「この部屋のことは誰も気がつきませんでした。気づかれたのは郷内さんが初めてです」

事も無げにそう返された。

それは違う。私が初めてなのではない。残念ながら、そんなに私は優れていない。

気づいていた者は、他にもかならずいたはずなのである。

関わりたくないと思ったから、あえて触れずにやり過ごしたのだろう。

直感でそう判じた。

――大変申しわけありませんが、私の手には負えません。

歴代の同業たちが放った、先刻の言葉が思い返される。私も全く同感だった。

だからあんなにも入れ替わり立ち替わり、同業他者が出入りする羽目にもなったのだ。

「ご家族の皆さん以外で今までこの部屋に入ったのは、私が初めてということでしょうか」

「そうですね」

と答えた直後、忠文氏は「ああ……」と独りごち、再び口を開いて訂正した。

「そういえば昔、私の女房の両親が入ったことはあります。一度きりですがね」

「亡くなった奥様のご両親が入られたと？」

「そうですね。どうしても人形を見たいと言われまして」

「ご両親はこの部屋をご覧になって、なんとおっしゃっていましたか？」

「あ？　別になんにも言ってねえ。なんでそんなことを訊《き》く？」

眉間《みけん》に深々と皺《しわ》を刻んだ克己氏が、すかさず間に割って入る。

「いえ別に。ただ訊いてみただけですよ」

何かの拍子にまた怒鳴りつけられるのも癪《しゃく》だったので、適当に言葉を濁してごまかした。

「奥様のご両親とは、その後もお付き合いがあるんですか？」

「死にましたよ」

忠文氏が即答した。

「ああ、御歳で？」

「いや、うちから帰ったあと、すぐに死んだよ」

今度は克己氏が答えた。死んだよ、の抑揚が、なんだか私への警告のように聞こえた。

「脳溢血《のういっけつ》かなんかだって聞いたが、親しい仲でもねえからそれ以上は知らん。でも死んだ」

克己氏の顔はまるで、お前もこれで死ぬな、とでも言いたげだった。

「それでは私も死んでしまうんですかね？」

半ば嫌味も交えて尋ねると、克己氏はいかにも興味なさげに「さあな」と、顔を背けた。

だんだんと、露骨に柄が悪くなってきている。

「仏具一式が揃っていますが、ここにも毎日手を合わせているんですか？」

克己氏に構わず、今度は忠文氏に問うた。

「ええそうです。ただ、ここを毎日拝むのは、代々我が家に嫁いだ花嫁の仕事なんですよ」

にこにこと、心なしか誇らしげな色を浮かべながら、忠文氏が答えた。

私はその笑顔に、なんだか筆舌に尽くし難い不快感を覚えた。

「私が毎朝お供え物をして、手を合わせているんです」

扉をくぐり、霞さんが中へ入ってきた。うしろから雅文さんも続く。

「ここでお経をあげるんです。『どうかわたしをお守りください』ってお願いしながら」

私の傍らへ来て、霞さんが続けた。その声にはなんの感慨も浮かんでいない。

「先代の花嫁さんにすがって、祟《たた》りから守ってもらうんですよ。我が家のしきたりです」

したり顔で忠文氏はのたまったが、私はむかむかと気分が悪くなるばかりだった。

霞さんにちらりと視線を向ける。

顔を伏せ、人形と決して目が合わないようにしているように、私の目には映った。

「このエツさんはね、我が家の嫁たちを代々守ってきてくれた、大事なご本尊様なんです」

ぎらぎらとした熱っぽい目で忠文氏は語るが、果たしてそうかと思わざるを得ない。きっとこうなのだ。わざわざ聞きださなくても分かる。この男の態度と語り口、さらにはこの部屋に渦巻く異様な空気が、すでにそれを証明している。

どうせこう言ったのだろう。

死ぬぞ。拝まないと死ぬ。お前は死んでしまう。死にたくなければおすがりするしかない。そう言って、この家は半ば強制的に代々ずっと、自分の伴侶《はんりょ》を拝ませ続けてきたのだろう。その結果、どのような悲劇を生むことになるのか、ろくに考えもせずに。

それは想像するだにひたすら哀れで、健気《けなげ》で、あまりにも惨《むご》たらしい所業である。毎朝欠かさず、このひたすらどす黒い、陰気の渦巻く小部屋に通い詰める花嫁たち。

——死にたくないです死にたくないですどうか私をお救いくださいお助けくださいさい。

気味の悪い花嫁姿の剥製を前に、迫りくる死の恐怖に慄《おのの》きながらただただ一心不乱に経をあげ続ける、純真無垢《むく》で、ひたすら一途《いちず》な花嫁たちの想い。

想像するだけで吐き気がしてくるほど、それはあまりにもおぞましい光景である。

心得を間違えたな、と思った。

こんな剥製などに何も救えるはずがない。現にこれまでずっと、失敗しているではないか。これは先祖ではなく、先祖のいわば残骸《ざんがい》に過ぎない。なんの力も持ち得ないものだ。あるいはそう、手を合わせる花嫁自身の未来の姿——成れの果てであるともいえる。

拝めば拝むほど。願えば願うほど。生きたいと思えば思うほど。

絶望と焦燥感に苛《さいな》まれ、日に日に正気を失っていく花嫁たちの姿が目に浮かぶようだった。

忠文氏の義父母が、なぜこの部屋に入ったのか。わざわざ訊かずとも察しはつく。

大方、娘に泣きつかれたのだろう。それでこの部屋に夫婦揃って詰めかけたのだ。

霞さんも夢を見るわけである。むしろ見ないほうがおかしいとも言える。

それは脳が発する警報である。心が壊れ始め、悲鳴をあげている何よりの証《あかし》ではないか。

そもそもこのエッという花嫁自体もそうだ。生前、自ら剝製になりたいとでも望んだのか。

私には到底そのようには思えなかった。

最前まで霞さんの肩口につきまとっていたのは、彼女を守るためだとでも言うのだろうか。

私にはむしろ、この部屋の存在に気づいてほしくて縋《すが》りついていたようにしか思えない。

純白の白無垢は、よく見ると生地の端々が黄ばみ、ゆっくりと朽ち始めているのが分かる。

顔もそうだ。とうの昔に朽ち果てている。

こんな顔を見られたいと思う花嫁が、いるだろうか。

もはや花嫁どころか、女ですらない。女という性すら剝奪《はくだつ》された、かつての幸福の残骸だ。

そう思うと、この干《ひ》乾《から》びた花嫁に私はおぞましさよりもむしろ、強い哀れみを感じた。

化けて出たくもなるだろう――。

気づいて、滅してほしかった。先刻までのあなたの想いは、そうではなかったか？

拝むほうも拝まれるほうも、いずれもひどい始末なのである。

功徳《くどく》も利益も救済もない。むしろこれは自発的な呪いである。

これで何もかもようやく合点がいった。簡単な道理だ。

――これではみんな、死んでしまう。

忠文氏と克己氏の反応はすでに分かりきっていたが、それでも言わずにはいられなかった。

「大変申しあげにくいことですが、祟《たた》りの原因はこれではないかと、私は思います」

人形を指差し、ひと思いに言ってやった。

「どういうことでしょうか？」

予想どおり、忠文氏の顔から潮が引くように笑みが消え失《う》せた。

「祟りでもなんでもありません。強迫観念、あるいは自己暗示のようなものだと思います」

「だから……。どういうことでしょうか？」

語気が少しだけ荒くなる。目はもうすでに笑ってはいない。信仰の対象を否定された者に特有の、冷ややかで感情に乏しい、それはとてつもなく厭《いや》な目だった。

「忠文さんの奥さんや克己さんの奥さんも、こちらを拝まれていましたか？」

「ええ、そうですよ。代々ずっとそうしてきています。で……だからなんなんですか？」

いらいらしているのが手に取るように分かる。だが怯《ひる》むわけにはいかなかった。

「嫁いだその日から『死ぬぞ死ぬぞ』と言われながら、こんなものを毎日拝んで御覧なさい。

むしろ厭でも〝死〟というものを実感します。神経を病まないほうがおかしいと思います。奥様を救うため、というお気持ちは察するものがありますが、心得違いかと思います」

　忠文氏はむっつりと口を閉ざし、無言のまま私を値踏みするような目で凝視する。

「なんだ、今度はなんだ！　なんかうちのやりかたに文句でもあんのか？」

　気まずい沈黙を引き裂くかのように、伝法《でんぽう》な口調で克己氏が再び会話に割りこんできた。

　こちらも大概頭にきていたので、わざと語調を強めて言ってやった。

「言い伝えのとおり、かつては本当に嫁いだ嫁が死ぬという祟りがあったのかもしれません。しかし大変申しわけありませんが、少なくともこの人形を拝み始めてからは違うと思います。神経の問題です。激しい強迫観念と自己暗示にかけられた末の衰弱死や病死なのではないかと、私は思わざるを得ないと言っているんです」

「偉そうになんなんだこの野郎！」

　わななと両肩をぶるつかせ、克己氏が私を怒鳴りつける。

「何がこの野郎なんですか？」

　ほとんど間髪容《い》れずに言い返してやる。本当は張り倒してやりたかった。

「うるせえ、この野郎！」

　言い返されてさらに火がついたらしく、克己氏は一層声を荒らげた。

「大体これは人形ではないでしょう？　黙っていれば分からないとでも思ってましたか？」

売り言葉に買い言葉である。冷水を浴びせてやろうと思い、あえてタブーに触れてやった。

「なあああんだ、てめえこの野郎！」

淀《よど》んだ目をぎらぎらと血走らせ、克己さんがずかずかと私の胸元まで詰め寄ってくる。

案の定、図星を突かれて激昂《げっこう》しているのが了解できた。

同時に、ああやはり剥製《はくせい》なのだと確信して、首筋にふつふつと粟粒《あわつぶ》が湧いた。

「祖父《じい》ちゃん、落ち着け！　落ち着けよ！」

すかさず雅文さんが克己氏の腕をぐいとつかみ、私の前から引き離した。

「なんだなんだ！　さっきから貴様、無礼なことばっかり！　一体何様のつもりだ！」

それでも克己さんは猛犬のように首を突きだし、なおも盛んに私へ噛《か》みつこうとする。

「別に何様でもありませんよ。私は依頼された仕事をしているだけです」

「だからなんなんだよ貴様！　何が仕事だ！　ふざけやがって！　ぶち殺すぞ！」

「大人しく聞いていれば殺すだのなんだのと。ヤクザですか、あんたは」

「祖父ちゃん！　やめろって！」

雅文さんが克己氏の腕をさらに強く引っ張る。

「すみません。なんか祖父ちゃん、気が動転してるみたいで」

雅文さんが頭をさげさげ、克己氏を部屋から出すべく、肩口を引っ張る。しかし克己氏は
雅文さんの制止を振り払い、頑として動こうとしない。

「なんなんだ！　うちの仏の花嫁さんを拝んだからなんなんだ！　それの一体何が悪い！　分かったふりして拝み屋風情が偉そうなことを抜かすな！」

「よせ親父」

猛《たけ》る克己氏を、忠文氏が静かな声でたしなめた。

「自己暗示とかおっしゃいましたね？　改めてお伺いしますが、どういうことです？」

口元にはうっすらとした笑みが戻っていたが、目の奥は底なしに冥《くら》い。最前の茶の間でのやりとりとは、もはや別人といっても差し支えのないほどだった。

秘密を暴かれたあげく、あまつさえそれを全面否定されたことに対する烈しい怒りと反発。あるいは自分たちがおこなっていたことへのうしろめたさを必死に否定するための虚勢。

大方そんなところから発露する、浅ましい感情の剝《む》きだしと理解する。

なんのことはない。こんなことになるから、今まで隠し続けてきたのだろう。

非難されるのが厭だから。知られれば非難されるのが分かっているから。

なんのことはない。だからこれほどまでに怒りもするのだろう。

己の所業を正当化したいから。己の所業が間違いであると本当は薄々感づいてもいるから。

心の動きは理解できないこともないが、それでも到底共感できるものではない。

そもそも花嫁がこれ以上死なずに済むよう、私に頭をさげてまで頼んだのは誰なのだ？

こちらはその意向にしたがい、ありのままの事実を伝えているだけのことである。

本末転倒も甚だしい。

原因がようやく分かった瞬間、今度はその原因を守ろうとしている。

矛盾しているようだが、当事者たちはそうとも思っていないところが腹立たしかった。

とどの詰まり、この家にとって本当に大事なのは花嫁なのではない。

過度に神格化されたこの花嫁の剝製と、それに対する盲目的な信仰心のほうなのだ。

これがこの家を仕切る男たちの本性なのだと、ここに至ってつくづく痛感させられた。

ゆえに望みはもはや極めて薄いものだと判じ始めてもいた。

歪《ゆが》んだ信仰に心を奪われた人間の執着を解くことが、甚だ容易なものでないということは、
職業柄、これまでにも厭というほど経験してきている。

正論を述べれば〝反論のための反論〟で、ことごとく切り返される。

理屈で追い詰められそうになると、先ほどの克己氏のように今度は恫喝《どうかつ》や暴力に訴える。

核心を突かれようとも、意固地になって撥《は》ねのける。

大概、この堂々巡りである。おそらく何を言ったところで暖簾《のれん》に腕押しなのだ。

面倒なことになったなと思う。ただ、先に核心に触れてしまったのはこちらのほうである。

このまま投げっ放しで帰るわけにもいかなかった。

海上家の男どもの高圧的な態度を前に自然と口も重くなり始めていたが、それでも依頼を
受けた手前、務めとして言うべきことは言わなければならなかった。

「今申しあげたとおりです。何も祟りや因縁を引き合いにださずとも、これは心の問題です。善意で勧めてきたこととはいえ、こんな祈願は死を宣告された若い奥様にとって精神衛生上、百害あって一利なしです。毎日迫り来る死の影に怯《おび》えながらこちらの前で手を合わせ続けたあなたの奥様やお祖母《ばあ》様、そして霞さんのお気持ち、お考えになったことはありませんか？　大変な心的負担だったことでしょう。これを拝むという行為自体が、すでに当事者にとってあまりにも身に余る負担になったのではないかと、私はそう思わざるを得ないのです」

——冷静に、よく考えてみてください。これ以上繰り返してはいけません。

懇々と、子供に言って聞かせるようにゆっくりと、言葉を吟味しながら語った。

「それはまあ、確かにおっしゃることには一理あるかとも思います。けれどもなんでしょう。ならば私たちがこれまで嫁に勧めてきたことは、間違いだったということですか？」

わずかに哀しげな目をして、忠文氏がのろのろと私に訊《き》き返した。

間違いというよりは盲信が原因なのだと私は思ったが、あえて口にはださなかった。

再び穏やかな語調を意識しつつ、慎重に言葉を選ぶ。

「少なくとも奥様の身を案じた、というお気持ちは本物です。間違いはなかったと思います。ただ、このやりかたは有効ではなかったと思うんです。現に、これまで嫁いできた奥様方はこちらを拝み続けたにもかかわらず、結局皆さん、亡くなっていらっしゃいます。そろそろご家族の守り方を考え直してみても、よろしい頃ではありませんか？」

忠文氏はしばらくの間、無言で私の顔を見つめていたが、しだいにゆっくりと目を伏せた。冥い床板に視線を落とし、そのまま沈んだように黙ってしまう。

克己氏も今度は猛ることなく沈黙していた。忠文氏と同じく、冥い天井を無言で見あげ、苦しげな面差しで何かを諳《そら》んじるかのように、もごもごと唇を動かしている。

「そうですか……おっしゃることは分かりました。では、どうしろと言うんです？」

長い沈黙のあと、再び忠文氏が顔をあげた。その目には、先ほどまでの鋭さはない。

「人形の処分をお勧めします。無理ならば二度と霞さんにこれを拝ませないことです」

間髪容れずに進言した。

「確たる根拠があるかと聞かれれば、実のところありません。人形と花嫁の死を関連づける客観的な証明も全くできません。でも試してみませんか？　結果的に人間ひとりの命を救う、とても意義のある行動です。出来うることは全て実践し、わずかな可能性にでも希望を託す。病気の治療と同じことです。大切なご家族を守るためなら、どんなことでもするでしょう？　だったらこれも、決して例外ではないはずです」

言い終えると、冥い小部屋に再び長い沈黙が訪れた。

霞さんも含め、皆一様に口を閉ざし、顔には苦悶《くもん》の表情を浮かべている。

気まずい沈黙だったが、それでもやみくもな反論や恫喝が消えたのはよい兆候だった。

考えるということは迷っているということの証《あかし》でもある。ならば存分に迷ってほしかった。

「霞は……うん。霞はどう思う？」

重々しい沈黙を破ったのは、克己氏のひと声だった。

「お前、花嫁さんを拝むのつらいか？　花嫁さん、嫌いか？　どうなんだ？」

言いながら霞さんの顔を舐《な》めるような動きで、ゆっくりと覗《のぞ》きこむ。

「わたしは……。わたしは別に、つらくはありません」

たっぷりとした間を置き、霞さんは薄黒い眼差《まなざ》しでぽつりとつぶやいた。

しまったと思った。言わされてしまった。

「郷内さんよ。あんたのおっしゃることも、まあ分かる。本当だ。でもな、うちにはうちのしきたりというか、守るべきものもあるんだ。分かってください」

私に向き直り、克己氏はいかにも申しわけなさそうに頭をさげたが、その顔には極々薄く、してやったりといった下卑た色が浮かんでいた。

そこへここぞとばかりに息を吹き返した忠文氏が追い打ちをかける。

「お気持ちは大変ありがたいですが、そんなわけです。うちに代々伝わるやりかたなんです。申しわけありませんが、これだけは決して譲ることができません。お許しください」

丁重に詫《わ》びてはいるが、その目は安堵《あんど》と歓喜にどっぷりと溺《おぼ》れ、にまにまと微笑んでいた。

最悪である。完全に出し抜かれた恰好《かっこう》だった。

「雅文さんは、どのようにお考えですか？」

どうにもならないと知りつつも、雅文さんへほとんど形式的な質問を向けてみる。

「僕自身は、そうですね。霞が毎朝花嫁さんを拝むことを嫌がっているわけではないですし、やっぱり何かしら、心の拠《よ》り所となるべきものは必要だと思うんです。親父も祖父ちゃんもこう言ってることですし、僕の口からはなんとも……」

思考停止か。お前は一体、誰を護《まも》りたいのだ。

そう思ったが、顔には決してださないよう必死に努力した。

霞さんにも水を向けようかと考えたが、端《はな》から答えが見えている質問をしても仕方がない。この場で霞さんを問い詰めるような形になるのも避けたかった。

「とにかく、私に提案できることはこれしかありません。強制はしませんしできる立場でもありませんが、悪いことは言いません。さっさとこれを処分すべきです」

言い終えるなり、男たちの目に再びどす黒い光が灯《とも》るのがはっきりと確認できた。

もはや何も言うまい。潮時である。やるべきことは全てやった。

これ以上の問答は一切無益と判じ、私はこの忌々しい旧家から一刻も早く立ち去る方向へ、潔く思考を切り替えることにした。

「余計なことでしたね。お騒がせをして大変失礼いたしました」

捨て台詞《ぜりふ》のようにひと言吐き捨てると、私はいそいそと陰気な小部屋を抜けだした。

帰りしな、車へ乗りこむ私を見送りに出てきたのは、霞さんだけだった。男たちは玄関口で形ばかりの一礼をするなり、そのまま揃って家の奥へと消えていった。別段、腹は立たなかった。むしろほとほと呆《あき》れ果て、怒ることさえ忘れていた。

玄関から一歩外へ抜けだすと、陽の光があまりにも眩《まぶ》しく、目を射貫くほどに痛かった。異様な陰気に目がすっかり慣れ過ぎていたのである。海上家の内部がいかに暗かったのか、改めて実感させられた。

「今日は本当に申しわけありませんでした」

霞さんに頭をさげられ、逆に私のほうが申しわけない気持ちになった。

「構いませんよ。気にしてませんから。ばたばたしていて結局、何もできませんでしたけど、仕事場に戻ったら安全祈願の御祓《おはら》いだけはさせてもらいます」

なんだかいたたまれない気分になって提案すると、霞さんは目元を綻《ほころ》ばせて喜んでくれた。紺色の瞳《ひとみ》が四月の穏やかな陽光を受け、一瞬、深い藍色《あいいろ》に輝く。笑顔がとても朗らかである。

彼女がいずれ死んでしまうのかと思うと、やりきれない気持ちにもなった。

「ご無事をお祈りいたします。今日はありがとうございました」

丁重に礼を述べ、門口から車をだした。サイドミラー越しに後方を見やる。

霞さんも門口まで現れ、私の車が見えなくなるまでずっと見送ってくれていた。

その姿がひどくいじらしく感じられ、帰りの車中で私はさめざめと泣いた。

告白

急なお願いで、ご迷惑じゃありませんでしたか——？

海上家を辞去した五日後。霞さんが急遽《きゅうきょ》、私の仕事場を訪れる運びとなった。

昨日の午後、霞さんから電話があった。

初め、私はまたぞろ出張の依頼かと思い、そうであれば丁重にお断りしようと考えていた。無論、霞さん個人に問題があるのではない。あの干乾《ひから》びた〝花嫁さん〟を前に曝《さら》けだされた海上家の男たちの態度が、問題なのである。

彼らのあの様子を見る限り、私が拝み屋としてできることは、もはや何ひとつとしてない。再びあの家に出向いて要らぬ罵声《ばせい》を浴びせられるのは、ごめんこうむりたいことだった。

ところが霞さんの希望は逆だった。私が海上家に赴くのではなく、霞さん自身がこちらへ直接出向いて、話を伺いたいのだという。

——明日《あした》は町内会の温泉旅行で、お祖父《じい》さんが夜まで戻らないんです。

霞さんは電話口で囁《ささや》くようにそう言った。聞けば、霞さんひとりでの来訪を希望だという。

お祖父さん——というのはおそらく克己氏のことだろう。

祖父が家に居ないからこそ、外出ができる。私の耳にはそのようにしか聞こえなかった。

私としてもこの際なので、霞さん個人とは話をしておきたいことがいくつもあった。

海上家の男たちが同席しないのなら、なおのこと都合がいい。件《くだん》の人形に関する件も含め、今後の対応について霞さん自身にいろいろと助言をしてあげられるだろうと判じた。

断る理由は何もなく、むしろ歓迎すべき流れだった。私はふたつ返事でこれを承諾した。

「今日は克己さんがご不在だそうですが、普段は外出とか、しづらいんですか？」

「そういうわけではないんですけど、いちいちどこに行くのかとか、細かく訊《き》かれるんです。失礼だとは思いますけど、こちらへお伺いすると言ったら、ダメだと言われそうな気がして。夫とお義父《とう》さんは日中仕事に出てますけど、お祖父さんは年中家にいますから」

家族に知られずに来られる日が、今日しかなかったんです。

わずかに顔を曇らせ訥々《とつとつ》と答える霞さんが、なんだかとても不憫《ふびん》に感じられた。

「もちろん、わたしのことを心配しているからだとは思うんです。でも、ちょっと買い物に行くのにも、かならずお祖父さんが一緒についてきます。ひとりきりになれる時間がわたし、実はほとんどないんです」

おかげで友達に会う時間はおろか、最近では実家に戻るのも遠慮がちなのだという。

「あのあとも、例の人形は拝まれているんですか？」

私が尋ねた何気ない質問に、霞さんはいかにもバツの悪そうな面持ちになる。いたずらのばれた子供のような上目づかいで私を見ると、「はい……一応。すみません」と答えた。

「いや、別に謝らなくてもいいんです。何も強制したわけではありませんし、そんな権限も私にはありません。拝みたくて拝んでいるのなら、それはそれで構わないんですよ」

「わたしも別に、拝みたくて拝んでいるんじゃないんですよ……」

下唇をきゅっと嚙《か》み締めるようにして、霞さんは小さくつぶやいた。

「この間は家族の前だから言えませんでしたけど、わたし、本当はあんな人形、大嫌いです。先日、郷内さんがおっしゃったとおりだと思います。毎日、あの人形に手を合わせていると、気持ちがどんどん沈んでいってしまうんです。大丈夫、大丈夫って自分に言い聞かせても、わたしはこのまま本当に死んでしまうんじゃないかな、助からないんじゃないのかな、とか、気持ちがどうしても悪いほうに引っ張られていってしまうんです」

でも——と、霞さんは続けた。

「お義父さんからもお祖父さんからも強く勧められているので、厭《いや》とは言いきれないんです。先日もふたりで説明してましたけど、海上家に代々伝わる除災法なんです。拝んだところで結局、最後にはみんな死んでるんですから、何の意味もないんじゃないかと思うんですけど。ただ、そう言うと『これを拝んでいるから、みんな少しでも寿命が伸びているんだ』なんて理屈を返されて、結局それ以上話にならないんです」

一気にそう言い終えると、霞さんは曇った顔で小さくため息をついた。

「霞さん自身は、あの家に祟《たた》りというものが本当にあると、お考えですか？」

それを信じるか信じないかによって結果は真逆のものとなる。少なくとも今件に関しては
そのように私は考えていた。

「大筋は先日、郷内さんがおっしゃったとおりだと、わたしも思うんです。強い強迫観念と
自己暗示。それはわたし自身が毎日身をもって実感してますから、よく分かります」

でも、と霞さんは再び言葉を継いだ。

「郷内さんはあの家に来られて、何か感じませんでしたか？」

「何か、とおっしゃいますと？」

「家、暗くありませんでしたか？」

少しだけ声を大きくして、霞さんが問うた。

「ああ、そこか」と思った。唯物論と観念論の狭間《はざま》で、この人は懊悩《おうのう》しているのである。

霞さん自身もできることなら花嫁の連続死の原因を祟りや因縁などではなく、強迫観念や
自己暗示のほうに求めたいのだ。

ただそうは望んでも、単純にそうとは割りきれないものが、あの家にはある。

おそらく霞さんは、そのように感じているのである。

割りきれない要素の最たるものが、今霞さん自身が口にした、あの家の冥《くら》さなのだ。

「煤《すす》が舞うように真っ黒でしたね。私の目がおかしくないのなら、なんとも言いようのない異様な冥さでした」

率直な感想を述べると、霞さんの顔がとたんにぱっと輝いた。

「そうですよね！　あの家、すごく暗いですよね！　日当たりの関係がどうとか、そういう問題じゃないんです。なんていうか家中、どこもかしこも空気がどんよりしてるっていうか、電気をつけても明るさを感じないっていうか。とにかく、どんな時でもすごく暗いんです」

すでに私も現場を目の当たりにしてきているため、ただただうなずくばかりだった。

しかしそこへ再び、霞さんの「でも」が続いた。

霞さんの口から飛びだす「でも」を聞くたび、海上家の男たちの顔が嫌でも頭にちらつき、やるせない気持ちになる。

「わたしがこんなことを言っても、うちの人たちは誰も分かってくれないんですよ。ずっとあの家に住んでいるから、目が慣れちゃって分からないんですかね？」

つかのま輝いていた笑顔が再び暗転し、霞さんは唇をきゅっと窄《すぼ》めた。

「……あの家、どうしてあんなに暗いんでしょう」

当惑と不安の入り混じった面持ちで、霞さんが私に尋ねる。

正直なところ、明確な原因は私にも分からない。見たまま感じたままの印象から解釈して、「悪い気が家中に溜《た》まっているから」「家の中に悪い霊が居るから」と語るのはたやすい。

ただ、生業《なりわい》として目に視えないものを扱う責任がある手前、なんでもかんでもやみくもに霊の仕業、怪奇現象だと断じるのは憚《はばか》られるものがあった。

「実は昔、この家もそうだったんです。かれこれ何十年も続きました。大分長かったです。恥ずかしい話ですけど、うちも昔はいろいろあったんですよ。でも今は暗くないでしょう？　きっと問題がきちんと解決すれば、霞さんの家も明るくなるんじゃないでしょうか」

熟考の末、言葉を選んで私の口から出た回答は、せいぜいこんな程度の気休めだった。

これだってなんの根拠もなく、印象的な解釈であることに違いはない。けれども不用意な持論を展開して霞さんの不安を煽《あお》るよりは、いくらかマシだとも思った。

「そうですよね。いつかはきっとそうなりますよね」

拙い気休めにもかかわらず、それでも霞さんは目尻《めじり》に皺《しわ》を寄せ、微笑んでくれた。

「ところで、夢は相変わらず見るんですか？」

話題を変える。

「郷内さんがあの家にいらしたあとに、一回だけ見ました。確か、三日前だったと思います。あれもわたし、わけが分からなくてすごく怖いんです。中身はいつも同じですけど、夢とは思えないくらい生々しいですし」

「そうですか。家の冥さと夢以外では、何か他に気になることはないですか？」

些細《ささい》なことでも話すことで気が安らぐのならばと思い、霞さんに水を向けてみる。

「今回のご相談と、直接関係のないお話でも大丈夫ですか？」

別に構いませんよ、と答える。

「――わたし、子供の頃に幽霊を見たことがあるんです」

目元を薄く細めながら、霞さんが言った。

「幽霊、ですか」

「よっぽど怖かったからなのかな……。しばらく忘れていたんですけどね。海上家に嫁いであの夢を見るようになってから、ふっと思いだしたんですよ。その頃の記憶」

わずかに遠い目を泳がせたあと、霞さんは語り始めた。

幽　霊

小学四年生の夏休みだったという──。

霞さんの実家に、同い年の従姉妹《いとこ》が泊まりにきた。

従姉妹は明るく無邪気な性格。小麦色に焼けた肌が健康的で、とても活発な女の子だった。

一方、当時の霞さんはどちらかというと内向的で、人見知りの激しい性格。

ふたりはまるで対照的な性格だった。

霞さんの実家は、三陸海岸の沖合いに浮かぶ小さな島にあった。

従姉妹は、生まれて初めて見る海にいたく感激し、日がな一日、海に出掛けて遊んでいた。

対して霞さんは家の中で本を読んだり、お人形遊びをしたりするのが好きな娘だった。

躍動的な従姉妹の性分に初め、霞さんは距離を置いて遠巻きに彼女を眺めるばかりだった。

しかし、そこは子供同士のこと。ほどなくふたりは仲よく打ち解けることになる。

そこから先の毎日はとても楽しく、素晴らしいものになった。

昼間は従姉妹が海遊びに霞さんを誘い、夕方から夜は霞さんがお人形遊びに従姉妹を誘う。

ふたりはまるで姉妹のように片時も離れず、毎日胸躍るような時間を過ごした。

ある日、海で遊び疲れた霞さんと従姉妹は、家の中で本を読んで過ごすことになった。

霞さんが読みさしの本を開いて読んでいると、従姉妹が本棚からお化けの本を持ってきた。

当時、霞さんはちょっとしたマイブームで、お化けや妖怪《ようかい》の本にハマっていた。

「こういうの好きなの？」と訊《き》かれたので、霞さんは「うん、少し」とうなずいた。

すると従姉妹は霞さんの顔を見てにっと笑い、それから得意げにこんなことを言いだした。

「あたしね、お化けが視えるんだよ！」

従姉妹は小さい頃から、足だけしかない女の幽霊や、太陽の下でどろどろに溶ける男など、不思議でぞくぞくするものをいっぱい視たことがあるのだという。

本の中の出来事ではなく、生身の人の、それも仲のいい従姉妹の口から聞かされる怖くて奇妙な話の数々は、たちまち霞さんの心を虜《とりこ》にする。

その日から従姉妹にせがんで寝物語を語ってもらうのが、霞さんの至福のひと時になった。

従姉妹は嫌な顔ひとつせず、毎晩遅くまで霞さんに怖い体験談を語り聞かせてくれた。

そうして毎日怖い話を聞かされているうち、霞さんもお化けを見たいと思うようになった。

そこで思いついたのが、心霊スポットの探検である。

家の近くに位置する寂れた岬の下に、昔から女のお化けが出ると噂をされる洞窟《どうくつ》があった。

ひとりで行くのは怖いけれど、ふたりでなら行ってみたいと、霞さんは従姉妹にお願いした。

「怖くないの？」と従姉妹に尋ねられたが、霞さんは「大丈夫」と胸を張ってみせた。

さすがに夜は怖過ぎるので、お昼ご飯を食べ終えた午後の早くにふたりで洞窟へ向かった。

ごつごつした岩肌の下り坂をてくてく歩いていくと、やがて目の前に海が開けた。波飛沫《なみしぶき》の砕け散る岩礁をいくつも飛び越え、さらに先へ先へと進んでいく。そのまま進み続けていくと、岬の真下に黒い穴を広げる、小さな洞窟の前にたどり着いた。

「この中にね、女のお化けが出るんだって」

うずうずとした笑顔を少しだけきゅっとしかめながら、霞さんが従姉妹に告げる。手には家からこっそり持ちだしてきたインスタントカメラを握っていた。もしもお化けが出たら撮影して、雑誌やテレビに送るつもりだった。

だが、いざ暗い洞窟の前に立つと、その雰囲気は予想していた以上に怖いものがあった。霞さんは従姉妹に先導を頼み、彼女の背に貼りつくようにして中へと分け入ることにした。

怖々身体をくぐらせてみると、洞窟の内部は思ったよりも狭く、奥ゆきのないものだった。懐中電灯の明かりを照らしつければ、どん詰まりの岩壁に光が当たって円い輪を浮かべる。

そのままゆっくり歩を進め、上へ下へと光をかざしてみると、どん詰まりになった岩壁の足元に何かがぼんやりと浮かびあがるのが見えた。

ふたりで近づいて見てみると、石で造られた小さなお宮だった。

家の庭によくある、お稲荷《いなり》さんを祀《まつ》ったお宮にそれは造りが似ていた。けれども石の色や質感などを見ると、とても古そうなお宮だった。

お宮の周りには、お幣束や小さな風車がずらりと並んで立てられていたが、みんな古びてぼろぼろになっていた。

「怖い？」と従姉妹に尋ねられたが、霞さんは強がって「平気！」と応《こた》えた。

「ね、写真撮ってみようよ」

従姉妹の提案に霞さんは「うん！」と顔を輝かせ、お宮に向かってシャッターを切った。

フラッシュの強烈な閃光《せんこう》を浴びて真っ暗闇の洞窟内が一瞬、真昼のように明るくなる。

再び暗転。

もう一枚撮ろうとカメラを構えたところへ、従姉妹が霞さんの腕をぎゅっと摑《つか》んだ。

振り返ると従姉妹はいかにももう飽きたという表情で、霞さんに「帰ろ」と提案してくる。

「うん」と応えて、そのままふたりでぱたぱたと洞窟の入口まで戻った。

「ねえねえ、中にお化けいた？　わたし写真撮ったけど、何か写ってるかなあ？」

手にしたインスタントカメラをいじくりながら、笑顔で従姉妹に語りかける。

「どうかな。写ってるといいね」

従姉妹に笑いかけられ、霞さんもにっこりと微笑み返す。

その後の記憶が、ないのだという。

次に思いだせるのは、自宅へ続く細狭い路地を歩く自分だった。気がつくといつのまにか霞さんはおしっこを漏らしていたようで、下着が冷たく濡《ぬ》れていた。

とたんに怖くなってわんわん泣きだし、従姉妹に何があったのか尋ねてみた。しかし従姉妹は「分かんない」と答えるばかりで、結局原因は何も分からなかった。

翌朝、霞さんは目覚めると、なぜだか無性にまたあの洞窟に行きたくなった。理由は自分でもよく分からない。だが、あの洞窟にもう一度入ってみたくて堪らなかった。隣に寝ている従姉妹をさっそく揺さぶり起こし、「もう一回行こうよ」とせっつく。

ところが霞さんの提案に従姉妹はひどく憤慨し、「あんなところにはもう行かない！」と即答で拒絶された。「どうして？」と尋ねても、従姉妹は「つまんないからやだ！」などと言うばかりで、まるで取り合おうとしない。

さすがに独りで洞窟に行く勇気はなかったので、霞さんはやむなく諦《あきら》めたのだという。

その日から、従姉妹の態度がなんだかそわそわと落ち着きのないものになった。霞さんが話しかけてもどことなくうわの空で、心ここにあらずという感じだった。

「怒ってるの？」と霞さんが尋ねると、従姉妹は「怒ってないよ」と微笑み返してくれたが、その笑顔は痛々しいほどに弱々しく、霞さんの心をかえって寂しいものにさせた。

それから数日後。従姉妹が島から帰ってしまい、霞さんは再び独りきりになってしまった。

従姉妹との一件以降、なんとなく胸中にもやもやしたものを抱えこんでしまった霞さんは、それからはお化けの話題にもあまり興味を示さなくなってしまったという。

従姉妹の帰宅からさらにしばらく経ち、夏休みがもうそろそろ終わる頃だった。

お昼過ぎ。写真屋さんの現像袋を手に、お母さんが帰ってきた。

ひと夏かかってフィルムを使いきったインスタントカメラを現像してもらったのだという。現像された写真は花火大会やお祭り、子供会の行事などの様子を収めたものが、たくさん写されているはずだった。わくわくしながらさっそく写真を眺め始める。

束になった写真をふたりで一枚一枚捲《めく》っていきながら、夏の思い出話に花を咲かせる。

と、その中に一枚、ふいに奇妙な写真が現れた。

手にとって凝視してみると、黒い下地を背景に、何か白いもやのようなものが写っている。

首を傾げながら写真を眺めているうちに、ようやく「ああ」と思いだした。

おそらく従姉妹とふたりで洞窟へ入った時に撮った写真である。

そんなこともあったたな、と思いつつ、何が写っているのだろうと、再び写真に目を凝らす。

とたんにテーブルの向かい側から写真を見ていたお母さんが「きゃっ！」と悲鳴をあげた。

霞さんも驚いて「どうしたの？」と尋ねると、「顔ッ！」とお母さんが叫んで、霞さんの手にしていた写真をくるんと逆さに回転させた。

向き直された写真には、凄《すさ》まじい形相で嗤《わら》う女の顔が、でかでかと写されていた。

霞さんが「ひっ！」と叫んで写真を手から放そうとした、その瞬間である。

写真の中の女が、霞さんに向かってさらに口元を歪《ゆが》ませ、げたげたと唇を動かした。

印画紙の中で嗤うその女は、白い綿帽子を被《かぶ》った花嫁だったという。

花嫁に嗤いかけられたのとほぼ同時に、霞さんはそのまま昏倒《こんとう》してしまった。


それからまもなく、とり乱したお母さんに頬を叩《たた》かれ、霞さんは意識をとり戻した。

心配したお母さんが病院へ連れていくと言いだしたので、どうにかのろのろと立ちあがる。

片膝《かたひざ》をついて中腰になった時、テーブルに置かれた写真が再び目に留まった。

花嫁が写っていた写真は、いつのまにか墨で塗り潰《つぶ》したかのような黒一色に変わっていた。

ぼんやりした頭でお母さんに尋ねてみると、お母さんもとたんに顔色を変えた。

あとはいくら写真のことを尋ねても、お母さんは何も答えてくれなかったという。

病院の検査では問題なしと診断されたにもかかわらず、その晩、霞さんは高熱をだした。

熱は二週間以上さがらず、最後は本土の総合病院へ入院することになったのだという。

連結

だからわたし、花嫁に祟《たた》られるのは、これで二度目なんです――。

霞さんが全てを語り終えるまで、私はあえて一切、口を挟まずにいた。

否。正確には〝挟めずにいた〟のである。

霞さんの昔語りを聞くうち、私の頭中には冷たく恐ろしい予感がひしひしと芽生えていた。

従姉妹《いとこ》と過ごした目眩《めくるめ》く夏の日々の思い出。島での生活。夜ごとふたりで交わした怖い話。

そして、お化けが出るという洞窟《どうくつ》の探検。

話を全て聞き終えた今、その予感は全身が凍りつくほどの絶対的な確信に変わっていた。

間違いない。

私は昔、この話の〝片割れ〟を聞いた記憶がある。

パンドラの箱を開くような境地で、恐る恐る霞さんに尋ねてみる。

「今の話に出てくる従姉妹って――もしかして、椚木千草という娘ではありませんか？」

私の投げかけた唐突なひと言に、霞さんは一瞬、きょとんとした表情を浮かべた。

それから一拍置いたのち、幾分当惑した様子で彼女は答えたのである。

「え？　はい。そうですけど……どうしてちーちゃんのこと、知ってるんですか？」

やはりそうだった。何もかも、もう全て終わったものだと思っていたのに。

また──繋《つな》がってしまった。

記憶の奥底に沈んでいた五年前の忌まわしい出来事が、次々と意識の水面《みなも》へ浮上し始める。

気がつくと、座卓の上で組んだ手の中に冷たい汗が滲《にじ》んでいた。

「個人情報にも関わる問題になりますので、詳細まではお答えすることができないのですが、でもだいぶ前、千草さんから仕事の相談を引き受けたことがあるんです」

「そうなんですか……。じゃあ、もう本当にかなり前のお話になりますよね？」

ちーちゃん、亡くなってしまったから。

藍色《あいいろ》の瞳《ひとみ》をふっと陰らせ、霞さんはぽつりと寂しそうにつぶやいた。

振り返ればいつのまにか、千草の顔や名前すらも思いだすことがなくなっていた。

そんな千草の顔が、声が、姿が。霞さんの昔話を糧に、再び脳裏にまざまざと蘇《よみがえ》る。

「わたし、旧姓は立花って言うんです。ちーちゃんは、わたしの父の妹の娘なんですね」

知っている。千草の──表向きの──母親は、椚木昭代である。

昭代からの連絡はあの後、近況を書き綴《つづ》った一通の手紙を受け取ったのを最後に一切ない。

私としてはもう、遠い過去に終わった案件である。軽はずみに関係を継続するのも憚《はばか》られた。

ゆえに手紙の返信を打ち止めとして、こちらから新たに連絡することもなかった。

あれ以来、何も便りがないということは、おそらく平穏な暮らしを続けているのだと思う。昭代は千草の娘・美月とふたりで、幸せに暮らしているはずである。

私としては、是が非でもそのように思いたかった。

「それで、ちょっと見ていただきたいんですけど、いいですか?」

霞さんの発したひと声に、私の意識は再び目の前の現実へと引き戻される。

左手の人差し指で自分の瞳を指し示し、霞さんは私に向かってわずかに身を乗りだした。

「もうお気づきかもしれませんけど、わたしの目、少し青みがかっているでしょう?」

頭上に灯《とも》る蛍光灯の光を浴びて、濃紺の瞳が鮮やかな藍色にはっきりと輝く。

「これ、熱が引いてから少しずつ色が変わっちゃったんです。お医者さんに診てもらっても原因は不明。緑内障やワールデンブルグ症候群でもありません。ちなみに視力自体に異常はないんですよ。わたし、どっちかというと目はいいほうなんです」

霞さんは笑顔で目の由来を説明したが、私としては肌身がうそ寒くなるような報告だった。

目の前に供されたコーヒーに軽く口をつけながら、霞さんがさらに話を続ける。

「写真。確かに最初は怖い顔をした花嫁が写ってたんです。でも、もう一度見てみたら何も写ってなくて。熱が下がって退院してから、改めて確認してみようと思ったんですけどね。どうやら母が捨てるか隠すかしたみたいで、写真はあれ以来、一度も見ていないんです」

だから今となってはもう、確認しようがないのだという。

「わたしの見間違いだったと言えば、確かにそれまでの話です。でもあの時、写真の異変に最初に気づいたのは母だったんですよ。退院してから写真のことを訊《き》いても『知らない』の一点張りで、ちょっと様子もおかしかったですし」

下唇に人差し指の背を軽く当てながら、霞さんは眉間《みけん》に小さく皺《しわ》を寄せた。

「小さい頃のことだから、記憶が曖昧《あいまい》な部分もあるかもしれませんけどね。でも、わたしが覚えている限りでは、大体こんな流れだったんです。だからわたし、この目はもしかしたら花嫁の幽霊の祟りなのかもしれないなって。子供ながらになんとなく思ったんですよね」

全体の流れと結果を繋ぎ合わせれば、霞さんが祟りと疑うのも無理からぬ話ではある。

「こういうのってやっぱり、祟りなんでしょうか？」

霞さんの問いかけに対し、私は思わず返答に窮する。

なんともとんでもない話が飛びだしてしまったものだと、内心ひやひやさせられていた。話のお題目が海上家と同じ〝花嫁〟というのもまた、いかにも具合の悪いものだった。

確かに祟りと断言してしまえば、これはそれなりにすっきりと腑《ふ》に落ちる話ではあるのだ。ましてやこの話には千草まで介在している。信憑性《しんぴょうせい》に関しては、ほとんど折り紙つきである。

なんでもないことだと一蹴《いっしゅう》することのほうが、私にはむしろ難しいくらいだった。

ただその半面、今日というこの場の、この相談の流れの中においては、積極的に肯定するわけにはいかない話でもあった。

私が今日、霞さんの訪問を快く承諾したのは、ひとえに彼女を安心させるためである。祟りなど気にすることはない。気持ちを楽にして毎日を気楽に過ごすよう心がけてほしい。あくまでも世間感覚に即した助言を与え、不安な毎日を過ごす霞さんの気持ちを少しでもほぐせればと思ったがゆえである。

そこへこうした昔の祟り話。それも花嫁が登場するような祟り話が唐突に飛びだしたのは、まさに想定外のアクシデントだった。生半《なまなか》な返答をすれば霞さんの気持ちをほぐすどころか、祟りというものに関して、かえって余計な概念をも与えかねない。

どうにか無難にやり過ごすべく、慎重に言葉を選び回答を始める。

「祟りって、実証するのが実は非常に難しいものなんですよ」

「拝み屋さんでも、ですか？」

きょとんとした顔で、霞さんが私に尋ねる。

「拝み屋だからこそ、ですかね。たとえばです。誰かが自宅の古い庭木を伐採したとします。その次の日、その家族が交通事故に遭いました。これらのふたつは本来、なんの因果関係もないものなんですが、庭木を伐採した本人はこう思うんです。『自分が庭木を伐採したから、家族が交通事故に遭った。これはきっと古い庭木の祟りに違いない』と」

「そういうの、よく聞く話ですよね」

「まあ、ありがちな話です。うちにもこういう切り口での相談はたくさんあります」

さらに講釈を進める。

「で、ここで初めて『祟り』という概念ができあがるんですが、できあがっただけなんです。因果関係を実証するものなど、実際は何もないんですよね。あくまでも、当事者自身の解釈。もっと乱暴に言えば思いこみです」

「なるほど」

「今度は仮に『祟り』が本当にあったものだとしましょう。伐採された古い庭木が荒ぶって、家族を事故に遭わせた、という流れです。そんなこともまあ、実際はあるのかもしれません。ただこれも最初の解釈と全く同じで、『本当にあった』という実証はできないんですね」

「できないんですか？」

「まあ、庭木自身が『あの交通事故は俺の仕業だ』とか言わない限りはね」

切り株状になった庭木が喋《しゃべ》る姿でも想像したのか、霞さんが鼻を押さえてくすりと笑った。

「でも、この両方には共通点もありますよね。すなわち『古い庭木を伐採した』という事実、次に『家族が事故に遭った』という事実です。祟《たた》りが本当にあったにせよ、なかったにせよ、起こした事実と起こった事実自体に変わりはありません。ここまではよろしいですか？」

無言で聞きいっていた霞さんは、「はい」とうなずいた。

「では、次にこれです。祟りは本当にあったのですが、当事者はそれに一切気づかなかった。この場合、結果はどうなります？」

「同じ、ですか？　庭木を切ったたっていう事実と、家族が事故に遭ったたっていう事実」

「この場合、さっきの『祟りが本当はあった・なかった』とひとつだけ違う点があるんです。庭木を伐採した当事者は、庭木に祟られたなんて毛筋ほども思っていません。だから事故に遭った家族の心配こそすれ、それを庭木の伐採と結びつけることなんかしないんです」

「ああ、なるほど。うん、何をおっしゃらんとしているのか、だんだん分かってきました」

霞さんは藍色の瞳を輝かせながら、口元をほころばせた。

明晰《めいせき》である。理解も呑《の》みこみも早くて、安堵《あんど》する。

「要するに解釈次第、捉《とら》え方次第ということです。人というのは何か不幸なことが起きると、その原因を目に見えない因果や祟り、あるいは運勢などに求めてしまうことがままあります。でもどんな解釈をしようと、起きてしまったことは起きてしまったこと。結果はもう決して変えることができません。肝心なのは、そこから先をどう生きていくかなんです」

仕事場の一角に設《しつら》えた祭壇を霞さんに指し示す。

「加持祈禱《かじきとう》が有効であり、有意義であるのは、本当に祟りがあったにせよ、なかったにせよ、拝まれた当事者自身が『これで祟りは収まったんだ』と思う気持ちがある場合のみなんです。結局は自分自身の心の有り様自体が肝心なんですね」

「確かにそうですよね。お祓《はら》いを受けても、その本人が『よくなるわけなんかない』なんて思っていたら、お祓いが効いてもその人の中で祟りは継続し続けるってことですもんね」

「祟りや因果に不幸の原因を求めるなら、その解消までを視野に含めて捉《とら》えるべきなんです。『自分は祟られているから不幸なんだ』だけでは、ただ単に自分の不幸を正当化するための言いわけにしかなりません。それではよろしくないんです。私もこんな仕事をしていますが、祟りというものは全般的に扱い方が難しいものなんですよ。何かよほどの確信でもない限り、そんなややこしいものは持ちださないほうがいいんです」

頭を振りつつ話し終えると、霞さんは得心したかのような顔で何度もうなずいた。

「なるほど。なんだかすごく、すっとしました。でもそう考えると、祟りってなんと言うか、別の意味で怖いものですね。わたし、あの家に嫁いでからずっと『自分は祟られてる』って考えていたから、気持ちがとても楽になりました」

「それは何よりです。子供の頃の話だって同じですよ。祟りは本当にあったかもしれないし、なかったかもしれない。でもね、花嫁の幽霊が『お前を祟る』と宣言したわけでもなければ、あとになってわざわざ『お前を祟ってやったよ』なんて報告にきたわけでもないでしょう？だったらいいじゃないですか。その青い目は〝花嫁の祟りではなかった〟ということで」

これに関しては私個人の希望でもあった。藍色《あいいろ》に染まった霞さんの目の原因が、幼い頃の〝花嫁の祟り〟では、あまりにも悲惨ではないかと思ったのだ。

「ですね。子供の頃の怖くて不思議な思い出、ということにしておきますね」

瞳《ひとみ》に藍色の輝きを仄《ほの》かに滲《にじ》ませながら、霞さんがゆったりと笑んだ。

「でも、こんなわたしが花嫁の祟りがある家に嫁いだのって、考えてみれば変な話ですよね。もうずっと忘れてたのに、あの夢を見るようになってから、二十年ぶりに思いだしちゃった。わたし、よっぽど疲れているんでしょうね」

「確かに妙な縁ではありますね。しかし先日もお話ししたとおり、海上家のあれも違います。祟りなんかじゃありませんよ。どうか違うと思ってください」

そうなのだ。本題は〝過去の〟花嫁ではない。〝今の〟花嫁なのである。

家の冥《くら》さの件に関してはこの際、置いておくことにした。まずは霞さん自身の強迫観念を払拭《ふっしょく》すること。それこそが要であると私は判じた。

とりあえず第一関門はどうにか乗りきったと思い、ほっと胸をなでおろす。

訪問時、霞さんに差しだしたコーヒーカップに視線をやると、中身がもう空になっていた。代わりを作ろうとしたが、ポットはがすがすと咳《せ》きこむばかりで、こちらも空になっていた。

霞さんに断り、一旦《いったん》中座する。

数分後。湯の入ったポットを片手に仕事場へ戻り、座卓の定位置へ座り直す。

卓上に何気なく目を向けると、霞さんの目の前に空っぽになったお菓子の包み紙が数個、きちんと折り畳まれて置かれていた。

私が退室している間、お茶受けに出した菓子盆に、どうやら霞さんが手を伸ばしたらしい。私の視線に気づいたらしく、霞さんは心持ちばつが悪そうな顔をして居住まいを正した。

時計を見ればすでに正午を大きく回っていた。腹が減るのも仕方のない話だと思う。霞さんの昔語りに加え、私も長々と語っていた。気づけば自分で思っていたよりはるかに時間が経っていたのである。

「お腹減ってませんか？　もしよかったらどうぞ」

菓子盆から小袋に包装されたクッキーなどを適当にみつくろい、霞さんの前に差しだす。

「あ、すみません。いただきます……」

わずかに頬を染め、ぺこりと頭をさげる霞さんを見て、なんともいじましい気持ちになる。そもそも来客用に置いてある菓子なので、お客さんがいくら手を出そうと何も問題はない。別に恥じ入るようなことをしたわけでもなし。何もそんなに恥じらわなくとも、と思う。

新しく淹《い》れ直したコーヒーを飲みながら、霞さんは私の供したお菓子をつつましく食《は》んだ。

「ところで、ずっと気になっていたんですけど、海上家の祟りについて、霞さんのご実家はどの程度までご存じなんですか？」

私もお菓子をつまみながら、霞さんに尋ねる。

「実家の両親には一切、このことを話していないんです」

霞さんは即答した。

「それはどうしてですか？」

「両親に心配かけたくないから。まあ、それもあるんですけどね」

霞さんの顔色が、また少し陰る。

「わたしは結婚前に、夫から花嫁の祟りにまつわる話を聞かされていますよね？　海上家の事情を全部呑みこんだうえで、わたしは夫と一緒になっているんです。そもそも、夫自身は何度も結婚に反対してたんです。それを強引に押し切るような形で一緒になったんですから、全部、自分の身から出た錆《さび》だと思っています」

だからわたし、実家には甘えないようにしたいんです。

霞さんは真顔で答えた。

「それに」

またぞろ海上家の男たちの顔が脳裏に浮かび、少々うんざりする。

「親に話したら大騒ぎになるのは目に見えています。うちの両親、こういうことに関しては割り合い理解があるんですね。わたしがこの話をすれば、きっと信じてくれるとは思います。でもそれはこの場合、全くの逆効果なんですよ。〝嫁いだ花嫁がかならず死ぬ〟なんて家にわたしがもらわれたのを知ったら、両親はわたしに対してじゃなく、海上家の家族に対して強く抗議すると思います」

内心、結構なことではないかと思ったが、彼女の胸中を漠然と理解することもできたので、余計な口は挟まないことにした。

霞さんはさらに続ける。

「最悪の場合、親から離婚を迫られるようなことにもなりかねないんです。確かにわたしは、花嫁の祟りも、海上家の家風も、あの人形も大嫌いです。でも、それと結婚生活そのものはまた別です。離婚することだけは絶対に嫌なんです。わたしは夫と離れたくありません」

それ以外の理由などないはずだから、霞さんの訴えは痛いほど感得することができた。

彼女は夫を心から愛している。大切に思っている。片時も離れたくない。

それはなんの不純もない、ひとりの人として、妻として極めて当たり前の感情である。

それからつかのま、会話がふっと途切れた。

「よかったら御守りでも作りましょうか」と提案すると、霞さんは「ぜひ」とうなずいた。

昼を過ぎて、仕事場の窓から射しこむ日差しもずいぶん明るくなっていた。私が御守りを作る傍ら、霞さんは仕事場の隅に置かれた金魚の水槽を眺めていた。

「金魚、綺麗《きれい》ですね」

ほぐれた面差しで水の中を泳ぐ金魚たちを目で追いながら、霞さんがつぶやいた。

「お好きですか？　金魚」

「実家の父が好きで、何本も水槽を並べて飼っているんです。あ、わたし、これが好きです。ほら、この赤と青と黒が混じった、丸い金魚。確か横文字みたいな名前の金魚でしたよね？

キャ、なんとかっていう」

「キャリコです。英語で更紗《さらさ》とかまだらっていう意味なんです」

「そうそう。そういう名前でした。……わたし、実家にはもう、しばらく帰ってないんです。金魚見てたら、なんだかちょっと帰りたくなっちゃいました。帰りたいな、実家……」

「きっといい息抜きになると思いますよ。こんな状況なんですし、あまり自分に厳しくする必要もないでしょう。少し骨休めだと思って、ご実家に顔を出されてみてはいかがです？」

「そうですね。そう言ってもらえるなら、無理しないで帰ってみようかな」

どことなくほっとしたような顔で、霞さんはふわりと微笑んだ。

それからできあがった御守りを手渡し、安全祈願の祝詞《のりと》と魔祓いの呪文を霞さんにあげた。

帰りしな、仕事場を出ていく霞さんの足取りは少しながらも軽くなったように見受けられ、ほんのわずかだが、肩の荷がおりたように感じられた。

先日の海上家訪問の帰宅時、霞さんにそうしてもらったように、私も霞さんの車が門口を出ていくまで、仕事部屋の戸口から黙って霞さんを見送った。

花嫁

くびりころす──。

霞さんが私の仕事場を訪れてから、四日後の深夜だった。

「……ころころりたいははは……でもわたしかがいますほほほ……」

自室の布団で寝入っていた私は、耳元で囁《ささや》く不可解な声に目を覚ました。

若い女の声だった。それも、大勢の女の声である。

だが、声は私の耳のすぐそばから一斉に、それも同じ位置から聞こえてくる。

声は、右半身を下にして横たわる私の耳の中に、直接吹きこまれてくるようだった。

「なりものまくしたかな……ほほほころわらって……せられははりきましたよろす」

まるで宴席の歓談を録音したような声だった。ひとつひとつの言葉が個として認識できず、渾然一体《こんぜんいったい》となった大きな音のうねりと化している。そんな印象の声である。

しかし声は一ヶ所から、私の耳に貼りつくようにして聞こえてくる。声と一緒に生ぬるい吐息が耳の中に吹きこまれてくるのも、ありありと感じた。

だから、声の主はひとりである。だがその感触は、大勢の放つそれだった。

声の主が何者なのかは分からない。

ただ、この世の者でないことだけは、すぐに察することができた。

ぼんやりとしていた意識が、しだいにぴんと張り詰めていく。

「だったあれり……こはははせんよちゃんま……りこほほお」

状況を鑑《かんが》みれば、何者かが私の傍らに座し、耳元に唇を寄せ、言葉を紡いでいるのである。

斯様《かよう》に理解することができたし、厭《いや》でも了解せざるを得なかった。

「……ととてるんですか……ははゆみ……りこそんなふふはくび」

声がさらに耳元へ近づく。何かひんやりとしたものがぴたりと当たって、耳の穴を塞《ふさ》いだ。

唇だった。

反射的に飛びあがろうと試みたが、身体が石のように固まり、動かすことができなかった。

横倒しになった額と首筋から、ふつふつと冷たい汗が玉となって噴き始める。

「ほんとあははですたかったりすぐまゆみ……ほほそうだかったしますわたほほほほ」

声が大きくなる。否――大きくなったのではない。今度は頭の中で声が聞こえてくるのだ。

頭蓋《ずがい》の内側で女たちの声がざわざわと、渦を巻いてさえずり始める。

髄膜をぴりぴりと震わすような不快感に、全身の肌からぞわりと一斉に、粟粒《あわつぶ》が浮きだす。

耳の中にも異変が起きた。耳穴に吸いついた唇がもそもそと動くたび、内側の肉や鼓膜が波打つように蠕動《ぜんどう》する。まるで耳の中身が外へとせりだし、反転するかのような感触だった。

痛みはなかった。だが、その感触が大層気持ち悪く、全身にひどい悪寒が走った。

「すぐにあのそう……といったゆみほほりこ……あはしうふふ……じゃないだの」

そのまま飛び起き、逃げだしたかった。だが身体は相変わらず、びくとも動く気配がない。

悲鳴をあげるべく口を開こうとしたが、口すら開かず、喉《のど》にも力が入らなかった。

ただ、目だけはどうにか開くことができそうだった。がちりと凍りついた身体とは異なり、閉ざしていた目蓋《まぶた》だけは、ひくひくとわずかに震わすことができたのだ。

おそらく目蓋を開けば、声の主が私のすぐ目と鼻の先にいるはずである。

まだ視ぬ異形の姿に心底慄《おのの》き、身体の内が、すっと重力を失う。気づくと涙も流れていた。

寸秒躊躇《ためら》ったのち、それでもどうにか意を決し、ゆるゆると目蓋をこじ開ける。

目の前には、無人の自室があるばかり。

明かりの消えた暗い室内には、声の主はおろか、人影すらも見当たらなかった。

だが、それでも声は絶え間なく聞こえ続けてくる。耳には唇の感触もしっかりとある。

どうすることもできず、暗がりの前方へ向かって、きょろきょろと視線を動かしてみる。

いくらのまも置かず、眼球の動きがぴたりと止まった。

私の横たわる前方の壁際には、ビデオラックに載せた大型テレビが置いてある。

そのビデオラックのガラス扉に私自身の姿と、何か白いものが映りこんでいた。

目を凝らした瞬間、視界に認めたおぞましい光景に背筋がぞっと凍りつく。

白無垢《しろむく》を着た花嫁が、私のすぐ背後にいた。

花嫁は身を屈《かが》め、布団に横たわる私の左耳に顔をうずめて前後にもやもやと揺れている。

「たんですかのようですがすまゆはははだなすほほほほほほほほほほ」

判別不能な言葉の洪水に合わせて、花嫁の身体はかたかたと小刻みに震えていた。

耳に貼りつき、うつむいた顔は、純白の綿帽子に隠れてほとんど確認することができない。

だが、わずかに覗《のぞ》くその面貌《めんぼう》には白粉《おしろい》が薄白く、万遍なく塗布され、紅を差した朱色の唇がもそもそと動いているのが、ぼんやりとだが見てとれた。

「りこやれそらられまゆほほほはははは――」

ガラスの中の花嫁が、ふいにふっと顔をあげた。

暗闇のガラス越しに、私と花嫁の目が交錯する。

気が遠のくほどに寒々とした笑みを満面に浮かべた花嫁の目が、私をすっと見据えていた。

「くびりころす」

射竦《いすく》めるような眼差しで、しかし口元には大きな笑みを浮かべながら花嫁は言った。

「まゆみ、くびりころす」

背骨に高圧電流を流しこまれたような衝撃を感じ、とたんに身体が自由になった。

そのまま悲鳴とともに布団から跳ね起きる。

すぐさま電気をつけて背後を振り返る。しかし、花嫁の姿はもうどこにもなかった。

狼狽《ろうばい》しながら、枕元に置いた携帯電話をふんだくるようにして摑《つか》みあげる。

当時、交際していた妻の安否を確認するためである。

まゆみ、くびりころす。

花嫁が最後に放ったひと言に、私は生きた心地がしなくなっていた。

妻の名は、真弓《まゆみ》という。

考えたくもない事態と顚末《てんまつ》が、頭の中で次々と再生されて渦巻いた。

ぶるぶると震える指でボタンを手繰り、真弓の番号を探り当てる。たかだか数秒の時間が、私の中では十年にも百年にも感じられた。

どうにか真弓の携帯番号を選択し、発信ボタンに指をかける。

瞬間、見知らぬ携帯番号から着信が入り、思わず口から悲鳴が漏れた。「うるせえ！」と怒号を発し、すかさず着信を遮断する。

再び真弓の番号を表示しようとしていた矢先、またぞろ電話が激しく鳴った。先刻と同じ、やはり見知らぬ携帯番号である。

同じく遮断しようとしたつもりが、手元を誤りそのまま電話が繋がってしまう。

瞬間、受話口から弾《はじ》ける甲高い叫び声が、手にした電話をびりびりと震わせた。

反射的に電話を耳に当てる。とたんに耳の中から銀紙を揉《も》みしだくような不快な音がたち、叫び声が小さくくぐもった。先ほどまで花嫁に囁かれ続けていた耳である。

――耳がほとんど、聞こえなくなっていた。

そのまま立ち眩《くら》みを起こしそうになるのを必死で堪《こら》え、反対側の耳へ電話を押し当てる。

「大変です、すぐ来てください！　大変なんです！」

声の主は雅文さんだった。完全に動転した様子で、嗚咽《おえつ》混じりの悲痛な叫びをあげている。

しかし、私が驚嘆したのは雅文さんの声ではなく、その背後からかまびすしく聞こえてくる、もうひとつの声のほうだった。

それは若い女が放つ、凄《すさ》まじい大絶叫だった。

声は雅文さんの叫びすらも遮り、受話口のスピーカーいっぱいにぎんぎんと木霊《こだま》していた。

「一体、どうなっているんです？」

ばくばくと高鳴る胸を片手で押さえながら、雅文さんに問う。

「霞が大変なんです！　お願いですから、すぐ来てくださいっ！」

彼の説明はまるで要領を得なかった。ただ「霞」という名前を聞いて、電話口の向こうで泣いているのが霞さんだと察することはできた。

これまでの人生で一度も聞いたこともないような奇声をあげて、霞さんは泣き叫んでいた。まるで地獄の底からほとばしる悪鬼の猛《たけ》りのような、それは身の毛のよだつ声色だった。

「状況がまったく分からないです。まずは少し落ち着いてください。簡潔にで結構ですから、くわしい現状を教えてください」

噛《か》んで含めるように言い聞かせ、さらに向こうの言葉を待つ。

「……あの花嫁の人形が今、霞に抱きついているんです」

ふうふうと荒い吐息を弾ませながら、雅文さんは震える声で信じ難いことを口走った。


つい十分ほど前。自宅の寝室で熟睡している時だったという。

暗闇の中、突如として巻きあがった凄まじい金切り声に、雅文さんは布団から飛び起きた。

慌てて部屋の電気をつけたとたん、雅文さんの口からも悲鳴があがる。

声の主は、隣で寝ていた霞さんだった。

あの干乾《ひから》びた花嫁が霞さんの身体に覆い被《かぶ》さり、がっしり抱きついていたのだという。

霞さんは、顔じゅうを涙と鼻水でぐしゃぐしゃにしながら、壊れたように泣き叫んでいた。

一方、花嫁は仰《あお》向《む》けになった霞さんの胸元に顔を乗せ、白無垢に包まれた両腕を霞さんの背中にぐるりと回して、固く閉じ結んでいた。

騒ぎを聞きつけ、駆けつけてきた忠文氏と克己氏も、その光景を見るなり悲鳴をあげた。

すっかり色を失いながらも、ただちに三人で霞さんの身体から花嫁を剝《は》がしにかかる。

ところがどう頑張っても、花嫁は霞さんの身体から剝がれようとしないのだという。

「両腕がですね、霞の背中に回ってがっしり固まっているんですよ。指もですね、一本一本固く食いこんでいて、とても剝がせないんです。お願いです、霞を救《たす》けてください！」

あんたらがやったんじゃないのかッ！

思わず怒鳴りつけそうになったが、電話の向こうで雅文さんは嗚咽をあげて泣いていた。

電話口で雅文さんの話を聞きながら、初めは海上家の男たちによる報復だと考えていた。

要するにこうである。

先週、霞さんが私の仕事場を訪ねたことが、なんらかの形で発覚する運びとなった。

先日の私の提案を面白く思っていないであろう海上家の面々は、当然、霞さんの身勝手な行動が気に食わない。

そこで霞さんに灸《きゅう》をすえるべく、あの〝花嫁さん〟を持ちだしたのだ。

――お前が勝手なことをするから見ろ。花嫁さんがお怒りになったんだ。

こんな台詞《せりふ》を吐きだす男たちの姿が、電話口で話を聞きながら何度も目に浮かんだ。

だが冷静に考えているうち、そんなはずは絶対にないと思い至ることになった。

仮にこれが海上家の男たちの手による自作自演だとするなら、わざわざ私に電話をよこす必要などないのである。

霞さんへの折檻《せっかん》のついでに、駄目押しで私への警告かとも思ったが、それならばわざわざ「今すぐに来てください。救けてください！」などと、言うはずもない。どれだけ考えてもこの一連の流れは、まるで理に適《かな》わない展開だった。

電話口の向こうでは相変わらず、霞さんが大声をあげて泣き叫んでいる。

雅文さんの言葉どおりであるなら、今、霞さんの身体にはあの花嫁のミイラが抱きついて離れない状態にあるからだ。

この世のものとは思えないおぞましい光景が、頭の中で生々しく映像化される。とたんに粟立《あわだ》った二の腕の皮膚がひきつけを起こしたかのようにびくびくと激しく痙攣《けいれん》を始めた。

人形が――いや、ミイラか――が勝手に歩きだして、霞さんに抱きついたとでも言うのか。

馬鹿馬鹿しい。即座に頭で割りきろうとする。だが、それを〝絶対にありえないこと〟だと払拭《ふっしょく》できるだけの判断材料も、私は持ち合わせていなかった。

それどころか逆に、その可能性を補強する判断材料ばかりを私は大量に持ち合わせている。過去十数代にも及ぶ花嫁たちの死。海上家訪問時に視た、霞さんの肩口に浮かぶ花嫁の首。家じゅうをどっぷりと浸すように染めあげる、あの異様な冥《くら》さ。

そしてつい先刻、私の耳を駄目にしてしまったあの忌々しい花嫁――。

あの家ならば、何が起きても決しておかしくはない。

あらゆる怪異が起こる可能性が、十分過ぎるほど考えられる。

海上家とは、そのような魔性を持つ家である。

「郷内さん。夜中遅くにこんなお願いをすることは、本当に申しわけないと思っています。でも、僕らではダメなんです！　どれだけやっても剝がれないんです！　お願いします！今すぐうちに来てください、お願いします！」

狂い泣く霞さんの大絶叫を背に、雅文さんが再び大声を張りあげ、私に懇願する。

しかし、私の返答はおよそ人間味に乏しい、極めて冷酷なものだった。

「大変お気の毒ですが、とても私の手に負えるものではありません。人形が剝がれないなら消防でも呼ぶべきです。他の同業でもいいでしょう。とにかく本当に申しわけないのですが、私はもう、この件には一切関わりたくありません」

自分でも信じられないほど流暢《りゅうちょう》に、なおかつ機械的な声音で即答していた。

はたと気づけば、髪の毛が逆立っていた。額からは冷たい汗がしとどに噴き出てもいた。

怖いなどという感情はすでに大きく通り越し、心はほとんど無我の境地にあった。

どのように受けとられようが構わない。だから正直に白状する。

霞さんの安否でさえ、この時、私はどうでもいいと思ってしまった。

それほどまでに私は、この件にこれ以上関わることが恐ろしかったのである。

「そんなことを言わないでください、お願いします！　先日のことを気にされているのなら謝ります！　お願いです、霞を救けてください！　お――」

あとはひと言も答えず、私はぶつりと通話を切るなり、そのまま着信拒否に設定した。

――どうやって闘うかじゃねえ。どうやって逃げるかだ。

華原さんの遺戒が、まるで言い訳のように頭の中で反芻《はんすう》される。

卑怯《ひきょう》だという認識はあった。最低だという自覚もあった。

だが、それでは心は動かなかった。

一万分の一、あるいは十万分の一の確率。決して踏みこんではいけない禁断の領域。異界へ至る、奈落《ならく》の淵《ふち》。

——祟《たた》りなんかじゃありませんよ。どうか違うと思ってください。

先週、霞さんに向かって得意げにのたまった講釈が、まるで戯言《たわごと》のように感じられた。

それでは一体、なんだというのか。自問しても答えは何も出てこなかった。

加えて今件には、千草の名前まで飛びだしている。それだけで、もうすでに危険なのだ。理屈など関係ない。五年前、椚木の一族に勃発《ぼっぱつ》したあの怪異と、これは同格のものである。あるいはそれ以上かもしれない。

——これ以上関わったら、もう絶対に戻って来られなくなる。

先日の結論と、やはり結果は同じだったのである。到底、私の手に負える代物ではない。

思いきるなり、神速の勢いで真弓の番号に発信を試みる。

先刻、花嫁が発したあのひと言が、私の耳から離れなかった。

真弓のことがひどく気がかりだった。一刻でも早く、真弓の安否を確認したかった。

耳元に電話を当て、真弓の応答をがたがたと震えながら待つ。

無音。受話口のスピーカーからは、呼びだしのコール音さえ聞こえてこない。

操作を誤ったのかと苛立《いらだ》ち、耳元から電話を離してディスプレイに目を落とす。

小さな液晶画面が赤と紫の二色に染まり、横縞《よこじま》のノイズを作った状態で固まっていた。

一目したとたん、弾《はじ》かれたように部屋を飛びだし、仕事場へ向かった。

祭壇から古びた銅剣を慌ただしく持ちだし、ほとんど飛びこむような勢いで車へ乗りこむ。エンジンを掛けると生きた心地もしないまま、私は深夜の田舎道へ猛然と車を走らせ始めた。

真弓の自宅へ向かいながら、再び通話を試みるべく電話を手に取る。

幸い、ディスプレイは元の状態に戻っていた。しかし、相変わらず電話は通じなかった。発信しても今度は通話中を報せる電子音が鳴り響くばかりで、繋《つな》がる気配が一向にない。

車内の時計を見ると、時刻は二時を少し回る頃だった。

こんな時間に真弓が起きていることなど、通常ならばありえない。たった今、真弓の家で何が起きているのかと思うと、それだけで気が狂いそうになった。

道中、定期的に通話も試みた。受話口からは電子音が聞こえてきたり、なんの反応もなく無音だったり、圏外を報せるアナウンスが流れたりと、状態がまるで一定しなかった。

それから二十分ほど走り続け、真弓の自宅のおよそ半分まで距離が近づいた頃だった。十数度目の発信で、ようやく呼びだしを報せるコール音が受話口から聞こえた。

五回、十回、十五回とコールを重ねたあと、突然音がぷつりと鳴りやみ、声が聞こえた。

「……もしもし」

真弓が出た。ちゃんと生きていた。

寝起きのひどい掠《かす》れ声だったが、散々焦がれたひと声に安堵《あんど》の吐息が大きく漏れる。

ハンドルを握りながら、何か変わったことはなかったかと尋ねてみる。

真弓は少しの間、沈黙したあと「別に何もないよ……」と、ひどく眠たそうな声で応《こた》えた。

「そうか……ならいいんだ。なんでもない」

ごめん、おやすみ――。そう言って、私は電話を切った。

通話を終えたとたん、張り詰めていた緊張がぷつりと断ち切れ、今度は凄《すさ》まじい虚脱感に見舞われた。折よく近くにコンビニがあったので、車を滑りこませて停車する。

気がつけば口の中がからからに干あがっていた。店に入ってジュースを買う。車へ戻って喉《のど》に流しこむと、胃がちぎれそうなほど激しく痛んだ。

きりきりと悲鳴をあげる胃の腑《ふ》に顔を歪《ゆが》めながら、左耳に指を押し当て、具合をうかがう。

耳は相変わらず不調のままだった。全く聞こえないわけではないが、音が小さくくぐもり、まるで水の中にどっぷりと浸《つ》かっているような感覚である。

どうして自分が、こんな憂き目に遭わなければならないのか。

生業《なりわい》だと割り切れば、確かにそれまでの話である。

だが拝み屋とは本来、こんなことに命を懸けるような仕事ではない。

家内安全に交通安全、受験合格に安産祈願。土地祓《ばら》いに屋敷祓い。先祖供養にペット供養。

平素はこんな地味で見栄えのしない仕事ばかり請け負っている。

確かに時には憑きもの落としや魔祓いなどもやる。ただ、依頼内容の多くは当事者自身の思いこみや、勘違いなどから生じるものである。

そんな依頼主たちに祟りや因縁、霊障などの不在を語り聞かせ、正気に戻してやるまでが私の仕事だ。まかり間違っても、不明確で危うい概念を増長させるのが務めではない。

確かに〝本物〟を手がける場合だって時にはある。けれども自分の身が危ういと感じればことごとく手を引いてきた。私は私にできる仕事しか、本来引き受けない主義なのである。

——てめえの器を考えて動けるのが、本物の拝み屋ってもんだ。

かつて華原さんの放ったひと言が、耳元で囁《ささや》くように蘇《よみがえ》る。

そのとおりだと思う。今度の件も例外ではない。だから私は海上家から手を引いた。

卑怯でも冷徹でも臆病《おくびょう》でもなんでもいい。私は私の在るべき日常にまた帰っていくだけだ。

地味で見栄えのしない日陰のような人生こそが、私の歩むべき本来の道筋なのだ。

私は英雄の器などでは決してない。ただのしがない田舎の拝み屋である。

それでいい。それでいいのだ。

吸い終えた煙草をぐしゃぐしゃと揉《も》み消し、新しい煙草に火をつける。

そのまま煙を吹かしていると、ふいに霞さんの笑顔が脳裏にありありと浮かび始めた。

先日、私の唱えた安全祈願と魔祓いに、「これで大丈夫ですね」と微笑んでいた霞さん。

私の作った拙い御守りを両手でそっと包みこみ、「大事にしますね」と喜んでいた霞さん。

大丈夫などでは全然なかったのに、笑いながら私に手を振り、帰っていった霞さん。

私を信じて、藍色《あいいろ》の綺麗《きれい》な瞳《ひとみ》をきらきらと輝かせて笑ってくれた、霞さん。

とたんにありったけの大絶叫が喉から勝手に絞りだされた。声と一緒に涙もこぼれる。

ぼろぼろ、ぼろぼろと、塩辛い涙がとめどなく溢《あふ》れて止まらなくなった。

少女のようにあどけない面差しで微笑む霞さんの顔が、頭の中で何度も何度も反復された。

幼い頃、大きくなったらゴーストバスターズになりたいと思っていた。

ベンクマン博士になって、ディナ・バレットを護《まも》るんだと思っていた。

幼い頃、ゲゲゲの鬼太郎《きたろう》になりたかった。

鬼太郎になって、夢子《ゆめこ》ちゃんを護るんだと思っていた。

あの頃から、もうすでに二十年余りの月日が経つ。

私は当時、なりたいと思っていた自分になれたのだろうか。そんなことを考え始める。

十分ほどハンドルに額を押しつけ、ひたすら泥のように懊悩《おうのう》した。

気がつけば、いつのまにかはっきりと揺れ動いている自分がいた。

やるのか、やらないのか。

その究極のはざまを何百遍も行きつ戻りつしながら、ひたすら苦悶《くもん》の海に意識を沈めた。

悩み、怯《おび》え、慄《おのの》き、苦しみ、額に食いこむハンドルの固さにいよいよ苦痛を感じ始める頃、
ようやく私は鉛のように重たくなった頭をのろのろと持ちあげた。

未《いま》だ放心したまま、助手席へぼんやりと視線を向ける。

薄暗いシートの上には小ぶりな銅剣が、駐車場の外灯に照らされて鈍い光を帯びていた。

自宅を飛びだす際に持ちだしてきた、華原さんの形見である。

在りし日。華原さんはこれを携え、椚木の一族の眼前に乗りこみ、おそらくはあの一族の災いの元凶たる〝母様〟を屠《ほふ》った。多分、己の生命と引き換えに。

最高にかっこ悪くて、最高にかっこよかった私の先輩。偉大なる先達。

恋さんは、これを形見だと言って私によこした。

華原さんはもういない。だからやるなら、今度は私ひとりでやるしかない。

それに形見は、使うためにあるものだと思う。

あの人に届かないまでも、せめて真似事ぐらいはさせてもらおう。

仮にその代償が、あの人と同じ結果になるのだとしても——。

時計を見ると、午前二時四十二分。ここからなら、海上家まで三十分ほどで到着できる。

電話をかけると、二度目のコールで雅文さんが出た。

先刻の非礼を謝罪し、これから訪問する旨を手短に伝えると、雅文さんは快諾してくれた。

依頼の承諾にあたり、私はひとつだけ条件を提示した。

あの人形の処分である。

それも今夜じゅうに。私の見ている目の前で、確実に。

電話口の向こうで忠文氏、克己氏と十数秒ほど協議したのち、雅文さんはこれを了解した。

手短に礼を述べると通話を切り、私はただちに臨戦態勢に入る。

これでお膳立《ぜんだ》ては全て整った。

あとは、やるかやられるかだけである。

ようやく死地を興ずる境地に至り、迷いはもうなくなっていた。

ギアをドライブに切り替えると、私は海上家へ向けて再び猛然と車を飛ばし始めた。

滅する――。

車が海岸線を走り抜ける頃、時刻は午前三時を少し回っていた。

日の出にはまだほど遠く、海の色は墨のように黒々としている。道路には車も人影もなく、耳に届くのはどうどうと激しい唸《うな》りをあげる波音だけだった。

海上家へ到着すると、玄関先から飛びだすような勢いで忠文氏が車へ駆けつけてきた。

「こんな時間にありがとうございます。先日は大変失礼いたしました。さあ、どうぞ！」

矢継ぎ早に礼と謝罪と誘導をいっぺんに捲《ま》くし立て、忠文氏は足早に家の中へ戻り始めた。

銅剣を片手に、私も急いであとを追う。

家内に一歩足を踏み入れるなり、再びあの異様な暗さが目に染みこんできた。

それも先日よりも、格段に冥《くら》い。

時刻が夜だからでは決してない。家の中には煌々《こうこう》とした明かりが隅々まで行き届いている。

しかし、私の目には戸外の暗闇よりも、家内を浸す薄闇のほうがはるかに暗く感じられた。

視界が利かないのではない。家内の壁も床板も天井も、はっきりと視認することはできる。

海上家に立ちこめるこの薄闇は、言うなればサングラスのようなものである。煌々と灯《とも》る明かりの上に、陰気な闇がさらに覆い被《かぶ》さるようにして漂っている。

だからこれは、自然の生みだす暗さではない。ここに至って、ようやく私は確信する。

忠文氏に先導されるまま、霞さんのいる寝室に向かって暗い廊下をひた進む。

廊下を歩きながら、煤《すす》のように視界を遮る薄闇を片手に持った銅剣でひと薙《な》ぎしてみる。

振った瞬間、剣筋に当たった闇の黒さがぱっと晴れ、明々とした光が傷口のように広がった。

たちまちぞっとなり、腰元に銅剣を引き戻す。

やがていくらのまも置かず、廊下を進む先から霞さんのすすり泣く声が聞こえてきた。

早足になった忠文氏のあとに続き、さらに家の奥へと進んでいく。

ほどなくたどり着いた寝室の凄惨《せいさん》な光景に、私は慄然《りつぜん》とさせられた。

果たして雅文さんの言葉どおり、干乾《ひから》びた花嫁が霞さんに未《いま》だがっしりと組みついていた。

霞さんは布団の上で花嫁に抱きつかれたまま仰向《あおむ》けに横たわり、ほとんど息も絶え絶えにか細い声ですすり泣いていた。

もはやろくに声も出ぬほど泣き尽くしたことは、霞さんの顔を一目しただけで了解できた。

白目は兎のように赤く染まり、大きな目の周りも鬱血《うっけつ》して青黒く腫《は》れている。涙と鼻水でぐしゃぐしゃに乱れきったその顔には、恐怖の限界をとうに通り越した、疲弊と放心の色が痛々しいまでに滲《にじ》み出ていた。

傍らに身を寄せて声をかけると、散々泣き涸《か》らしたはずの霞さんの両目から、大粒の涙が再びどっとこぼれた。それから何かを言おうとしかけたらしいが、声は言葉の意味をなさず、「ぐうぅん……」という苦しげな嗚咽《おえつ》が短く漏れただけだった。

「ごめんなさい。遅くなりました。怖かったね。もう大丈夫ですから、安心してください」

私の言葉に霞さんは「うぅ、うぅ」と嗚咽をあげながら、何度も小刻みにうなずいた。

霞さんに組みついた花嫁の二の腕に手を掛ける。ぐいっと力任せに引いてみたが、花嫁は斜めにぐらりと首を傾かせただけで、やはりびくとも動こうとしなかった。

「バールを使って引き剝《は》がそうともしたんだが、ぴったり貼りついてて駄目だったんです」

克己氏が傍らにへなへなと座りこみ、ほとんど泣きそうな顔で私に訴えた。

「先生、この間は本当に申しわけなかったです。うちの嫁、助けてください。お願いです」

涙声で懇願するなり、克己氏は私の眼前で畳の上にぴたりと額を擦《こす》りつけた。

「郷内さんに言われたとおり、消防も呼ぼうと思ったんですけど、どうしても呼べなくて。なんとか霞を救《たす》けてください。お願いします」

霞さんを挟んで布団の向かい側に座っていた雅文さんも頭をさげる。

消防を呼べない理由は分かっていた。これが人形ではなく、剝製《はくせい》だからだろう。

こんな修羅場でさえも干乾びた花嫁のほうが大事か。内心思いもしたが、すぐによした。これの処分を約束してくれたのだから、今までの流れは不問に付そうと思い直す。

「最善を尽くします」と宣言し、私は霞さんの枕元で、ただちに魔祓《まばら》いの呪文を唱え始めた。

別段、特別な呪文ではない。田舎の拝み屋が日常的に用いるような、ごくありふれた呪文。民間療法というか、悪い気を祓うためのおまじないのようなものである。

意図して手を抜いているわけではない。ましてや出し惜しみをしているわけでもなかった。私自身もまた、田舎の拝み屋である。それもしがない田舎の拝み屋風情なのだ。

手持ちはせいぜい、これくらいなのである。

呪文を唱えながら華原さんの銅剣を片手に持ち、霞さんの身体に組みつく花嫁の腕の間へ剣先を押しこんでみる。だがやはり、花嫁の身体はびくともしなかった。

梃子《てこ》の原理で腕を浮かせられないかと考えたのだが、駄目だった。花嫁の両腕は霞さんの身体にぴったりと食いこむように貼りつき、一寸《いっすん》たりとも動く気配がない。

先ほど、克己氏が「バールを使っても駄目だった」という話を別に疑ったわけではない。だが自分で実際に試してみて、改めて身の毛のよだつ思いが湧いた。

一体、この干乾びた花嫁は、何を血迷ってこんな始末になってしまったのか。

つい先日、仏間の奥の秘密の小部屋で花嫁を垣間《かいま》見た折。その一瞬には哀れとすら思ったこの花嫁が、私の胸の内で再び禍々《まがまが》しく、ひたすらおぞましい存在へと回帰していた。

両の腕に渾身《こんしん》の力をこめながら、花嫁の腕と霞さんの身体との間に、銅剣を食いこませる。だがやはり駄目だった。どんなに力をこめても花嫁の腕はぴくりとも動こうとしない。

そうこうしている間に、口ずさんでいた呪文もそろそろ終わりに近づき始めていた。

呪文が終われば、あとはもう打つ手がない。徐々に気持ちが焦りの色を浮かべ始める。

花嫁を祓うのではなく、供養する方向に方針を切り替え、経を唱えることも確かにできる。

だが、その効果は果たしていかばかりのものか。確信よりも疑念のほうが先立ってしまう。

やはり無理か。浮かんだ焦りが諦《あきら》めに変わろうとしかけた、その時だった。

「違う。斬る」

嗚咽をあげていた霞さんの泣き声が一瞬ぴたりと止まり、妙な言葉をつぶやいた。

反射的に霞さんの顔を覗《のぞ》きこんだ瞬間、はっとなって息を呑《の》む。

千草が私の目を見て、笑っていた。

瞬《まばた》きをした刹那《せつな》に千草の顔は消えた。目の前には再び、嗚咽をあげる霞さんの顔があった。

詠唱していた呪文をやめ、その場にすっと立ちあがる。身体が勝手に動いた感じだった。

霞さんにしがみつく花嫁の背をめがけ、両手で握った銅剣を高々と頭上まで振りあげる。

「離れないなら斬る」

花嫁に向かって宣言した直後、組みついていた両腕から、がさりと乾いた音がした。

「剝がしてみてください！」

私の放った大声に、海上家の男三人が弾《はじ》かれたように動きだす。三人揃って花嫁の身体に手をかけると、花嫁はなんの抵抗もなく霞さんの身体からべらりと剝がれた。

浮きあがった花嫁の腹を蹴《け》りあげるようにして、すかさず霞さんが飛び起きる。そのまま雅文さんの胸に抱きつくと、霞さんは大声をあげて泣き始めた。

霞さんの様子を横目に、花嫁へ視線を向ける。

干乾びた花嫁はだらりと四肢を投げだし、布団の脇に仰向けになって横たわっていた。

花嫁の前にひざまずき、両肩に手をかけ抱き起こしてみる。垂直に持ちあがった上半身は首こそまっすぐに座っていたが、両腕は畳の上へと力なく垂れさがり、糸の切れた操り人形――否。まるで生身の死体のようになっていた。

「花嫁さん、ほんとは身体がかちかちだから、こんなになるわけないいんだがね……」

花嫁を見おろしながら、克己氏が蒼《あお》ざめた顔でつぶやく。

言われずとも承知していたことだったが、言葉にされると改めてぞっとさせられた。

「すぐにやります。準備はできていますか？」

「庭に準備しております。すぐに始められます」

答えるなり、克己氏が花嫁の両脚を持ちあげた。

先刻、電話で茶毘《だび》の準備を頼んでおいたのだ。下手な場所に投棄したりすれば、事である。悉皆《しっかい》焼き尽くすのが最善だと私は考えていた。

霞さんのほうに再び目を向けると、雅文さんに縋《すが》りついて泣き続けていた。

雅文さんには霞さんを任せることにし、私と克己氏、忠文氏の三人で始めることにした。

花嫁の上半身を私が、下半身を克己氏が抱える形で、ふたりで干乾びた花嫁を運びながら、外へと向かって冥《くら》い廊下を戻り始める。

花嫁を運び歩くさなか、私たちの歩調に合わせて、干乾びた身体がぐらぐらと揺れ動いた。腕に伝わる感触は、ほとんど最前まで生きていた人間のそれである。

加えて時折、白無垢《しろむく》に包まれた胸元がわずかにびくん、びくんと上下することすらあった。皺《しわ》だらけになって萎《しぼ》んだ顔には生気こそ感じられなかったが、生命の輝きが放つ存在感とはまた別種の、禍々しい威圧感をその全身からありありと醸しだしていた。

言うなればそれは、魔性である。

廊下の頭上から降り注ぐ白熱球の仄白《ほのじろ》い光芒《こうぼう》を浴びるたび、ガラス玉でできた丸い両目がぎらぎらと凶悪な色を浮かべて輝く。わずかに捲《めく》れあがった上唇は、もはや微笑と呼ぶにはほど遠く、まるで標的を威嚇するけだもののそれに見えた。

花嫁は、はっきりと嗤《わら》っていた。

先日、秘密の小部屋で垣間見た時とはもう、まるっきり顔が変わっていた。

ぴりぴりと、背筋に微弱電流を流しこまれるような感覚に心底怖《お》じ気《け》を揺さぶられながら、私はいつのまにかわなわなと震え始めていた両手で花嫁を懸命に運び続けた。

玄関を出ると、戸外は幸いにもまだ薄暗いままだった。朝陽の不在に安堵《あんど》の吐息を漏らす。人家の庭先で〝人間〟を焼くのだから、日が昇る前に決着をつけておきたかった。

「裏庭に薪《まき》を組んであります」

克己氏の先導で屋敷の正面から横手へと回りこみ、裏庭を目指す。ぐんぐん進んでいくと、やがて一分も経たないうちに屋敷の裏側へ到達した。その時、ようやく気がついたのである。

家の長さが違う――。思わず背筋がぶるりと震えた。

先日、海上家を初めて来訪した折。またつい先ほど、夫婦の寝室へ向かった際。家の中は奥へと向かって、まるでトンネルのごとく果てのないほど長かったはずだ。

それなのに今、私は玄関口から迂回《うかい》して、易々《やすやす》と屋敷の裏手へ回りこんでしまっている。

どう考えても、おかしいのだった。

「さっさと焼いちまいましょう」

克己氏のひと言にはっとなって我へと返り、ただちに荼毘の準備にとりかかる。

裏庭の中央には、廃材と思《おぼ》しき古びた板切れや角材などが、二メートルほどの横幅でこんもりと積みあげられていた。克己氏は「有り合わせで申しわけないね」と頭をさげたが、十分だった。これで完全に焼き尽くすことができる。

克己氏とふたりで、焚《た》き木の上に花嫁を仰向《あおむ》けにして横たえる。そこへすかさず忠文氏が手にしたポリタンクから花嫁の身体へ、ざぶざぶとしとどに灯油を浴びせかけた。

「危ねえから、さがっててください」

克己氏が筒状に丸めた新聞紙に火をつけ、焚き木の上に放り投げる。

瞬間、目の前に巨大な火柱が立ち昇り、花嫁はたちまちのうちに紅蓮《ぐれん》の炎に包みこまれた。純白の白無垢が茶色と黒のまだら模様にみるみる染まり、業火《ごうか》の中でばちばちと音を立てて爆《は》ぜ始める。

「……この際だから正直に話してください。今までにもこんなことがあったんですか？」

少しずつ焼け崩れていく花嫁を呆然《ぼうぜん》と見つめながら、ふたりにそっと尋ねてみる。

「いや、こんなに恐ろしい有り様は、これまでいっぺんたりともありませんでした」

――てっきり守り神だと思っていたのになあ……。

炎を見つめながら小さくつぶやいた克己氏の瞳《ひとみ》には、薄く涙が滲《にじ》んでいた。

「郷内さんが先日おっしゃったこと、やっぱり正しかったんですね。あの時すぐにこいつを処分してれば、嫁もあんな怖い目に遭わずに済んだのに。大変申しわけありませんでした」

私のほうへ向き直り、忠文氏が深々と頭をさげる。

だが忠文氏は先日、私が発した言葉の意味をとり違えていた。

私はあの日、海上家に代々続く花嫁たちの連続死は、人形をあがめて拝むことから生じる一種の強迫観念、ないしは自己暗示だと断定したのだ。

人形そのものが魔性を宿しているなどとは、ただのひと言も言っていない。

私が先般打ち立てた仮説は、もうすでに一蹴《いっしゅう》されたようなものだった。確かに強迫観念や自己暗示も、歴代の花嫁たちを苦しめてきたひとつの要因ではあるのかもしれない。

だが、実際はどうだ。おそらくはそれ以上の目に見えない何かが、あったのである。

炎の中で黒々と焼け焦げる花嫁の姿を見ながら、否《いや》でもそう確信せざるを得なかった。

頃合いを見計らい、燃え盛る炎を前に供養の経をあげ始める。

読経《どきよう》の間、眼前の業火にふと目を投じると、黒焦げになった花嫁が身をよじるようにしてかすかに動いているのが、はっきりと見てとれた。

脇目で忠文氏と克己氏の様子をうかがう。ふたりとも真っ青な顔になって明々と燃え盛る火炎の中を、慄然《りつぜん》と見つめていた。

花嫁は綿帽子も白無垢もすでに大半が焼け崩れ、炎の中で苦しげに蠢《うごめ》くのは、裸に剝《む》かれ、真っ黒に染まった女の残骸《ざんがい》である。

かつて彼女が在りし頃。純白の白無垢に袖《そで》を通した時。祝言で三々九度の盃《さかずき》を交わした時。嫁いだその日、海上家で初めての夜を迎えた時――。

彼女は果たして、こんな未来が来ることを想像することができただろうか。

どろどろと渦を巻く炎に次々と食《は》まれ、刻一刻と原形を失っていく花嫁の姿を見ていると、無性に堪《たま》らない気持ちになってしまい、自然と涙がこぼれてしまう。

花嫁が何者であったにせよ、もはやそんなことはどうでもよかった。余計なことは考えず、とにかく懇《ねんご》ろに弔おうと思い做《な》す。

花嫁の身体が熄滅《そくめつ》して灰と化すまで、私は一心不乱に供養の経を唱え続けた。

花嫁の総身が悉皆焼き尽くされ、炎の勢いも徐々に弱まりを見せ始めた頃。空にはすでにうっすらと光が射し、そろそろ朝陽の昇る時間になっていた。

「あとの始末は任せろ」と克己氏に言われたので、私は忠文氏とふたりで家の中へと戻った。茶の間へ向かうと、寝間着から着替えた雅文さんと霞さんが肩を並べて待っていた。

「お礼が遅くなって申しわけありません。このたびは本当にありがとうございました」

「助かりました。本当にありがとうございます」

夫婦揃って深々と頭をさげられ、私はなんともバツの悪い気分になる。最初は雅文さんの依頼を突っぱねたうえに、着信拒否までして尻尾《しっぽ》を巻いたのだ。

心底居心地の悪くなるような顔色で、ぶっきらぼうに礼を述べられるくらいならまだしも、こうして丁重に感謝の言葉を賜ると、むしろ肩身が狭くなる思いがした。

「おなかすいてませんか？　朝ごはん用意してますから、食べていってください」

霞さんは笑顔で私にそう言うと、いそいそと台所へ向かっていった。

散々泣き腫《は》らした顔にはまだまだ痛々しい爪痕《つめあと》が残って見えたが、それでも綺麗《きれい》に化粧を整えた顔の表情は、すこぶる明るいものだった。

それから私は海上家の面々と卓を囲んで、霞さんのこしらえた朝食をごちそうになった。食事の途中で克己氏もようやく戻ってきて、しばらくみんなで朝の食事を満喫した。

克己氏にその後の始末について尋ねてみると、花嫁の遺灰は焼け残った焚き木の残骸ごと、裏庭に穴を掘って埋めたという。

「あんたが拝んでる間、なんだか無性に泣けてきましてねえ。懇ろに弔ってきましたよ」

克己氏は目頭を熱くさせながら語った。


朝食後、礼を述べつつ海上家を辞す。

玄関口を出ると、海上家の面々も総出で見送りに出てきてくれた。

「家の中、これですっかりよくなったみたいです」

車に乗りこもうとしたところで、涼やかな笑みを浮かべながら霞さんが私に言った。

「そうですね。怖い思いもしたでしょうけど、これでもう祟《たた》りに怯《おび》えなくて済むはずです」

霞さんの言葉の意味が、花嫁の熄滅を指しているものだと思った私は、そのように答えた。

だが彼女の言葉の真意は、そこではなかった。

「家の中、気づきませんでした？　わたし、嫁いできて初めてです。こんなに明るいの」

そこでようやく私も「ああ！」と声をあげた。

ほとんど日の出とともに家の中へ戻ったため、気づかなかったのである。花嫁を燃やして再び家へと戻った時には、家中の至るところにあれほど濃密に漂っていた冥々《めいめい》とした陰気が、すっかり消えてなくなっていた。

「朝ごはん、あんなに気持ちよく食べられたのも初めてでした。おいしかったです」

思い返せば朝食を食べた茶の間にも、清々《すがすが》しい朝陽が燦々《さんさん》と射しこんできていたのである。

なんとも鈍感なことだと、暗に赤面させられる羽目になる。

「本当におっしゃってたとおりでしたね。ありがとうございます」

――問題がきちんと解決すれば、霞さんの家も明るくなるんじゃないでしょうか。

先日、霞さんが仕事場を来訪した際、確かにそんな気休めを言った記憶がある。奇《く》しくもそれが現実となり、証明されてしまったというわけである。

私たちの話を傍らで聞いていた雅文さんが「なになに、なんの話？」と首を傾げた。

「ほらね。やっぱり分からないんだもん」

それを受けた霞さんは、当惑顔の雅文さんを指差しながらくすくすと笑った。

私も笑いながら車に乗りこむと、すっかり明るくなった海岸線へ向けて車を走らせた。

恐ろしい一夜を過ごした割に気分は不思議と晴れ晴れとしていて、とても清々しかった。

これでようやく本当に肩の荷がおりた。

朝陽に包まれた海岸線を悠然と走るさなか、そんな実感がまざまざと湧いた。

再訪

じゃあ、わたしこれで――。

それから四ヶ月が過ぎた、八月の蒸し暑い夏の盛り。

霞さんが再び私の仕事場を訪ねてきた。

「すみません。いただいた御守り、ダメにしちゃいました」

ぺろりと小さく舌を出しながら、霞さんは少々いたずらっぽい微笑を浮かべ、はにかんだ。

その面差しは以前とは比べ物にならないほど、明るく生き生きとしたものになっていた。

なんでも四月の来訪時に私が譲った御守りを、ズボンのポケットに入れていたのを忘れて一緒に洗濯してしまったのだという。そこで、また新しい御守りを作ってほしいというのが、この日、霞さんが私の仕事場を訪れた用件だった。

「派手に洗ってしまいましたね」

洗濯機の激流に揉《も》まれ、ぼろぼろに擦りきれた御守りの残骸を見ながら、私も笑った。

「それでお詫《わ》びの印というわけじゃないんですが、よかったら召しあがってください」

そう言って、霞さんは私の目の前に大きな紙袋を差しだした。

「なんですか？」と尋ねると、霞さんは「バターブレッドです」と答えた。

袋を開けて中を覗《のぞ》くと、焼きたてのバターブレッドが二斤、香ばしい匂いを立ち昇らせて、私を見あげていた。

それから座卓の上で新しい御守りを作りつつ、霞さんからあれこれと近況を伺った。

件《くだん》の花嫁を処分して以降、結婚生活はすこぶる順調だという。雅文さんを始め、家族一同みんな元気に過ごしており、家の中には活気も湧いて日々の暮らしが楽しいものになった。

加えて、家じゅうに漂っていた異様な陰気もあれ以来、一度も感知することがないという。

ただひとつ。例の花嫁の夢だけは、あの後も見たことがあるのだと、霞さんは語った。

たかが夢、されど夢である。なんだかひどく心配になり、「大丈夫ですか？」と尋ねる。

「大丈夫です。頭が思いだしたみたいに、夢を見せてるだけみたいですから」

私の心配をよそに、霞さんはふくふくとした笑みを絶やさず答えを返した。

霞さん曰《いわ》く、夢を見たのはこの四ヶ月でわずか二回だけ。また、夢自体にも以前のような異様な生々しさは感じられなくなった。目覚めた時にいかにも夢らしい朧《おぼろ》な感触がわずかに残っているくらいで、特に恐怖を感じることもないという。

「後遺症みたいなものですかね」と霞さんは、不吉な夢を軽々と笑い飛ばしてみせた。

後遺症といえば、私の耳もそうだった。あの後、数週間ほどで聴力自体は回復したのだが、それでも耳の中に異物が詰まっているような違和感が、未《いま》だに残り続けていた。

耳鼻科にも行ってみたが、原因は分からないと言われた。分からないと診断された以上、どうすることもできないので、私もさして気に留めることもなくなっていた。

帰りしな、仕事場を立ち去る霞さんを庭先に停められた車まで見送った。

「新しい御守り、ありがとうございます。今度こそ大事にしますから」

小さな鼻にきゅっと皺《しわ》を寄せながら、霞さんが私に約束する。

「そうですか。ああ、でも本当にまた駄目にしてしまったら、遠慮なく言ってくださいよ？　いつでも新しいのを作り直しますから」

「大丈夫ですよ！　……あれ、もしかして信用してないんですか？」

おどけた笑みを浮かべながら、霞さんが私の顔を覗きこむ。

それは屈託のないすこぶる明るい笑顔だった。この人はこんな顔もできるのだなと思った。

こんな顔をこれからもずっとしていてほしいな、とも思った。

「じゃあ、わたしこれで」

「ええ。お気をつけて」

真夏の力強い陽光を浴びて、濃紺の瞳《ひとみ》が一際鮮やかな藍色《あいいろ》に輝いた。

車に乗りこんだ霞さんは運転席から小さく手を振り、微笑みながら門口を出ていった。

私が生きている霞さんを見たのは、それが最後になった。

輪《りん》廻《ね》

全てはあの大震災のさなかに——。

私が霞さんの訃報《ふほう》を知ったのは、東日本大震災発生から四日後の二〇一一年三月一五日。

戸外に粉雪がちらつく昼過ぎのことだった。

その日、私は真弓とふたりで地元のスーパーの行列に並んでいた。

震災当日。たまさか私の実家に泊まりに来ていた真弓は、私の外出中に家族と一緒に被災。

自宅へ帰還するまでのルートが壊滅的な被害を受けたことから、世相が落ち着くまでの期間、
そのまま実家に滞在することになっていた。


足元からも凍りつくような冷気がしんしんと這《は》いあがってくる寒空の下、この日の昼から臨時営業するというスーパーの情報を信じ、ふたりで寒さに耐え忍んでいた時だった。

外套《がいとう》のポケットに入れていた私の携帯電話が鳴った。

誰だと思いディスプレイを検《あらた》めると、雅文さんの携帯番号だった。

「ごめん」と真弓に断り、行列を抜けだして人波から遠ざかる。

この時期、以前の相談客から来る電話は、自身や家族の安否を報せる用件が大半だった。無事だという報告であれば、なんら差し支えのない話である。だが、相談客の中には津波に流されて行方不明になった家族や、身内の安全を拝んでほしいという依頼も稀《まれ》にあった。

そうなると大変デリケートな用件になるため、他人に聞かれたくなかったのである。

人気《ひとけ》のないスーパーの側面まで小走りで向かったあと、ようやく受話ボタンを押す。挨拶《あいさつ》もそこそこに雅文さんから出たひと言に、身体の力がすっと抜けていった。

「霞が、死にました」

どうしてですか、と私が尋ねるよりも早く、雅文さんはまるで独白のように説明を始めた。


十一日。震災の当日だったという。

その日、霞さんは近くの市街へ買い物に出かけていた。市街の大型スーパーで買い物中に、彼女は被災したのだという。

揺れが収まったあと、霞さんはただちに雅文さんへ安否確認の連絡をいれた。が、回線はすでにパンクし、全くつながらない状態にあったという。同じく、勤め先にいた雅文さんも霞さんの電話へ連絡をいれたが、その後もしばらく通話のつながらない状態が続いた。

それから数十分後、沿岸区域に津波警報が高々と発令される。

霞さんからの着信があったのは、それからさらに数分後のことだった。

「電話口で霞は、家に戻って祖父《じい》ちゃんを救《たす》けにいくと言ったんです」

この時、海上家には克己氏が独りで残されていた。

「僕はやめろと言ったんです。でも霞は聞きませんでした。祖父ちゃんを救けなきゃって」

雅文さんが必死で説得を続ける中、回線の影響か、それとも霞さんが故意に切ったものか、通話が突然、ぷつりと途切れてしまったのだという。

「霞と話したのは、その時が最後です」

その後は何度かけ直しても、霞さんが応答することはもう二度となかったという。


それから三日後、瓦礫《がれき》の山と化した海上家の跡地から霞さんと克己氏の遺体が発見された。

震災当日、勤めに出ていた忠文氏とは、未だに連絡がつかない状態にあるという。

雅文さんはたった独りで海上家の探策に戻った折、大津波によって滅茶苦茶《めちゃくちゃ》に蹂躙《じゅうりん》されたかつての屋敷の瓦礫の中から、霞さんと克己氏の遺体を発見したのだと、私に語った。

言葉が出なかった。

雅文さんの口から語られていることの何もかもが夢のように感じられ、とてもではないが、受け止めることができなかった。

しばらく電話を耳に押し当てたまま、呆然《ぼうぜん》とする。放心しながら話を聞いていた私を再び現実へ引き戻したのは、彼が唐突に発したひと言だった。

「霞、花嫁さんの恰好《かっこう》をして死んでたんですよ」

電話口の向こうで、くすりと小さな音がした。洟《はな》でもすする音かと思ったが、違った。

「廊下にかけていた白いレースのカーテンがね。身体にくるくるって、何重にも絡まってね。ちょうど花嫁衣裳《いしょう》みたいだったんですよ」

再びくすくすと、音。洟をすすって泣いているのではなかった。

雅文さんは嗤《わら》っていた。

「それで郷内さん。今日お電話したのはですね、まあ現状報告というのもあるんですけれど、ちょっと抗議みたいなことも申しあげておきたくて」

笑いながらも、語気が少しだけ鋭くなる。

「……抗議とは？」

「うちの花嫁さんですよ。覚えてるでしょ？　守り神の花嫁さん。あれ、郷内さんの指示で燃やしましたよね？　これが祟《たた》りの原因だなんてそのかすもんだから、承諾しましたがね。でも死んじゃったじゃないですか、霞。ねえ、霞ぃ！　死にましたよ霞ぃぃッ！」

笑い声が怒号に、怒号が涙声に次々と切り替わって、電話越しに高々と弾《はじ》ける。

返す言葉は何もなかった。

死因がなんであれ、結局、霞さんは嫁いで三年以内に亡くなってしまったのだから。

申しわけありませんでした、と謝罪すると、

「謝って済む問題じゃあないでしょおおおおおおおおおおおおおおおおおお！」

鼓膜が破れるような声量で、雅文さんが激昂《げっこう》した。

「でも、いいんです。いや、全然よくはないんだけど、まあいいんです。それよりもね。僕はこれから先のことを考えなくちゃいけないんですよ」

うん、うん、うん、と雅文さんは、自分に言い聞かせるように何度も短く声をあげた。

ほとんど何も言うことができず「ご自愛ください」と、伝えようとした時だった。

「人形、また作ろうと思うんです」

そのひと言が何を意味するものなのか瞬時に分かり、全身が総毛だった。

「守り神は、やっぱり必要だと思うんですよ」

やめろ。

「あれがなくなったから、霞だけじゃなく、親父も祖父ちゃんも……畜生。でも大丈夫です。また作ればいい。作ればいいんですから」

やめろ。

「親父は髪と爪と歯を使っているって言ってましたけど、あれは嘘。本当はミイラなんです。というか剝製《はくせい》か。とにかく古い先祖の花嫁さんの遺体を加工して作った物ですよ。でもなあ、僕にそんな技術はないし、業者に頼んだらさすがにまずいですよね。死体損壊でしたっけ？そういう罪になりますよねえ。……どうしよう。やっぱり髪と爪と歯だけを使おうかな」

やめろ。

「いや、駄目だ。ねえ、覚えてます？　霞の目。霞ねえ、藍色の綺麗《きれい》な目をしてるんですよ。あの目がね、僕大好きだったんです。宝石みたいでね。あの目はずっと残しておきたいなあ。ううん、どうしよう。どうしようかなあ……」

やめろ。

「……あっ、いいこと思いつきました！　首だけ。首だけ使うんです！　身体は作り物でも別にいいんですよ！　どうせ白無垢《しろむく》を着せるだけなんですから。そんなものより大事なのはやっぱり首です。顔です。僕にとっては霞の目がいちばん大事なんですよ」

やめろ。

「ああいいなあ、すごくいいなあ。それならずっと霞と一緒にいられますし、最高でしょ？　霞が輪廻《りんね》するんです。輪廻して海上家の新しい守り神になるんだよォッ！」

やめろ。やめろ。やめろ。やめろ。やめろ。やめろ。

「やめろッ！」

ようやく言葉が出た瞬間、通話がぷつりと断ち切れた。

慌てて電話を折り返す。しかし、向こうの電話はすでに電源が切られてあった。

霞さんの顔が、記憶が、頭の中にどっと押し寄せ、私の心をぺしゃんこに押し潰《つぶ》す。

海上家の門口から、私の車が見えなくなるまで見送ってくれた霞さん。

私の仕事場で恥ずかしそうに頬を赤らめながら、お菓子を食《は》んでいた霞さん。

仕事場の水槽を覗《のぞ》きこみ、「金魚、綺麗《きれい》ですね」と微笑んでいた霞さん。

「おなかすいてませんか？」と、私に朝食を勧めてくれた霞さん。

「いただいた御守り、ダメにしちゃいました」と、いたずらっぽく舌を出していた霞さん。

私なんかのために、わざわざ手製のバターブレッドを持参してくれた霞さん。

とてもおいしいバターブレッドだった。あの日、さっそく口にいれて舌鼓を打ったのだ。

それからしばらく寒空の下にへたりこみ、私は頭を抱えて泣いた。

悔やんでも悔やんでも、悔やみきれなかった。

一体どうしてこんなことになったのか。今さら取り返しもつかないというのに、考える。

あの干乾《ひから》びた花嫁は、荼毘《だび》に付したうえで懇ろに弔った。

その後、海上家は明るさと活気をとり戻し、穏やかな生活を送れるようになった。

それは他ならぬ霞さん本人が実感していたことだし、喜んで近況を語ってもくれたのだ。

極めて良好な結果を鑑《かんが》みれば、私の対応が間違っていたとはどうしても思えなかった。

何もかもうまくいっていたはずなのに、どうしてなのか――と思った瞬間。

とんでもないことを軽視していたことにはたと思い至り、とたんに身体の力が抜けた。

夢である。

霞さんは、花嫁を処分したのちにもまだあの夢を見続けていた。以前と違って回数も減り、目覚めた時の記憶も朧《おぼろ》なものだと本人は語っていたが、夢はまだ見続けていたのである。

おそらく夢の内容も、以前と同じものだったのだと思う。

すなわち、はるか海の向こうからやってくる花嫁と、とてつもなく巨大な何か――。

確たる証拠は何もない。縁起でもない邪推である。こんな時勢に不謹慎な考えだとも思う。

ただ、理性は考えまいと努めても、心は激しくそれに飛びついてしまった。

夢の中身はまるで、津波の暗示ではないか――。

慄《おのの》く心に呼応するかのように、さらにとてつもなく厭《いや》な記憶が、頭中に鎌首をもたげる。

霞さんが私の仕事場を初めて訪ねてきた昨年の春。

あの当時、花嫁の祟りなど所詮《しょせん》思いこみだという観念のほうが、私の中で強く勝っていた。

また、霞さんにもぜひともそのように思ってもらい、心の負担を軽くさせてもあげたかった。

だから私はあえて無視した。意図して無視してしまったのである。霞さんと海上家の間に、本当はとんでもない偶然が発生していたという事実を。

海上家を初めて訪問した際、忠文氏から伺った花嫁の祟りにまつわる伝承。

古い時代にさらわれてきた、花嫁の祟りなのです――。

花嫁がさらわれてきた島というのは、実は霞さんの生まれ育った、あの島なのである。

霞さんが小学時代、目を蒼《あお》く染められてしまったという、あの花嫁の洞窟《どうくつ》がある島。

当時、洞窟に同行した千草の供述を思い返してみると、厭らしい想像力が勝手に働いた。

千草の話によればあの日、霞さんは件《くだん》の洞窟を出た直後、一時的な意識混濁に陥っている。もちろん単なる失神であったという可能性は否定できないし、私自身も本心では否定したい気持ちのほうが強かった。ただ、それでも私はこの時、こんなことも考えてしまった。

霞さんはあの日からずっと、魅入られていたのではないかと——。

それもあの当時、あの時点からもうすでに、他ならぬ〝海上家の災いの元凶たる花嫁〟に。

さらわれてきた花嫁はその後、海上の屋敷を逃げだし、海へと飛びこんだままそれっきり。遺体はあがらず、生き延びたのか死んだのか、それすらも分からないと伝わっていた。

おそらく花嫁は、故郷の島まで戻ったのだ。ただし、潮流にひどく揉《も》まれた亡骸《なきがら》となって。島へと流れ着いた花嫁の亡骸は、あの島の、あの岬の下の、あの洞窟へと流れ着いた。

だから洞窟にはお宮があり、千草はあの日、洞窟内で花嫁の亡魂を幻視することになった。

このように考えると何もかも辻褄《つじつま》が合う。辻褄が合うからこそ、恐ろしくて肌身が震えた。

それに私は、花嫁の剥製を荼毘に付しただけで、災いの元凶たるこの初代花嫁に関してはなんらの対応もしていない。仮にこれが祟りの延長なのだとすれば、やはりそれは私自身の見識不足と力不足が招いた結果なのである。完全に片手落ちだった。

人形を燃やせば全て解決すると、私は盲信していたのである。霞さんはもう帰ってこない。今さら取り返しのつかない現実に私は絶望し、ひたすら身悶《みもだ》えするしかなかった。

その後、雅文さんの携帯に再び連絡を入れた。だが、電話が繋《つな》がることは二度となかった。そのうち着信拒否にもされてしまったので、私は雅文さんとの対話を断念した。代わりにさんざん迷った末、警察に一応の連絡をいれた。

海上雅文から三月十五日に受けた通話内容の大筋。それに付随して昨年の四月、海上家の自宅裏庭において、花嫁姿の剝製と思《おぼ》しきものを私自身が焼却したという事実。祟《たた》りや因果に関する実在論などは抜きにして、これまでの経過のみをつまびらかに伝えた。

ただしその後、警察から折り返し連絡がくることはついぞなかった。

霞さんの遺体がどうなったのかは、今もって分からない。

同じく、花嫁に何かをされて不調を来たした私の片耳も、本稿を執筆している二〇一四年七月の現時点で、未《いま》だ快癒には至っていない。

邂《かい》逅《こう》

時折、気持ちがどこまでも底なしに沈む。気力が衰え、意欲が萎《しぼ》み、生きる希望も自信も何もかもが潰《つい》えて、ひたすら底なしに気持ちが沈む——。

東日本大震災から半年が経った、二〇一一年九月。

私は真弓と結婚し、実家からほど近い山の麓《ふもと》に立つ、古びた一軒家に居を構えた。

拝み屋を始めて九年目にしてようやくの、それは遅すぎると言っていいほどの独立だった。

だが、その生活は楽しいことよりもむしろ、辛《つら》いことや苦しいことのほうがより多かった。

拝み屋など元々儲《もう》かる稼業ではないから、生活はどちらかというと困窮していた。

真弓はそんな青色吐息の起き伏しに不平のひとつもこぼさず、献身的に寄り添ってくれた。

真弓の一途《いちず》な気持ちは、とてもありがたいものだと理解はしていた。けれども、私としてはそんな彼女の健気《けなげ》な姿を見ることすら時に忍びなく、耐え難い重圧になることすらあった。

妻が欲しいと言うものさえ満足に買えず、願いのひとつもろくに叶《かな》えてあげられない——。

そんな現状を憂うたび、伴侶《はんりょ》に対する不甲斐《ふがい》なさを感じるほど、自分自身の可能性の限界を日々切々と痛感させられていたのである。

結婚からそろそろ一年を迎えようとしていた、二〇一二年七月下旬。

羽化したばかりの蟬たちの大合唱がやたらと耳に障る、蒸し暑い午前中のことだった。

この日も私の心は沈んでいた。仕事の予約がないことも手伝い、朝から仕事部屋に籠《こも》って、尽きることなく煩悶《はんもん》していた。

「今日は休みなの？」

朝食の席で真弓からにこにこ問いかけられるも、返事はひと言「ああ……」と暗い。

真弓の笑顔の意味がなんなのか。知っているのにこのザマである。

真弓はきっと、どこかへ遊びに出掛けたいのだ。

数日前、夕餉《ゆうげ》の時に「海を見に行きたいな」「山もいいな」などと、私の顔色を見ながら遠慮がちにつぶやいていたのを覚えている。

思えば収入がどうのという問題以前に、そもそも私は夫としても落第なのだ。

平素は日がな一日、大して金にもならない仕事ばかりに没頭し、たまの休みはこのように薄らぼんやりと虚空を見あげる日々なのである。伴侶の想いを測ろうとする余裕すらもない。

まるで生きる屍《しかばね》のようだった。寝起き姿のまま、仕事部屋の畳の上にだらしなく横たわる自分自身の姿に、そのような印象をありありと思い抱く。

どこまでも気持ちが沈み、落ちくたびれていくと、このまま死んでもいいとさえ思った。

何もかも捨てて楽になれるのなら、それが最善だろうとも思った。

倦《う》みつかれた頭でろくでもないことを考えていたところへ、障子戸がすっと開く音がした。

真弓かと思って顔をあげると、開け放たれた仕事部屋の戸口に若い女性が立っていた。

「おはようございます。よろしいですか？」

温雅な笑みを浮かべながら、軽やかな声で彼女は私に尋ねた。

しまったと思い、とたんに顔が引き攣《つ》る。どうやらスケジュールを読み違えたらしい。

慌てて起きあがり、どうぞどうぞと頭をさげる。

「失礼します」と女性も軽く会釈して、座卓の向かい側に腰をおろした。

髪の長い、目鼻立ちのすっきりとした、綺麗《きれい》な人だった。

服装は半袖《はんそで》の白いブラウスに、鮮やかなブルーのロングスカート。真夏の白い雲と青い空。あるいは白い砂浜と青い海。そんなことを連想させる、見目爽《さわ》やかな装いだった。

一方、私のほうはといえば、起き抜けのままのTシャツに短パン姿。とても人からお金をいただいて相談事を賜るような恰好《かっこう》ではない。

おたおたしながら腰をあげ、「すみません。着替えて参ります」と先方に告げる。

しかし彼女は口元に手を当てながらくすくすと笑い、「いえいえ、どうぞお構いなく」と柔らかな声風で私を制した。

仕方なく座卓の定位置に座り直すも、なんともいえない居心地の悪さを感じてしまう。

「それで、本日はどういったご用件でしょうか？」

半分寝癖のついたぼさぼさ頭でしかつめらしくそんなことを言ったところで、決まらない。威厳もへったくれもあったものではなかった。自分でもなんだかおかしくなってしまう。

「実は近いうちにわたし、外国に行くことになったんです」

色白の細面を小さくうなずかせながら、女性は言った。

「それで、安全祈願というか、無事に到着できるように拝んでいただきたいんですね」

外国か。いいなと思いながら、ふたつ返事で彼女の依頼を引き受けた。

寝起き姿のまま祭壇前へと座り、乞《こ》われるままに安全祈願の祝詞《のりと》を粛々とあげる。突然の来客にもかかわらず、加えてひどい服装であるにもかかわらず、ひとたび祭壇前に座ると、怖《お》めず臆《おく》せず無心で拝める自分自身に、初めて年季のようなものをうっすらと感じる。

「外国。いいですね。どちらに行かれるんです？」

拝み終えてから、彼女に尋ねる。

「それは秘密です。でも、いとこのところ。そろそろおいでって言われちゃって」

私の質問に、女性はほんの少し悪戯《いたずら》っぽい笑みを浮かべて答えた。

「あ、そうだ。もしよろしければ御守りも作っていただけませんか？　安全祈願のやつ」

思いだしたように女性が言ったので、これもふたつ返事で引き受ける。

それからしばらく、御守りを作りながら彼女と取り留めのない会話に興じた。

彼女はとても快活で、それでいて聡明《そうめい》な人だった。ひどい服装だったことも多分に手伝い、話をしているうちに、なんだか私のほうが彼女に相談をしているような錯覚を覚えた。

事実、彼女と言葉を重ね、交わし合っていくうち、私の気持ちは不思議と上向いていった。気づけば朝からの気塞《きふさ》ぎもいつのまにかすっかり治まっていたことに気づいて驚く。

できあがった見栄えのよくない御守りを手渡すと、彼女は両手で御守りをそっと包みこみ、「ありがとうございます。大事にしますね」と微笑んだ。

それから仕事部屋を辞した彼女を玄関口まで見送った。

「今日はお世話になりました。楽しかったです。ありがとうございます」

御守りを両手に添えたまま、彼女は私に頭をさげる。

「いえ、こちらこそ楽しかったです。またご縁があったら、いつでもいらしてください」

「まあ――気が向いたらまた来てみますね。でも、お元気そうでよかったです」

ちょっとだけ皮肉の混じった彼女の言葉に、ふっと違和感を覚える。

「もしかして、以前にもいらっしゃいましたか？」

「はい、実は」

肩越しにこちらをゆったりと振り向きながら、玄関戸の前で彼女は頬を緩めてみせた。

「それは失礼しました。どうにも昔から物覚えが悪い性分でして……」

ぺこぺこと頭をさげる私を見つめ、彼女は口元を押さえてくすくすと快活に笑う。

「じゃあ、今度は忘れないでくださいね？」

人差し指をつんと突き立て、小首を傾げ、おどけた声で彼女が言った。

からからと軽やかな音を響かせ、玄関戸がゆっくりと開かれていく。

真夏の力強い陽光が玄関口に燦々《さんさん》と射しこみ、

彼女の瞳《ひとみ》が一瞬、鮮やかな藍色《あいいろ》に輝いた。

再び玄関戸が閉められた直後、ようやく私ははっとなる。

そのまま弾《はじ》かれたように玄関戸を開き直し、すかさず外へ飛びだす。

玄関前の庭先には、すでに彼女の姿はおろか、車さえも停まっていなかった。

辺り一面には夏色に映える鮮やかな緑の風景と、蝉たちの大合唱があるばかりである。

「忘れるわけないじゃないですか……」

頭上に広がる紺碧《こんぺき》の空を見あげながら、私はぽつりと独りごちた。

庭先で洗濯物を干していた真弓が「どうしたの？」と、不思議そうな顔で私に声をかける。

「なんでもない」と答えると、真弓はそれでも「ふぅん？」と首を捻《ひね》った。

「ほんとになんでもない。——それよりちょっと、海でも見にいかないか？」

私が言うと、真弓はとたんにぱっと顔を輝かせ、「うん！」とうなずいた。

真弓を助手席に乗せ、海岸線に車を走らせる。

窓を開けると穏やかな海風が潮の香りを車内に運び、鼻腔《びこう》を軽くくすぐった。

遠くでどうどうと鳴り響く潮騒《しおさい》は耳に優しく、心地よかった。

真弓は青空でみゃあみゃあと鳴き交わす、ウミネコたちの姿にすっかり夢中になっている。

この花嫁こそは守らねば。はしゃぐ真弓を横目で眺めながら、私はそっと心に誓う。

やっていこうと思った。それもなるべく、しっかりやっていこうと。

なぜならあの時、生かされたのだから。

しばらくぶりに華原さんのことを思いだしていた。

いつのまにか、自分自身が華原さんと同じ年頃になっていたことにもようやく思い至る。

思えば妙なものである。

私もあの頃の華原さんと同じく、今は妻とふたりで山裾《やますそ》の古びた一軒家に暮らしている。

貧乏暮らしも等しく同じである。やたらと妻が健気で甲斐甲斐《かいがい》しいのもまた、同じである。

ゆくりなく数奇なものである。

望んだわけでもないというのに、気づけば綺麗にお膳立《ぜんだ》てが整えられてしまっていた。

これからも続けろということか、と思う。これからも続けますよ、とも思う。

笑おうと思った。それもなるべく、まっすぐな気持ちで笑っていこうと。

かつて華原さんが、笑っていたように。

千草と霞さんのことも思いだしていた。

小さい頃、千草も霞さんも、お化けの話が大好きな娘だったのだという。

こんなことを想像してみる。今頃ふたりは〝外国〟で、久々の再会を果たしている。

夜にはふたりで肩を寄せ合い、怖い話に興じて、黄色い声を弾ませ、楽しんでいるのだ。

それは、母様の思惑や花嫁の悪意とはまるで無縁な、素朴で無邪気な怖い話なのである。

そういえば引越したばかりの去年には、先住していた古狸に化かされたこともあったな。

華原家の宇治衛門を思いだしながら、やれやれと頭《かぶり》を振る。

また繋《つな》がってしまった。けれどもこれはきっと、素晴らしい繋がりである。

縁と言い換えてもいい。

帰宅したら怪談を書こうと思った。引越し早々、私と真弓が狸に化かされた胸躍る話を。

書いたら祭壇に原稿を供えて千草と霞さん、それから華原さんにも届けてあげよう。

喜ぶといいな。

久々に心からの笑みを浮かべながら、私は真弓の右手をそっと握った。

本書は、二〇一四年九月にMF文庫ダ・ヴィンチより刊行された『拝み屋郷内　花嫁の家』を加筆・修正・再編集のうえ、改題したものです。

拝《おが》み屋《や》怪談《かいだん》　花嫁《はなよめ》の家《いえ》

郷内心瞳《ごうないしんどう》

角川ホラー文庫　23343

令和4年9月25日　初版発行
令和6年12月15日　8版発行

発行者――山下直久
発　行――株式会社KADOKAWA
〒102-8177　東京都千代田区富士見2-13-3
電話 0570-002-301（ナビダイヤル）
印刷所――株式会社KADOKAWA
製本所――株式会社KADOKAWA
装幀者――田島照久

●お問い合わせ
https://www.kadokawa.co.jp/（「お問い合わせ」へお進みください）
※内容によっては、お答えできない場合があります。
※サポートは日本国内のみとさせていただきます。
※Japanese text only

ISBN978-4-04-112814-5　C0193

角川文庫発刊に際して

角川源義

第二次世界大戦の敗北は、軍事力の敗北であった以上に、私たちの若い文化力の敗退であった。私たちの文化が戦争に対して如何に無力であり、単なるあだ花に過ぎなかったかを、私たちは身を以て体験し痛感した。西洋近代文化の摂取にとって、明治以後八十年の歳月は決して短かすぎたとは言えない。にもかかわらず、近代文化の伝統を確立し、自由な批判と柔軟な良識に富む文化層として自らを形成することに私たちは失敗して来た。そしてこれは、各層への文化の普及滲透を任務とする出版人の責任でもあった。

一九四五年以来、私たちは再び振出しに戻り、第一歩から踏み出すことを余儀なくされた。これは大きな不幸ではあるが、反面、これまでの混沌・未熟・歪曲の中にあった我が国の文化に秩序と確たる基礎を齎らすためには絶好の機会でもある。角川書店は、このような祖国の文化的危機にあたり、微力をも顧みず再建の礎石たるべき抱負と決意とをもって出発したが、ここに創立以来の念願を果すべく角川文庫を発刊する。これまで刊行されたあらゆる全集叢書文庫類の長所と短所とを検討し、古今東西の不朽の典籍を、良心的編集のもとに、廉価に、そして書架にふさわしい美本として、多くのひとびとに提供しようとする。しかし私たちは徒らに百科全書的な知識のジレッタントを作ることを目的とせず、あくまで祖国の文化に秩序と再建への道を示し、この文庫を角川書店の栄ある事業として、今後永久に継続発展せしめ、学芸と教養との殿堂として大成せんことを期したい。多くの読書子の愛情ある忠言と支持とによって、この希望と抱負とを完遂せしめられんことを願う。

一九四九年五月三日